U0330088

**快与慢**

一只蜜蜂
一只蜘蛛

蜜蜂代表了古人的一种品位，蜂巢稳定有序，是有理数的象征：确定和优雅。

蜘蛛象征了现代人的一种理性，蜘蛛网呈几何图形，是无理数的代表：不确定和不斯文。

蜜蜂筑巢，无论采集什么，都滋养了自己，但丝毫无损花朵的芳香、美丽和活力。

蜘蛛吐丝，无论形状怎样，都是织造粘网，为了猎杀他者……

"轻与重"文丛的 2.0 版

主　编　点　点

编委会成员　（按姓氏笔画排序）

伍维曦　杨　振　杨嘉彦　吴雅凌　陈　早
孟　明　袁筱一　高建红　黄　荭　黄　倩

　　在康德的体系内部，某种程度上存在着两个时代之间的裂缝：一个是"古代"或"古典"时代，甚至是"自然主义"或"有神论"时代；另一个是"犹太－基督教"或现代，甚至是"人类学"时代或严格意义上的无神论时代。

　　　　　　　　　　——亚历山大·科耶夫

华东师范大学出版社六点分社　策划

快与慢

点点 主编

# 论康德

[法] 亚历山大·科耶夫 著　梁文栋 译

Alexandre Kojève

## Kant

华东师范大学出版社

# 缘 起

倪为国

## 1

继"轻与重"文丛,我们推出了2.0版的"快与慢"书系。

如果说,"轻与重"偏好"essai"的文体,尝试构筑一个"常识"的水库;书系Logo借用"蝴蝶和螃蟹"来标识,旨在传递一种悠远的隐喻,一种古典的情怀;"快与慢"书系则崇尚"logos"的言说,就像打一口"问题"的深井,更关注古今之变带来的古今之争、古今之辨;故,书系Logo假托"蜜蜂和蜘蛛"来暗合"快与慢",隐喻古与今。如是说——

蜜蜂代表了古人的一种品位,蜂巢稳定有序,是有理数的象征:确定和优雅。

蜘蛛象征了现代人的一种理性,蜘蛛网

呈几何图形，是无理数的代表：不确定和不斯文。

蜜蜂筑巢，无论采集什么，都滋养了自己，但丝毫无损花朵的色彩、芳香和美丽。

蜘蛛吐丝，无论形状怎样，都是织造粘网，为了猎杀他者……

## 2

快与慢，是人赋予时间的一种意义。

时间只有用数学（字）来表现，才被赋予了存在的意义。人们正是借助时间的数学计量揭示万事万物背后的真或理，且以此诠释生命的意义、人生的价值。

慢者，才会"静"。静，表示古人沉思的生活，有节制，向往一种通透的高贵生活；快者，意味"动"，旨在传达现代人行动的生活，有欲望，追求一种自由的快乐生活。今日之快，意味着把时间作为填充题；今日之慢，则是把时间变为思考题。所以，快，并不代表进步，慢，也不表明落后。

当下，"快与慢"已然成为衡量今天这个时代所谓"进步"的一种常识；搜索，就成了一种新的习惯，新的生活方式——我们几乎每天都会重复做这件事情:搜索,再搜索……

搜索,不是阅读。搜索的本质,就是放弃思考,寻找答案。

一部人类的思想史,自然是提问者的历史,而不是众说纷纭的答案历史;今日提问者少,给答案人甚多,搜索答案的人则更多。

慢慢地,静静地阅读,也许是抵御或放弃"搜索",重新学会思考的开始……

## 3

阅读,是一种自我教化的方式。

阅读意义的呈现,不是读书本身,而是取决于我们读什么样的书。倘若我们的阅读,仅仅为了获取知识,那就犹如乞丐渴望获得金钱或食物一般,因为知识的多少,与善恶无关,与德性无关,与高贵无关。今天高谈"读什么",犹如在节食减肥的人面前讨论饥饿一样,又显得过于奢求。

书单,不是菜谱。

读书,自然不仅仅是为了谋食,谋职,谋官,更重要的是谋道。

本书系的旨趣,一句话:且慢勿快。慢,意味着我们拒绝任何形式对知识汲取的极简或图说,避免我们的阅读碎片化；慢，意味着我们关注问题，而不是选择答案；慢，意味着我们要回到古典，重新出发，凭靠古传经典，摆脱中与西的纠葛，远离左与右的缠斗，跳出激进与保守的对峙，去除进步与落后的观念。

从这个意义上说，我们遴选或开出的书单，不迎合大众的口味，也不顾及大众的兴趣。因为读书人的斯文"预设了某些言辞及举止的修养，要求我们的自然激情得以管束，具备有所执守且宽宏大量的平民所激赏的一种情操"（C. S. 路易斯语）。因为所谓"文明"（civilized）的内核是斯文（civil）。

**4**

真正的阅读，也许就是向一个伟人，一部伟大作品致敬。

> 生活与伟大作品之间/存在古老的敌意（里尔克诗）。

这种敌意，源自那个"启蒙"，而今世俗权力和奢华物质已经败坏了这个词，或者说，启蒙运动成就了这种敌意。"知识越多越反动"恰似这种古老敌意的显白脚注。在智能化信息化时代的今日，这种古老的敌意正日趋浓烈，甚至扑面而来，而能感受、理解且正视这种敌意带来的张力和紧张的，永远是少数人。编辑的天职也许就在于发现、成就这些"少数人"。

快，是绝大多数人的自由作为；慢，则是少数人的自觉理想。

著书，是个慢活，有十年磨一剑之说；读书，理当也是个细活，有十年如一日之喻。

是为序。

# 目录

# 中文版代序

洛朗·比巴尔①

## "历史终结"的丰富内涵

亚历山大·科耶夫对哲学家伊曼努尔·康德作品的研究具有决定性意义。这不仅是对科耶夫思想而言,对思想本身也是如此——如果我们对科耶夫思想给予应有的重视的话。

亚历山大·科耶夫(1902—1968)是 20 世纪哲学界中另类的人物。科耶夫是俄裔(最初的名

---

① 洛朗·比巴尔(Laurent Bibard,1962—),法国高等经济商业学院(EESEC)埃德加·莫兰复杂科学讲席哲学教授。研究主题围绕理论与实践,思维与行动的关系,基于科耶夫与列奥·施特劳斯关于僭政的争论(见施特劳斯《论僭政》)发展了一种性别哲学,著有《智慧与女性》(*La sagesse et le féminin*, 2005)、《性别与全球化》(*Sexualité et mondialisation*, 2010)、《恐怖主义与女权主义》(*Terrorisme et féminisme*, 2016)、《性别现象学》(*Phénoménologie des sexualités*, 2020),编校科耶夫《无神论》法文版并为之作序。另著有《科耶夫,想知晓一切的人》(*Kojève, L'homme qui voulait tout savoir*)。

字是科耶夫尼科夫），是一位受过科班教育的哲学家，早期致力于研究弗拉基米尔·索洛维约夫的宗教形而上学，卡尔·雅斯贝尔斯是他的老师之一。科耶夫只在巴黎高等研究实践学院开设过使他在三十年代闻名于世的黑格尔研讨班。这个研讨班的重心本来放在黑格尔《精神现象学》中的宗教问题上，结果成了对黑格尔这部重要著作完整的、（在科耶夫本人看来）"令人满意的"解读。①

　　第二次世界大战后，科耶夫在哲学方面笔耕不辍，但他生前几乎没有发表任何作品，继续以他喜欢的"周日哲学家"的身份写作。他的全部著作是以"更新黑格尔知识体系"的形式呈现的。虽然现在已经出版了许多著作——他的三卷本《理性的异教哲学史》《法权现象学纲要》《权威的概念》《古典物理学和现代物理学中的决定论》等——但关于知识体系仍有相当一部分未出版，特别是包括科耶夫的存在论、实践话语（即他所谓的"现实学"）等。总之，我们远没有看到他的全部思想。某种意义上这未免不是一个机会，原因如下：

　　和其他哲学家一样，科耶夫认为，我们只有

---

① 《概念、时间与话语》(*Le Concept, le Temps et le Discours*)，法文版第 32 页。本文引用的科耶夫著作页码都是法文版。

理解了我们生活的世界，才能完全理解我们自己——作为 20 世纪和未来几个世纪的人类（女人和男人）。他说，我们生活的世界从根本上是一个历史性的世界，也就是说，在这个世界里，人——在一般意义上的①——的自由行动改造自然所与，以创造一个人化的世界。第一个——同时对科耶夫来说也是最后一个——严格理解我们生活的世界的历史特征的哲学家是黑格尔。黑格尔既是第一个也是最后一个理解了这一历史特征的哲学家，因为他的理解把对智慧的探索——这就是"哲学"一词的由来，在希腊语中，"哲学"的意思是爱智慧——转变为智慧。对科耶夫来说，就是了解绝对的、不可逾越的知识。换句话说，对科耶夫来说，黑格尔既是最后一个哲学家，也是第一个圣人，他是第一个经历了从对智慧的爱或欲望到智慧的获得——或者更确切地说，智慧（亦即绝对知识）的降临——的人。智慧包括人对自己的完整理解。这样的理解并不完全取决于人，也不取决于每个个体。准确地说，它取决于人类生活历史条件的演变。只有当人类的历史引导人类充分而完整地意识到自己

---

①　本文以下的"人"的概念都是在一般意义上的。

的历史性,智慧才有可能。但同时,人的充分而完整的自我意识也意味着人性的实现,也就是人性的终结。因为如果一切都已经变得可以理解,如果人由于历史进化而获得了充分而完整的自我意识,那么就没有什么新的东西需要理解,更不用说有什么新的事去做了。

科耶夫关于历史终结的这个断言是他最著名的一句话,也最具概括性地浓缩了他在《精神现象学》研讨班的教学内容。从 1933 年到 1939 年第二次世界大战爆发前,科耶夫大张旗鼓地阐述和评论了这一断言,这既是他的成名之处,也是围绕他的思想造成许多误解的原因。例如,世界历史上最具破坏性的"历史"事件之一就发生在 1939 年至 1945 年之间,我们怎么能相信历史已经结束?这冲击了常理,或者说常识。但这似乎并不动摇科耶夫的常理,他在第二次世界大战期间,逃难到法国南部城市马赛,在他的《法权现象学纲要》中奠定了一个历史终结国家的法律基础,这个国家既是政治上普遍的,即全球的、没有内部边界的,又是"社会上同质的",即没有显著的社会不平等①。制度方面,亦即"客观"方面,在具体的人的

---

① 参考施特劳斯《论僭政》,"僭政与智慧"。

生活层面体现为普遍地承认每个人的不可消解的个体性①。对科耶夫来说,即使像第二次世界大战这样严重的事件,接着是我们经历的冷战,直到柏林墙倒塌,但历史仍然是终结了的,因为它完全可被理解——至少可以被那些有能力理解黑格尔思想(从他的《精神现象学》开始)的人所理解。

虽然历史已经结束,但时间还在继续流逝,新一代的男女还在出现,他们的生活完全不被过去所决定,并且他们还不一定能轻易地或事实上能理解知识体系,也就无法获得人的充分和完整的自我意识。科耶夫说,这就是为什么他要写一篇知识体系"更新"的原因。

一百五十年不是白过的,即使天地间没有发生什么本质上全新的事。潮流更迭,虽然我们说的是同一件事,但我们说的方式却不一样。然后科学进步了,技术也跟着进步了。同样,原来革命性的、前所未有的东西,也变得不言而喻,完全平庸。最后,黑格尔使用的常见德语词汇因变得深奥而变得空洞无

---

① 关于这个表述,参考《黑格尔导读》的"实在的辩证法与现象学的方法",法文版第 445 页及以下。

物,而某些希腊语词汇,已经变得司空见惯,似乎不需要理解就能使用。

由于所有这些原因,对黑格尔原文的更新,对于所有现在想读黑格尔的人而言都是不可或缺的。[1]

如果这披着表象的历史真的结束了,如果我们现在只是陷于已经玩过的游戏的表面重复,那么事实是,历史的意义仍然有待谋取,它仍然是零碎的,而且正如科耶夫自己所说的那样,这"远非易事"。因此,我们需要一个向导来走向智慧。科耶夫提出要做那个向导,至少在我们的时代里。按照他的说法,我们的时代也是他自己的那个时代,因为那时代永远是黑格尔的。然而,科耶夫的作品远未完整出版,也未向公众开放。但我们说,这是一个机会,因为它释放了一个巨大的探索空间[2]。如果真正的绝对知识或人的完全和完整的自我意识已经成为可能,如果这种知识使人完全满意,那么,对于试图上升到这种知识的我们,或者说试图完全意识到自我的我们而言,这种满意

---

① 《概念、时间与话语》,第30—31页。
② 如我们在本文结尾将看到的那样,这也是一个行动空间。

在未来①。未来不是人类有史以来所认为的死后的未来，而是尘世里的未来。而我们的机会就在于，为了让我们在地球上的命运、我们的整个"生命"获得完全满意，我们有基本的方法要素。

所以，如果我们还没有开始阅读科耶夫，或者我们已经阅读了所有已出版的作品，但还没有发现他的作品中仍在法国国家图书馆（BnF）保护的巨大部分，或者如果我们相信科耶夫，那么，我们就有可能未来在尘世中发现我们生命的意义。历史已经终结了，我们终于可以在实现完全满意之前欣然理解我们生命的一切。也就是在我们不可消解的个体性基础上了解自己，自由决定我们的生活。因为人类的时代已经过去，所以每个人的时间从此可以与未来接轨，不再依赖于不确定的希望。这是科耶夫对康德思想进行无神论解释的一个重要的基本后果。

**哲学史中的康德思想**

给科耶夫对康德思想的解释定位，意味着按

① "满意"（Satisfaction）的首字母大写对科耶夫很重要。满意是人从别人和自己那里获得承认的结果。承认和斗争这两个概念，同满意一样，是科耶夫《精神现象学》阐释的核心。满意可理解为对应于死后幸福的希望，它在科耶夫对康德道德哲学的阐释中有核心地位。

照科耶夫的观点,将康德在哲学史中"定位"。这就需要了解科耶夫眼中的哲学史。我们已经看到,按照科耶夫的说法,哲学史以黑格尔为终结,康德的思想在其中起着决定性的作用,它是智慧——在黑格尔那里并通过黑格尔——出现之前的最后阶段。但哲学史从哪里开始呢?

科耶夫首先在远东,在印度和中国寻求智慧。① 后来他认为自己"走错了方向",2500 年前在希腊才"说出句子的开端"②。科耶夫为他的定位提供了理由:西方哲学是话语智慧,作为与智慧或沉默智慧的对立面,后者并不以连贯而完整地阐释"整体"为目标。"不自相矛盾地说出一切可以说的话"③的目的,从事后看,原来是开始于希腊。它预设了讲述世界"真理"的话语是可能的,科耶夫在前苏格拉底哲学家和数学家泰勒斯④那

---

① 《概念、时间与话语》,第 30 页。
② 科耶夫与吉尔·拉普日(Gilles Lapouge)的谈话,《我对哲学家没兴趣,我找的是圣人》(Les philosophes ne m'intéressent pas, je cherche des sages),《文学半月报》(La Quinzaine Littéraire),1968 年。
③ 《概念、时间与话语》,第 36 页。《黑格尔导读》,第 148 页及以下。
④ 见《理性的异教哲学史》(Essai d'une histoire raisonnée de la philosophie païenne),卷一,导言,第 140 页及以下,第 198 页及以下。

里识出了这一点。而"句子"最终说出了可以不自相矛盾的全部内容，人类通过这个"句子"完全地、彻底地意识到自己是具体的"历史的"，黑格尔将其明确化，科耶夫将其展现出来，这就是绝对知识的最终形式。

如果不系统地重复科耶夫自己说的话，就把上述"句子"的内容呈现出来，显然是不可能的。要做到这一点，必须通读科耶夫。另一方面，为了向读者介绍科耶夫对康德作品的解释，有可能——也有必要——提出科耶夫解释康德思想的主要原则。

由于他的作家兼出版商朋友雷蒙·格诺（Raymond Queneau）的坚持，科耶夫在 1947 年由伽利玛出版的第一本书《黑格尔导读》中，提出了这些原则。在这部复述 1933—1939 年间"精神现象学"研讨班全部课程的著作中，人们特别发现了"关于永恒、时间和概念的说明"[1]，它从绝对知识的"句首"出发，提出了科耶夫对整个哲学史的解释。这个说明代表了以下论述中的整个哲学史的基础：1)三卷本的《理性的异教哲学史》；2)康德的哲学（即本书）；最后 3)在《论康德》结尾宣布的黑

---

[1]　第六、七、八讲，第 336—380 页。

格尔存在论。它的主要内容如下：

## 真理问题

如果我们观察到，在寻找真理或"那个"真理的过程中，人们也许会发现"它"，那么在某一时刻发现的这个真理应该是"永恒"有效的，或者说是它所是——也就是"真实"的——在任何时空中。一旦涉及真理，在以发现真理的时刻为标志的求真时间与被认为永恒有效的真理内容或价值之间就显然出现了一种张力。根据黑格尔关于"时间是在场（在经验实存中）的概念"的论断，[①]以及科耶夫在这里所说的"概念"就是我们所说的"真理"，科耶夫说，当这是一个寻找真理的问题时，人们不能不对真理（＝概念）与时间的关系提出质疑。他直接补充说，二者的关系在根本上只有六种观点：前苏格拉底的巴门尼德（科耶夫将其等同于斯宾诺莎）、柏拉图、亚里士多德、康德、黑格尔和前苏格拉底的赫拉克利特。

因此，在这个系列的两个极端是巴门尼德和赫拉克利特。科耶夫认为前者的基本论点是，"概念"简而言之就是"永恒"。巴门尼德的思想代表

---

① 《黑格尔导读》，第 336 页（第六讲开头）。

了科耶夫所说的哲学的基本"正题",根据这个正题,确实存在着一种永恒有效的"真理",正是因为它是永恒本身。哲学这一开创性的断言,其困难也是根深蒂固的,它无法对人为什么会达到真理的原因作出说明,因为它总是首先陷入"我们生活的世界",而这个世界是一个时间性的世界,乍一看离一切"永恒"都很遥远。这将是科耶夫向斯宾诺莎提出的基本保留意见,他说斯宾诺莎以最完整的方式代表了巴门尼德的"正题":斯宾诺莎解释了一切,除了解释他为什么可以在时间之中谈论他所谈论的东西,即永恒。①

赫拉克利特的立场对科耶夫来说,代表了真理或概念与时间关系的另一个极端的可能性,因为对赫拉克利特来说,概念或真理远非永恒,而是持久的。概念是纯属时间性的,因为它不是逝去的东西,就是逝去的事实。一切都严格受制于时间,一切都有矛盾,一旦矛盾发生就会被摧毁。这是唯一的真理,也是唯一可以被人说出的真理。这种关于真理与时间关系的立场,对于科耶夫来说,代表了哲学的基本反题②。

---

① 例如《黑格尔导读》,第 352 页、354 页及以下。
② 《理性的异教哲学史》,第一卷,第 236 页及以下。

科耶夫认为,这两种极端的哲学立场是站不住脚的。一是因为它无法以任何方式"证明"其内容的真实性,因而被还原为沉默——即使它是哲学家对永恒的一种无法证明的思考,即使哲学家获得了智慧而非疯狂。二是因为这个断言等于说,一切都相同,只存在时间性的东西,或者说没有固定的基体,只有方生方死。由于一切命题只有在它的反题随即为真的情况下才是真实的,因此,人们可以说一切命题及其反题都不曾被否定,这就等于不断地"胡扯",而什么也没说出来。科耶夫就是这样将哲学的正题和反题对举出来,分别以巴门尼德和赫拉克利特为代表,他们各自的"沉默"和"胡扯"是等价的,因为他们都没有"说"出任何坚实的——亦即"永恒的"——并且可以为人所知的"真理",尽管人处在时间之中。

从巴门尼德和赫拉克利特的立场所代表的奠基可能性的出现开始,科耶夫认为,整个哲学史将包括在人所处的时间世界中如何到达永恒的问题的解决方案。那唯一一个既可能又真实的解决方案,将是黑格尔提出的解决方案,根据它,真理或概念就是时间。"与此同时",柏拉图、亚里士多德和康德将分别提出三种基本解决方案。

"概念即时间"这一断言意味着"永恒"是"时

间"的"结果"。在引出这一断言的"具体"实践后果之前①，我们有必要了解柏拉图、亚里士多德和康德的前三种基本解决方案由什么构成，或者至少要了解它们的阐述和基本原则，这将使我们能够将康德的思想"置于"科耶夫问题化的哲学史中。

### 求真问题：柏拉图、亚里士多德、康德

除了历史原因——柏拉图和亚里士多德相对于康德是同时代的人，而康德直到近 2500 年后才出现——之外，还有一些根本的原因，使柏拉图和亚里士多德的立场更近②，而康德的立场离他们相对远。

科耶夫认为，柏拉图和亚里士多德代表了从人类最初投身哲学的时代以来，从巴门尼德和赫拉克利特对哲学的"正题"和"反题"断言之后，到康德为止，这期间为达到真理所做的最根本的努力。对柏拉图来说，真理或概念是永恒的——因此是一种坚实的东西，它不因时间的流逝而毁灭——相对于永恒来说——甚至可以说比永恒更

---

① 《黑格尔导读》，第 395 页。
② 其实我在这里只谈一下柏拉图思想的几个要点。

"坚实",因为柏拉图认为它是位于时间之外的。在阐明这一点的含义之前,我们首先要说明的是,科耶夫认为对于亚里士多德来说,真理或概念也是永恒,也是与永恒相关的,但它是位于时间之中①的永恒。我在这里只谈科耶夫的柏拉图真理观,这就足以让我们对照它与康德真理观的差异。

为了理解科耶夫所说的柏拉图的概念,一个简单的方法就是要记住,对于柏拉图来说,我们人类并不是自发地生活在真理中。恰恰相反。我们生活的世界是由幻觉、伪装、谎言、错误组成的。而之所以如此,是因为"真实"的世界是在我们生活的世界之外的,它是一个感性的世界,我们用自己的感觉、知觉等等接触这个世界。与我们的理性或逻辑能力相比,我们的感觉、知觉、情感等都是幻觉的来源。我们的逻辑能力使我们能够进入"真实"的理念世界。理念远不是身体的眼睛能看到的,而是灵魂的眼睛能看到的,而且永远不会改变。理念是永恒的。我们来到了柏拉图的"解决方案"的核心,即当人存在于时间中时,他如何能

---

① 《理性的异教哲学史》第二卷系统展开评论了以下两个关于概念的表述:(1)柏拉图认为概念是外在于时间而与永恒相关的;(2)亚里士多德认为概念是永恒的,它在时间之中与永恒相关。

够获得真理的问题。虽然生活在感性世界,但人之所以能接触到"理念",是因为他在降生尘世之前的生命中"看到"了这些理念。而在"尘世"中,可以说,他可以接触理念,只要他愿意,并努力摆脱他的感觉、知觉和情感的外壳。

不过,这还不是重点。如果说,人在出生之前就"看到"了"理念",而通过在尘世的学习,他实际上只是从他的具体时空情境中发现了理念的永恒真理,那么,正是因为"一切"是这样被制造出来的,所以它是由"理念"和柏拉图所说的它们在尘世的"形象"构成的。更准确、更彻底地讲,这个整体就是将"真实"的理念世界转化为理念世界和感性的形象世界的双重体。只有在这个事实之上,"获得"真理这个说法才有意义。如果没有理念世界变成理念世界和形象世界双重体,就根本不会有人类作为一个能够欲望或意愿达到真理的存在的出现——欲望和意愿的前提是事实上不"立即"到达真理。而语言是人类试图"思维"的卓越手段,也就是说,可以通过思维获得真理或进入理念世界。换言之,必须说话,才能踏上真理之路。显然不能随便说话,而是要像苏格拉底教导他的弟子柏拉图那样,通过提出正确的问题来说话。正确的问题是概念的定义问题,因此是理念的定义问题。提出"什么是……"美德、正义、勇气等问题,就是向着真理,或者向着美德、正义、勇气等理念出发。而人们明白了,人就是踏上寻找真理之路的这可能性本身,因为人就是一种欲望:通过对语言的良好运用,在他所生活的感性世界之外,找到他所见过的、因而在他寄于形役之身之前所生活过的理念天空。

然而,另一方面,只有从无意义中才能品味出意义。换句话说,人之所以出现求知欲,只是因为人首先是如诗人拉马丁所说的"记忆着天空的堕落神灵"①。换句话说,之所以有对意义的追求,只是因为人经历了他所生活的感性世界的相对无意义。正是因为人首先生活在形象的世界里,他迟早会感觉到其虚幻、虚假、错误等特征,所以他是非常渴望冲向理念天空的存在。如果没有理念世界的分离,分为理念世界和形象世界,就不会出现对真理的欲望。在这个层面上,柏拉图的解决方案让人获得真理得以可能,柏拉图加入了巴门尼德的行列,以"消灭"后者的方式超越了后者。

柏拉图"消灭"了巴门尼德,因为他远远超越

---

① 阿尔方斯·德·拉马丁,《人》。

了后者,他使人们有可能理解,语言的使用并不等于对真理的严格歪曲。巴门尼德就是这样被抛进了真理。巴门尼德所能接触到的真理,既是直接的,又是无法证明的。正如斯宾诺莎没有解释他是如何来"看到"他在《伦理学》中提出的永恒,巴门尼德也没有在他的诗中解释,除了隐喻,他是如何接触到作为思想的存在者的。而柏拉图则交代了求真欲望存在的原因,以及其根本手段,这就是逻各斯。他对逻各斯的解释就是通过理念世界倍增为理念世界和图像世界。而柏拉图没有解释的、"独断地"肯定的,也就是说没有证明甚至不想证明的是:"全体"恰恰就是"理念"倍增为"理念"或"模型"和"图像"或"复制品"的这个二重体本身。然而,这个断言是非常激进的,因为柏拉图把这个"全体"描述为理念世界的加倍,变成了理念世界和一-善-神(Hen-Agathon-Theos)的形象世界。我们在这里绝不是在犹太一神论(作为基督教和伊斯兰教神学的基础)的视野中。因此,这里的"上帝"绝不是一个"人格"的上帝,就像先是犹太教的上帝,然后是基督教和伊斯兰教的上帝一样。事实仍然是,"全体"自相矛盾地使人有可能,甚至从感性的、时间性的图像世界,获得永恒的真理;"全体"是一个神圣的整体,它代表着

善：一－善－神。而柏拉图说这个"全体"是不可
言说的，亦即位于极限，甚至无法被命名。严格地
说，我们已经不在哲学"正题"的视野之内了，但当
谈到柏拉图提到一－善－神的双重超越时，我们
又发现了"正题"，它位于"理念"世界相对于"形
象"世界的超越的起源。

　　因此，对于柏拉图来说，"概念"是根据科耶夫
的永恒（理念）与位于时间之外的永恒（一－善－
神）的关系。而"一－善－神"相对于感性世界的
双重超越性特征，也就是它相对于理念世界本身
的超越性特征，显然是将"不可言说的一－善－
神"的永恒性"置于"时间之外。

*

　　科耶夫认为，按照亚里士多德的说法，概念或
真理就是永恒，后者相关于位于时间中的永恒。
那么这个定义与柏拉图所说的真理定义的不同之
处在于，永恒所相关的永恒应该是位于"时间"之
中，而不是时间之外。

　　这种差异的关键在于，亚里士多德对真理的
定义为康德的下述断言的可能性做了"准备"，即
人所能知道的一切都不在经验之外。经验代表着
一切逝去的东西——也就是时间性的，沉浸在时

间中的东西,受制于时间。但从康德开始,作为经验的东西将获得一种"永恒"的特性,即康德所说的"经验的先天(即'永恒'的、普遍的和必然的)结构"①。这样一来,逝去的东西或时间性的东西成了足够坚实和精确的研究对象,因此,人们可以谈论时间,即使它没有时间性。根据科耶夫,在康德的《纯粹理性批判》的先验感性论中第一次以这样的方式谈论时间,当康德提出先天直观形式时,他认为,没有直观,就不能把任何秩序的对象或内容交给知性,以便使它成为认识。换句话说,我们人类之所以能够对我们所生活的世界有所了解,是因为我们具有先天直观形式,这种直观使我们的感觉和知觉结构化。如果没有这些先天的形式,即空间和时间,我们就无法"接受"任何内容,这些内容后来成为知识的对象,这要归功于我们的排序、分类、比较、归纳、演绎等能力,亦即思维所与的能力。另一方面,我们会满足于直观的所与,我们不会想到这个所与,既不知道也不理解它。康德在其著名的表述中从根本上表达了这一点,根据这一表述,"没有直观的概念是空的,没有概念的直观是盲的",对此,科耶夫在《黑格尔导读》中

---

① 《纯粹理性批判》先验感性论。

断言,"康德的整个构想都被概括(在这里)了"①。

科耶夫在《论康德》一开始就对此作了如下介绍。

> 把对象给予知性的是直观(不论哪种直观),是它让对象可以进入"知识"(即可以为真)。感性直观"碰巧"是时空的,它把康德所称的"现象"给予人类知性,所以这知性必须被限制在时空现象中。②

科耶夫坚持强调,按照康德的说法,人的所有知识都通过先天直观形式(即空间和时间)从经验,即知觉中汲取内容。如果知觉知道甚至"思维"任何内容,那么这种内容必然来自于我们对现象的知觉能力之内的时空性。现在,通过这样的认识,知性产生了一种"真实"或可能真实的话语性知识,它构成了科耶夫意义上的真理或概念。因此,按照科耶夫的说法,概念或真理对于康德来说,就是永恒(认识),它与时间相关(即与我们人类先天感性形式相关,后者使我们生活世界的现

---

① 《纯粹理性批判》法文版第 111 页,"论一般逻辑";《黑格尔导读》,第 351 页。
② 《论康德》,第 12 页。

象对我们来说是可及的)。在康德那里,在话语真理的层面上,不同于柏拉图和后来的亚里士多德,概念或真理不会相关于任何超现实的永恒,甚至是双重超现实的永恒。只有永恒概念与时间的相关。

然而,这并不完全准确。为了充分理解康德毕竟不是黑格尔这一事实;也就是说:为了充分理解这样一个事实:对康德来说,概念还不是时间本身,而只是与时间相关的永恒,就必须澄清上述论题。

科耶夫对康德作品的全部分析,都在于考察康德为什么刻意"维护"在现象的"背后"有"某种""自在之物",而后者不取决于人们对它们的认识。我们可以说,"物自身"在康德那里扮演着永恒在柏拉图或亚里士多德那里的角色。这就是说,对于康德来说,"概念"是且不只是相关于时间的永恒。康德体系中有一个"残余",它扮演着——不适当地,在话语层面上——(哲学有史以来直到康德所理解的)永恒。科耶夫明确提出了他详细分析康德作品的动机,他这样说:

物自身(是一切有神论哲学的基础)(概念以某种方式与永恒相关)在康德体系中的

作用，这是个足够复杂且重要的问题，值得长篇讨论。①

我们来到了科耶夫对康德作品理解的核心问题。因为科耶夫肯定了康德在他的体系中对"物自身"这一概念的维护，这物"自身"是人无法认识的，但人却会以话语的方式宣称自己有权肯定它的实存或存在，这就维护了一种具体而严格意义上有神论的立场。它通过维护思维中的超验，从而在对世界的理解中肯定了一个"上帝"的存在，无论他是万物的起源还是万物的目标。然而，科耶夫的全部思想都是面向无神论的。从他最早的一本书开始——科耶夫认为这本书被他后来的思想所淘汰——专门讨论该问题。② 科耶夫的主要论题——在此基础上可以理解他的整个思想——就是把"概念"理解为"时间"本身，反之亦然。该论题必然关联于消除所有的超验，因而也消除所有的"神"。当人们说或想说真理时，他们会有理由提及这些神。因为世间事物的真理是，如果说

① 《论康德》，第 11 页。
② 《无神论》，法文第一版，巴黎，伽利玛出版社，1998 年。本文作者为此书作序。英译第一版由哥伦比亚大学出版社于 2018 年出版。

存在什么超验/超越性的话,那就是对人本身的超越,即对一切所与的否定,或曰构成性地定义人的那种否定性。人是"在存在中虚无化的虚无"①。在这个视域中,历史被严格地理解为人作为自由的历史,把自己从自然或任何给定中挣脱出来,并在否定的历史过程结束时把自己理解为这种挣脱本身。在这个层面上,康德在他的体系中对物自身的维护,按照科耶夫的说法,代表了一种欲望——和无神论的欲望一样,从根本上都是人性的欲望——不消除有神论,不消除那赋予人以生命意义的超验上帝的概念——即使如康德自己所承认的那样,这只是以义务的方式,而不是以知识的方式。②

科耶夫认为,康德由此来到了智慧的边界,智慧包括对"概念即时间"的肯定,康德不想跨入智慧,希望维持一个超验上帝,话语矛盾的存在。而康德正是通过引入"仿佛"的概念来达到这个目

---

① 《黑格尔导读》,导言。
② 康德的《实践理性批判》展示了理性对于意义问题的公设。康德认为它回答了"我该做什么"这个问题;而第一批判,《纯粹理性批判》则展示了我们刚才所看到的,即一切认识的内容都来自于经验。它回答了"我能知道什么"这个问题。实践理性的公设是:灵魂不死,人类自由,上帝存在。

的。下面我们简单了解一下"仿佛"在康德思想中的重要性。

　　康德的三部决定性著作是他的三大批判。第一批判，《纯粹理性批判》确立了认识的内容只可能是先天直观形式所给予知性的对象，这就是我们刚才所看到的，正是它使康德得以说概念是相关于时间的永恒。但是，康德在这第一部批判结尾发现，尽管理性很清楚地观察到强意义上的所有认识只能与可感的经验有关，但理性却想要别的东西。它渴望或梦想着某种它无法证明实存的东西，它把这种东西投射到可知领域之外，亦即意志或自由意志的领域。这是《实践理性批判》的基本主题。《实践理性批判》提出了自由意志和纯粹道德的王国，对置于第一批判所涉及的必然王国。但是，康德认为，考虑到他的前两部批判的结果，人在知识和意志之间徘徊，一切行动的原则在科学的统治和道德的统治之间、在世界的结构和对意义的欲望之间徘徊①。《判断力批判》的主题是人所经验的世界与对意义的欲望之间的联系。而康德说，有两种现象特别能展现人对意义的欲望，

---

① 　参考 Eric Weil，《康德问题》（*Problèmes kantiens*），巴黎，弗兰出版社，2002 年再版。

一种是美的现象，即一种审美经验，另一种是生命的现象。对于每一个人来说，一切事物的发生都"仿佛"有意义弥漫在现象中，或者说"仿佛"有一种目的支配着它们的存在——当然是一种神圣的目的。无论我是体验到自然界中某种事物的"美丽"①，还是惊叹于生者的生命所能达到的"完满"，我都觉得一切的发生"仿佛"在它们存在的背后都有一种目的。这目的抑或是为了让我觉得，通过美，一切的发生都仿佛世界是为我这个人、我的沉思、我的审美愉悦而生的；抑或是，为了让我在观察某些植物或动物的完满性时，不由自主地假设它们的发展存在着某种目的，因此自然界中存在着一种目的在起作用。因此，《判断力批判》在一个根本的张力上做文章：一方面是不可能肯定确实有一种意义贯穿现象并为其提供条件，因为《纯粹理性批判》已经表明这是无法证明的——不可能存在完整的、连贯的话语能展开科耶夫自己所说的"上帝"的概念——另一方面是在生命经验的核心，在《实践理性批判》意志层面上已经认识到并探讨的，对意义的欲望的持续存在。"仿

---

① "美"的人类艺术作品这个例子，预示了历史的目的，因而也预示了有效行动的目的。

佛"方式的引入,使康德得以对人生活的撕裂处境作出存在主义的回应。人的"张力"在认识的不可逾越的局限性和对意义的不可抑制的欲望之间。然而,康德并没有真正解决这个问题,也就是说,没有在"仿佛"方式之外,话语真理的层面上解决这个问题。人们可以安逸地生活在这样的感觉中:一切的发生都"仿佛"世界有意义,尽管人"在真理上"——也就是说,在与时间相关的永恒的枷锁下——永远无法获得确定性,永远应当坚持信仰和希望。

在科耶夫看来,这种终极的"张力"状态,描述了人在意义问题上即将找到满意的解决方案。这种状态从根本上说是"虚伪的"①。因为它刻意保持一种超越性——对目的或意义的超越——在这种超越性中,人们已经能够看到,意义其实是随着

---

① 在尘世中实现意义的可能性(即用科耶夫的话说,完全的满意),与投射到意义的可能性之外的根本可能的自我蔑视相对立。如果我们没有弄错的话,康德对此概念的"虚伪"观念出现在第 44 页和第 45 页的注释 1。科耶夫说:"无论如何,康德向正统哲学(按定义是'爱智慧')致敬(有些'虚伪')之后,匆忙地在理论理性对面建立了实践理性的'优先地位'……,为了能够建立灵魂不朽与上帝存在的公设……这足以说明,世俗的、无神论的'满足'不足以满足他的愿望,决不能用来代替他对得救希望的主观确定,也就是他的(基督教)信仰。"

时间的推移产生出来的,确切地说是被人对所与的有效否定行动的时间本身所产生出来的,人的人性就是这种否定行动本身。

　　无论是说"随着时间的推移"——这显然是历史性的——还是说尘世间的意义是被人对所与的有效否定行动所需的时间所产生出来的,它们都不是偶然的。但是,只有当人们肯定概念或真理就是时间本身时,才能"在真理中"理解这一点。在这种情况下,感性直观的时空性不再是"偶然的",而是完全必然的。科耶夫认为康德错误地承认了一种非时空的感性直观的可能,这必须删掉。① 康德不希望这样。为了缓和科耶夫对"仿佛"意义的批判,我们可以说的只有一点:康德的功劳在于,他自己在生命的尽头说,他既没有时间也没有办法发展出一种历史哲学,来证明人类在历经岁月之后,会是尘世意义降临的来源。他在关于这个问题的两部重要著作《世界公民观点之下的普遍历史观念》和《论永久和平》中提出了这个假设。但他并不认为这"实际上"是可能的——因为科耶夫说,这将"自动"把他的系统变成黑格尔的绝对知识系统,那必然是无神论的。

---

① 《论康德》,第12页及以下。

## 科耶夫历史解释的行动意义

对"西方"的批判，特别是对其帝国主义的批判，已经成为普遍现象。当然，这种批评既是常理，也是知识分子的诚实："西方"曾经确实是帝国主义的，尤其当西方决定人将成为"作为自然的主人和占有者"时，正如哲学家笛卡尔在《谈方法》第六部分所说的那样。然而，像康德这样的思想家，在这个视野中常常被误判。虽然康德的思想是卓越的普世思想，但人们常常断言，康德的思想只表达和实现了某种非常特殊的、"西方"的理想，他事实上将大部分人类排除在其思想所谓的"普遍性"之外。然而，虽然看起来令人惊讶，但科耶夫似乎部分认同这样的说法。

\*

鉴于康德思想在科耶夫眼中对世界思想史的重要性，如果认为康德的思想会因为文化的特殊性而出现偏差，从而无法获得对"西方"以外文明的理解，乍一看是很荒谬的。然而，如果康德的体系不是科耶夫所称的绝对知识体系，那么，二者差别仅仅在"物自身"，也就是在有神论上。科耶夫说，在康德那里，有神论是一种慎重的决定。康德差点就把对自然所与的否定行动视为历史进程的动力,使人有可能在尘世得到完全满意。[1] 因此,根据科耶夫的说法,他看到了人的否定行动的有效性的意义,但他拒绝承认这一点,仅仅出于宗教原因,他不想放弃基督教信仰。[2] 因此,如果我们按照科耶夫的说法,基督教信仰就刻画了伊曼努尔·康德这位卓越的普遍性哲学家的思想。

西方与非"西方"之间的"张力"核心就在这里。因为一切的发生,就像科耶夫说的那样:正是因为康德坚持他的基督教信仰(这是非常"西方"的信仰),康德不接受他对"全体"——即人的人性之定义,即对自然所与的否定行动的有效性——的理解所导致的后果。如果康德承认了人的否定行动的可能性、现实性和有效性的意义,那么他的体系就会自动成为绝对知识体系,人就可以获得"真理"。但康德还是没有把真理定义为时间,并且像我们所看到的那样,康德坚持把真理或概念定义为与时间相关的永恒,同时保留了"物自身",虽然思维向真理前进了一大步,但康德仍然处于真正普遍的无神论知识体系的边界。如果科耶夫

---

[1] 《论康德》第 33 页及以下这里开始论证了这个断言,关于人的欲望意味着什么这个关键问题。

[2] 见第 26 页注[1]。

是对的,当康德因其思想的特殊性而受到批评时,我们可以因此认为,在这位卓越的普世理性思想家的体系的核心,某种特殊成分"仍然"在起作用,那就是一个非常西方的宗教,即基督教。

\*

最后回到"知识体系",有人可能会反对说,科耶夫对知识体系的"更新"是不够的,比如这本中译的《论康德》。对于那些想要发现知识体系的人们来说,它还是要有意义的,也就是说,它最终不仅要指导他们的思维,还要指导他们的生活和行动。科耶夫对康德作品的解读为这种行动提供了基础。一旦康德体系因消除了物自身而消除了一切超验,转化为知识体系;一旦时间被理解为"在场"的概念;一旦把历史理解为人类走向普遍承认每个人(不分性别、年龄、民族或文化背景等)不可消解的个体性的运动,那么康德道德的绝对命令就转化为尽一切可能有效地实现所谓普遍均质国家的命令,即正义和公平的世界国家;①

自由概念(一开始在一个定义 - 筹划

---

① 对此参考本文开头提及的《法权现象学纲要》。

[définition-projet]当中被定义为行动的筹划)的话语论述也许最终可被总结为康德在"纯粹实践理性[＝自由]的基本法则"中所说那样："要这样行动,使得你的意志[即你的行动筹划]的准则任何时候都能同时被看作一个[空间上]普遍立法的[直接]原则"……对于这个"法则"的意义,只有黑格尔主义的阐释完全不同于康德阐释。在这"正确"阐释(即不导致矛盾,甚至不通向神学)中,"基本法则"的意思是:要这样管理普遍均质国家[与绵延－广延共永恒、共无限广延],使得当它在经验中实存时,让它保持与自身同一,或至少不要干扰它,并且当它尚未实存或尚未在全部地方实存(而只在某些地方,即作为"幼芽"实存)时,要加快它的到来,或至少不要阻挡它,也就是不要让它在绵延中推迟,或在广延中限制它的经验实存。①

最后给科耶夫留点笔墨,我们注意到科耶夫一生都在为实现这样的国家而努力。事实上,从1945年到1968年6月4日在欧共体谈判会议上

---

① 《论康德》,第77页。

去世,作为一名法国官员,他为了促进这一国家的
到来做出了一切可能的贡献,例如,欧盟的建立被
认为是这条道路上的一个阶段。

# 编者按

亚历山大·科耶夫在《理性的异教哲学史》的导论中长篇论述了一个"论题":在柏拉图、亚里士多德和黑格尔之间,只有一位伟大的哲学家,那就是康德;但当他想出版此书手稿时,这一部分丢失了,直到其去世后(我们知道他在1968年意外去世)才在遗稿中被发现。他以几行字代替了那篇长论,也就是我们今天呈现在读者面前的本书的原稿。这里有一种"科耶夫式的"康德:康德通过使话语(discours)①哲学成为可能,从而终结了哲学,开启了通向话语性智慧的道路,即黑格尔的知识体系。本书与《理性的异教哲学史》《黑格尔导读》一起构成了科耶夫设想的完整的西方哲学史。

---

① [译按]本书中,discoursif 翻译为"曲行的"或"话语的",développement 译为"论述"或"展开",两种译法等价。

[9]我们已经在西方哲学通史的概况中指出了康德的位置,现在来详细分析康德的历史地位。

正如前文①提到的那样,在康德的体系内部,某种程度上存在着两个时代之间的裂缝:一个是"古代"或"古典"时代,甚至是"自然主义"或"有神论"时代,其中包括隐秘的前-无神论时代;另一个是"犹太-基督教"或现代,甚至是"人类学"时代或严格意义上的无神论时代。

一方面,康德的经验主义既完整地重拾了亚里士多德对柏拉图的反驳,也预示了严格意义上的黑格尔主义,康德体系中的彻底无神论特征实际上就来自于经验主义。同样,康德把人性等同于"纯粹意志",即创造性的自由,或者用黑格尔的

① [译按]A. Kojève, *Essai d'une histoire raisonnée de la philosophie païenne*, 1. *Les Présocratiques*. Gallimard, 1997, 第 142 页。

话说——否定的行动（主动的否定）①，这一点使
康德的体系真正成为了关于犹太－基督教人类学
的哲学表达，并在黑格尔那里到达顶点。

但另一方面，康德坚持使用物自身概念，这使
得他的体系属于古典的"理性主义"体系，归根结
蒂（甚至在亚里士多德那里）都受有神论的影响。
同样，意志与理性（Vernunft），或确切地说意志与
知性（Verstand）二者不可相互还原，亦即行动与
思辨不可相互还原，这使得康德体系成为了异教
的或古代的哲学体系：在其中，人的"本性"（na-
ture）或"本质"无时无地不与自身同一，人的本质
由其在宇宙或"自然"世界中所占的不动位置所
给出。

至于康德《未来形而上学导论》中的（亚里士
多德主义的）[10]"经验主义"或"感觉主义"，那显
然意味着，话语的全部意义都来自于知觉②（知觉
包含一种可变的"张力"（Tonus），产生愉快和不
愉快的情感）。然而，这个表述不仅意味着否定了

———————

① ［译按］本书中，除了提示法语词的圆括号为中译者所加之
外，其他圆括号、方括号、箭头、等号、问号，以及楷体字（原
文为斜体）和德文提示等均为科耶夫或法文编者所加。

② 因此，C(永恒的). /. E在T中，而不是在T之外。在亚里
士多德那里已有这主张，但康德走得更远，因为对于后
者，C. /. T，而不是像黑格尔那样，C＝T。

言说超验(即一切非时空)的可能,还意味着放弃了如下"理性主义"信仰:存在着可通过所谓明见性(Évidence)来接触的、先于、独立于人类话语的真理。亚里士多德(C. /. E)①承认这种明见性。换言之,实际上康德(C. /. T)彻底的"经验主义"使其必须把(独一无二的)真理定义为独一无二的人类话语的融贯性:人类话语,积累了一切能用有意义词语所表达的全部话语,而那些词语的意义必须脱离经验实存的绵延-广延中产生的此时此地的(hic et nunc)知觉。

另外,(与亚里士多德相反)康德认为人类具有强意义的自由意志(即一种创造性的行动,只通过对各种所与(données)的否定来显现,这所与可以是人类本身),这意味着人独立于自然世界(宇宙),因为人类话语即使不与所述世界一致,也可以是(变成)真的。所以这等于承认了真理(话语性的,即一而全(uni-total)的话语)是在时间中形成的,而时间被人类否定性的斗争与劳动改造成了历史,并且,真理不会完成,即使在历史终结时、在一切(创造性的)斗争和劳动都至少潜在地穷尽

---

① ［译按］本书中,C 是概念(Concept),T 是时间(Temps),E 是永恒(Éternité)。". /. "是比例关系,表示相关,"☆"表示在……之中。

时,真理也不会所有时空中必然为真。换言之,这
是把 C 与 T 同一。

按这样解释,康德的体系就变得与黑格尔的
知识体系完全同一了。并且,黑格尔就是这样解
释的。但黑格尔也同样明白这是对历史上的康德
思想的"暴力解释"。因为康德让 C 与 T 相关,而
不是同一。

[11]实际上,如果说物自身(作为永恒)的概
念让黑格尔式的解释不可能,那么它"很容易"从
康德的体系中删去,某种意义上把体系黑格尔化。
康德本可以删去物自身(正如莱因霍尔德所做的
那样),却明确反对这一点。

物自身(是一切有神论哲学[即 C./.E]的基
础)在康德体系中的作用,这是个足够复杂且重要
的问题,值得长篇讨论。

下文译自《纯粹理性批判》第一版,表明了物
自身在什么意义上在康德的思想中占根本地位:

感性(Sinnlichkeit)[决定人类直观(An-
schauung)的时空特征,直观在时空中限制了
话语与话语性真理]及其领域,即现象领域本
身,都受到知性的限制,因为感性并不针对物
自身本身(以其所是那样),而仅仅针对诸物

如何根据我们的主观构造而向我们显现的方式。这曾是整个先验感性论的结论。从一般现象的概念中，可以自然而然地得出：它应当对应某种本身并非现象的东西（Etwas）。因为现象无论就本身来说，还是在我们的表象（Verstellungsart）方式之外，它什么都不是，所以，现象中不应出现（Herauskommen）不停的（恶性）循环，现象这个词已经指明了与某种东西的关系，这个东西的直接表象是感性的（Sinnlich），但它哪怕没有我们感性的这种构成（我们的直观形式就建立在这种构成上），也自在地必须是某物，即某种独立于感性的对象。（科学院版；IV，164，15—27）①

当然，《纯粹理性批判》第二版没有继续采用这个有些粗糙的段落。但第二版的其他段落表达了同样的观点，例如下文：

　　然而，本体概念，仅作为悬拟的概念，它不仅是可接受的，而且作为一个把感性置于

---

① ［译按］译文中德文提示由科耶夫所加。科耶夫给出的译文中，楷体字为康德与科耶夫所加。

限制中的概念也是不可避免的。然而,本体不是为我们的知性所特有的一个理智对象。相反,它隶属的(Gehörte)那种知性本身就是一个问题;也就是说,这种知性不是以曲行的(discursive)方式,通过范畴来认识其对象,而是在某种非感性的直观里直觉地认识其对象;[这是知性的问题]而对这种知性的可能性,我们一点表象(Vorstellung)也产生不出。然而,我们的知性以这种方式获得了一种否定的扩展,也就是说,知性没有被感性所限制,而是通过把自在[地把握]之物本身称为(nennt)本体([也就是说]不被看作现象),从而限制了感性。但我们的知性本身也直接[12]限制了自己,[这限制在于禁止]通过任何范畴来认识本体,因而只能以未知的某物的名义来思维这些本体。(前揭;III, 212, 13—27.)

康德在别处[正如我们将看到的那样,他这里说的是错的]说即使感性直观异于人类直观——即被其时空"形式"所表征的人类直观(因此对于康德,这是一种不可消除的所与,它不从话语或真理公设出发构造"先验演绎")——感性直观也不是不可能[或矛盾]的。无论如何,康德不厌其烦地重复说非感性的直观必须是非时空的。然而,把对象给予知性的是直观(不论哪种直观),是它让对象可以进入"知识"(即可以为真)。感性直观"碰巧"是时空的,它把康德所称的"现象"给予人类知性,所以这知性必须被限制在时空现象中。因此:C. /. T 而不是 = T。康德仅仅把这个知识称为曲行的/话语的。因此对于康德,话语是一种人类特有的现象,它只作为时空现象为人(也为他的话语,即为他本身)存在,它存在于范畴的"话语"(融贯的)[时空]论述中,把现象"给予"人类,而人类话语的意义全都来自那些现象。至于非感性的直观,它把康德所称的"本体"对象给予非人类的知性,以至于这知性的"知识"被限制于超验本体,相对于一切时空性(即永恒)(诸现象在本质上是时空的,所以都不能接触本体)。这知性不是话语的,因为它没有可在时空框架中(时空地)"论述"的"范畴"。因此它的真理不是那种有绵延广延的话语。这样一来,人类话语的意义不是这种("非话语的")"直观的"知性的真理,而直观知性的真理,对于言说之人没有意义,"因为这些本体不具有任何可以(言语地)指定的积极意义(Bedeutung)"(前揭,III,230,19.)换言之,本体在本

质上无法从人类视角描述，并且"认识"[13]那个
本体的"直观"知性对于人类而言是彻底的沉默
（因此：没有"启示"）。

当然，当康德谈论科学并且说存在无法言说
之物时，他没有自相矛盾，因为谈论不言之物是可
能的，而这是错误公理（l'Axiome de l'Erreur）[由
真理公设所预设。真理公设必须从话语的（原初）
事实那里表达出来（真理公设与其预设的公理一
起定义了这话语）]的一个主要推论。他所说的仅
能表明，一而全的话语综合了人能说的全部无矛
盾的东西（包括人们为了表达承认或者促进成功
而说的话），却在话语之外留下了矛盾的言语（后
者"论述"了诸如"方的圆"之类的概念），还有严格
意义上的沉默，例如音乐的或图像的沉默。这样
一来，（唯一的）真理可以等同于一而全的话语本
身，而错误以陈述的形式完全蕴含于话语中，它们
必须（在全部时空中）被否定，才能让话语整体融
贯，也就是严格无矛盾。

如此解释康德的（上述引用的）文本［就其本
身而言，并非不可能］，就会把他的体系变成黑格
尔的知识体系，后者通过充分意识到这种解释，而
完满实现了亚里士多德的反柏拉图主义的体系。
这样就得到了严格无神论版的康德体系，因为它

的外在话语排除了一切超验要素,即一切从自身意义上谓述超越于时空要素的陈述。人们不能在这个体系内部谈论非时空的"上帝",因为根据这个体系,根据无矛盾律的定义,人们只能用矛盾的方式谈论这"上帝",因为"上帝"或"永恒存在"/"存在的永恒"(在非时间或非时空的意义上)的概念都是"方的圆"一类的概念。关于沉默,人能说出的不矛盾的话,仅仅是:沉默除了它本身以外不与任何东西"相关"(不与任何可无矛盾言说的东西相关),那么沉默就必须严格地、绝对地沉默,否则它一旦变成话语的,就会矛盾。特别地,人们无法无矛盾地说:沉默与上帝(存在的永恒)相关,或存在着上帝的沉默的"启示"(从"的"的两种含义上理解)①,因为"上帝"是一个矛盾的概念,它作为概念,或者被赋予意义的词语,属于[14]人类可说的言语整体,但它作为矛盾的概念,不属于一而全的话语,也就是说不属于融贯的、包含一切可无矛盾言说者的话语。

但这种对康德体系的解释是"暴力的",因为虽然它本身可以,或可以被我们这样解释,但康德

---

① [译按]"au sens double du mot «de»",这里的 de 既表示"来自上帝的启示",也表示"关于上帝的启示"。

本人会拒斥这种解释。因为,在上述引文中,康德
自觉地、故意地比上述解释走得更远。康德说,话
语的知性,即人类知性,限制了感性,因为康德把
物自身命名(nennt)为"本体"(Noumena)[因此他
可以把这些本体命名为"上帝"]。换言之,康德断
言"本体"( = 永恒)是真正意义上的概念,也就是
说,这个词的意义是自身不矛盾的、属于一而全的
话语,也就是属于知识体系的:正如康德所说,这
个概念是"不可避免的"。(Unvermeidlich; cf., III,
212, 16.)

　　因此我们看到,对于康德,他的体系不是黑格
尔的体系,后者是彻底的、自觉的无神论"亚里士
多德主义"体系(C = T),康德的体系是柏拉图主
义体系(C. /. E♂T),它归根结蒂一直是、经常无
意中是有神论的。因为,康德断言本体不可言说,
但这不与柏拉图矛盾,因为柏拉图至少在晚年(见
第七封信)承认人只能通过"出神的"或"神秘的"
沉默来到达善 - 神(Agathon-Théos)。这跟很多
"柏拉图主义"神学家、基督徒等等都不矛盾。

　　然而,应当防止把康德体系等同于柏拉图体
系(对于后者,C. /. E♂T),因为就其本身而言二
者不可能相同,即使用"暴力解释"也不相同。因

为,在引文中,康德有意地不给"上帝"命名。他把"物自身"命名为"本体",然后马上补充说本体是"未知的某物"(也就是说,C. /. E 在 T 中)。另外他把"物自身"称为:"某物一般(überhaupt)""对象之为对象""某物 = X"。如果说"上帝"概念进入"先验辩证论",那么它的出现(在体系外部)只是为了揭示自身无法无矛盾地用话语"论述",也就是说无法在体系内部"延展"。这样,康德的体系[15],与柏拉图的相反,是自在的无矛盾(至少原则上是)。

当然,在柏拉图那里,一-善-神(Un-Agathon-Théos)其自身是无法被言说的。但是对他而言,超越的太一规定了存在之二,因为存在本身超越时空,也超越时空性本身;因此柏拉图主义的存在是本质-理念[-数?],话语可以独立于时空知觉而把握它(并且柏拉图的存在通过保证其真理性而为话语奠基)。(自身矛盾的)不可言说的太一"概念"是柏拉图主义(非亚里士多德主义)体系的不可或缺的一部分,因为它可以曲行论述(虽然它仅在与指涉知觉的话语相连时才能在人类生命中论述)。柏拉图本人认为这个曲行论述可以是无矛盾的。但实际上对我们而言并非如此(因为如果它无矛盾,说有不可言说之物,那么人们就不能在无矛盾言说的前提下,说出那不可言说之物之所是,换言之,不能曲行论述这个不可言说的、无法曲行论述的概念)。因此,太一的概念被视为无法言说之物,它穿透到体系或一而全的话语的内部,使话语自相矛盾,因而改造了话语。相反,对于康德,一而全的话语,或(话语的)知识体系是自在的无矛盾。凡是不能曲行论述的东西,都确实不能曲行论述。

然而,对于康德和柏拉图而言,"物自身",或按柏拉图主义的命名(他们的"命名"对这个平庸的思想毫无贡献,它不能在音素与意义之间建立不可分割的联系[诗蕴含着这种联系,但不想从中获得"质料的"功绩]),——善-神①,按其本义,是一个概念,它本身具有无矛盾的意义。另外,康德有[且仅有]一个前后矛盾(继承自柏拉图主义传统),即他从未能[16]解释为何他[错误地]所说的

--------

① 表面上看,我们可以反驳说物自身不能称作太一,因为康德经常用复数称物自身。但这显然只是一种"谈论方式"(这种谈论方式几乎还不如康德用单数称某物一般或某物=X的方式)。实际上在康德那里,单一性和复多性是范畴。然而根据康德,任何范畴都不能用于物自身。实际上,物自身既非一也非多。但当人们谈论物自身时(如果只是为了说明物自身不可言说的话),就必须得说(同时或历时,甚至二者择一地)物自身是一和多。另外,在柏拉图那里,太一先于数,甚至先于记数,所以太一不能与被计数的数相混淆。

一个无矛盾的概念不能无矛盾地论述成话语,进而作为构成性要素插入一而全的话语或知识体系之中。物自身不论是什么,它作为"概念"(无法话语论述)是体系里不可或缺的一个要素,甚至属于严格意义上的话语的一个要素。可以说物自身作为一个"奇点"出现于体系中,它没有自身的话语外延,但也不能被删去,而且它就这样介入到知识体系话语论述的连续统中。这个话语论述"仿佛"可以让物自身的"奇点"成为话语或体系的一个"平凡的"构成要素。这样一来,话语变成了全体的,因为它(在原则上)蕴含了能说出的(无矛盾的)一切。但它实际上并非同质的,也就是说并非自身为一,因为"仿佛"方式影响了话语的构成性要素。如果删掉这个"仿佛",也就是说如果不注意到物自身的"奇点"特性,如果真把"物自身"当作"平凡"要素,就会把康德体系改造成柏拉图(有神论)体系。但这样一来话语就自身矛盾了,并因此为一,或一而全的。实际上,话语甚至不再是全体的,因为如果(无矛盾的)话语蕴含/包含(implique/englobe)(至少潜在地或暗含地)一切无矛盾的可说之物,那么一旦承认话语中有矛盾,这个全体性概念就没有意义,因为矛盾无法以单义的、无限定的(indéfinie)方式来定义:(在任何时候都)无法说出全部（在某一时刻）矛盾的话语，因为完全可以（在任一时刻）再添加一个话语，与（过去）所有话语都矛盾，这样新的话语集合就包含了一切原集合的话语，以及刚刚添加的矛盾话语。

康德本人避免这种（外显或暗含的）矛盾的危险，这种危险属于柏拉图主义或有神论。当康德谈论超-时-空的物自身时，他明确坚持"仿佛"的方式。因此他的体系可以作为话语而维持整全。但它因此而又一次成为非一、非同质体系（甚至达到了非常强意义上的"融贯"）。在康德那里，就其本身或对我们而言，甚至对于康德本人而言，严格意义上的话语不能把"仿佛""证实"或"演绎"为[17]话语（否则话语就把这个"仿佛"纳入自身，并因而把"仿佛"删除）或沉默（因为沉默什么都不说，不能用"仿佛"的方式言说）。因此，当康德断言说物自身概念，与关联其上的话语性"仿佛"概念，都在其体系中"不可避免"的时候，其实他没有自相矛盾，而是肯定了在其体系内有严格意义上无法论证（in-dé-montrable）的东西：换言之，他对这两个概念的断言，就像一种"信条"（=柏拉图主义的"明见性"；="启示"，或神学的"启示教义"）。

如果我们不同意康德的话，就像莱因霍尔德—费希特—谢林、最后黑格尔那样，并且没有"偏见"

地认为康德的超-时-空的物自身概念与其说是"不可避免的"不如说是"不可论证的"(此外一旦把物自身话语论述到不同于"仿佛"的方式中,物自身就变成矛盾的,而人们不能曲行地在体系内部"证实"这种方式)并因此删去物自身,那么康德体系就自动转变为黑格尔体系了。因为"仿佛"这个由康德引入哲学的方式(虽然已被柏拉图的"神话"[无意地?]启用了)使康德能够论述他体系内真正话语的部分,"就好像"那用"仿佛"方式说出的话语不在该体系中。因此只需严肃对待第二个"仿佛"就够了(另外,第二个的覆盖范围是整个世界),也就是说,只需删除康德体系中支持超-时-空(甚至上帝的)物自身的那些成分,同时几乎无损保留体系中严格意义上的话语成分,即不(直接或间接)指涉物自身的那些部分(物自身用"仿佛"方式曲行论述),这样就"自动"得到了严格意义上的黑格尔知识体系,甚至自觉的彻底无神论体系。(西方)哲学史上的渐成的体系巨变(avalanche),就是从康德主义(柏拉图化)转变为黑格尔主义(亚里士多德化),途经莱因霍尔德、费希特和谢林。

　　总之,"物自身"概念是一个"奇点",阻碍整个康德体系自身为一,即阻碍在黑格尔意义上的"循环"。仅当[18]其话语通过圆环的一段虚线,虚线用仿佛的方式曲行论述,康德的体系才自闭合。如果删去这段虚线,无损保留剩余部分,即用思维固定剩余部分,阻止其自身辩证运动,这样就"删去"了开放的空缺(为了保存那同一于整全[融贯的]话语的真理理念),如此就获得了一个"开放的"或者"怀疑论的"话语,因此它配不上,也不需要被称为体系。这个话语无限地自身论述,永不回到出发点,因此从定义上就不能在全部时空中与真理同一。这个话语只能作为永恒的争论来为自己辩护,人们甚至不应该说争论的争论对象是似真者(Vrai-semblable),因为根据定义,争论不会把所谓似真者变成真理。并且也正因此,在西方哲学史上,出现了一种抛弃物自身概念、却在删去物自身之前被冻结在该形态的康德主义(柏拉图化),即新怀疑论。它由舒尔策(Schulze)的《埃奈西德穆》(Aenesidimus)开创,后来有多种名称,包括实证主义(这很像柏拉图体系,摆脱了不可言说的太一,却在后世保留了下来,产生了学院派怀疑主义)。

但是,删去了物自身概念后,如果把康德体系的剩余物,也就是严格意义上的话语的剩余物都保留下来,那么体系最后(途经莱因霍尔德-费希特-谢林以及其他无名之辈)就会保持为真正意义上的话语,自身封闭。那么这个康德式的话语,没有"奇点",即自身封闭"循环",就真成了一而全的话语,因为一自在地(并且是在强意义上融贯地)包含了一切无矛盾的东西,它就是黑格尔知识体系的话语,它不再是"怀疑论的",而成功变为无神论的。

该过程可通过下图阐明①。

———————

① 黑格尔的"双重点"(Point double)对应于"康德式"怀疑论的"不可消除的空缺"与康德本人的"仿佛"。这个"点"是"双重的",因为它既是一而全循环话语的"起点",也是"终点"("开端"="结果"),但它不引起任何"断点"(solution de continuité),可以放在圆上的任意位置。柏拉图主义或有神论的体系也具有一个"双重点",但这个"点"是"奇点",因为话语可以过此点往两个相反"方向"论述,这使此点矛盾(contra-dictoire);因此可以说这个点强行开辟了通向沉默的出口(当此点真为"奇点",即当此点把话语引向已经过之路的"相反方向",因此"无法通行"时),就像怀疑论的"空缺"。可以用下图表现:

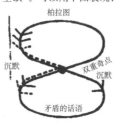

　　所以本体的(des)概念(Begriff)不是有
关一个对象(Objekt)的概念[在此词的通常
意义上使用,即"话语的对象",甚至"经验"的
对象或知觉的对象;因为再前进一点的话,本
体就会被定义为"先验对象"],而是与我们感
性的限制不可避免地(unvermeidlich)关联着
的一个问题(Aufgabe)[位于知识问题之中]:
能否有完全免除了上述感性直观的那种对
象(objet-chosiste/Gegenstände)(即感性的、
甚至时空的);这问题只能得到一个不确定
的(unbestimmt)回答,即[说]:由于感性直
观不是毫无区别地针对**一切事物**的,它为**更
多的另外的对象**留下了余地[不同于感性经
验的对象,后者只能被严格意义上的话语所
通达],所以这些另外的对象不能完全
(schlechthin)被否认,但由于缺乏一个**规定
的概念**[也就是指可以曲行论述的,甚至"可
定义的"或"可演绎的""可论证的",可以对应
到对象的],[20]因为任何范畴能用于这个目
标[这些对象的话语用途不能支配或"超越"
时空领域],所以也不能作为我们知性的对象
而被肯定。

　　因此,[话语的或人类的]知性限制了感

性,但并不因而就**扩展**了它自己的[应用]领域,而由于它警告(warnt)感性不要妄想(anmasse)指向自在之物本身,而只能[指向]现象,所以它思维一个[被视为]自在的对象本身,但却只是作为这现象的原因(Ursache)(因而本身不是现象)的先验客体["先验"一词在康德那里适用于一切如下概念:不直接来自于知觉,但是如果没有这些概念,话语就不能被理解,甚至不能作为**真**话语被解释,被"演绎",被"论证"],这客体既不能作为量,也不能作为实在性,也不能作为实体等等被思维[这里指被曲行地论述],因为这些概念[=范畴]永远要求它们借以规定(或"定义"甚至"演绎")一个对象的那些感性形式[也就是时空的];所以关于这[先验客体,我们完全不**知道**[在(真)话语知识的意义上不知道]它可以在我们里面还是在我们外面找到,它是随着感性一同被取消(aufgehoben)了呢,还是当我们去掉感性时还会留存下来。如果由于这个先验客体的表象(Vorstellung)不是感性的,因而要把这个[先验]对象称为(nennen)本体,那么这是我们的自由。但既然我们不能把我们知性-概念[=范畴]中的任何一个应用(anwenden)于其上,那么这个表象对我们来说毕竟还仍然是空洞的,除了用来标志我们**感性**知识的限度[即时空的知识,并因此可以无矛盾地说它可以曲行**展开**的那种知识],并留下一个我们既不可能用可能[时空]经验[被转变为话语]也不能用纯粹知性去[用话语]**填充**的空间(Raum übrig zu lassen)之外,没有任何[其他]用处[因为纯粹知性仅当于时空内论述了自身的概念或范畴时,才是**话语**的]。(前揭;III,230,30—231,19.)

如果有人想提醒康德论述引文中"等等"里的内容,那么他这种做法无意义且幼稚。康德知道,"先验对象"不能被思为原因(后者是他列举过的范畴之一),虽然他在其上两行处说这个对象是"现象的原因"。这种做法无意义是因为康德在几页前说过(前揭;III,279,19—21)[①];而幼稚是因为这个表面矛盾纯由笔误造成(康德说的是原因(Ursache),但其实想表达的是根据(Grunde))。康德在引文中想表达的非常清楚严密,虽然他说

———————

① [译按]"因为对于诸范畴我们必须承认:它们单独并不足以达到对于物自身本身的知识。"

的东西并非他所错误以为的那样不可避免。

[21]康德只是说,在他的体系或整全话语(话语是融贯的,这是在无矛盾的意义上)(这话语不循环也不想循环,即不想实际上成为单一的、唯一的话语)中,不能"论证"(或"演绎")出一切对超时空者的否定,因为严格意义上的话语实际上就算包含了超验概念也不一定变成矛盾的,为了避免矛盾,只需把超验概念同一于严格意义上的沉默,即完全放弃一切以任何方式曲行论述的企图(尤其是"定义"超验概念的企图),或用"仿佛"的方式(曲行)论述超验概念,从而区分开这个"独异的"(singulier)论述和严格意义上的话语。后者自在地开放,却没法说"仿佛"这个"补充部分",以"仿佛"话语闭合或循环的句式出现,究竟是否与严格意义上的话语本身相矛盾。[如果话语一直是"开放的",那么就不能说它同一于真理,因为后者按定义是一个、唯一的、自身闭合的,因此不能与任何开放的话语相一致。如果话语闭合在了"仿佛"上,就可以说这话语是真理,话语仿佛是真理,但不能说它在"真"的本义上为真,因为它按定义意味着一个只在"仿佛"方式中为真的要素]。然而仅当一个已知的论题为使话语整全而加入话语之中时,才有必要把这个论题的否定形式,即错误

形式,以如下句式加入话语:"……这样说是错误的"。因此康德说他的体系不必"彻底否定"(schlechtin ableugnen)超越于时空之上的东西,这么说是有道理的。但刚才的引文中,说(或至少暗示)此体系完全不必断定这种超验项,这种说法已相当敏锐和正确[因为超验概念可以说(无矛盾地)不"在我们之外"实存,也就是说不在言说之话语的外部存在。不能说这个话语必须蕴含超验概念,因为按定义,话语就算包含了超验概念也不一定变成矛盾的]。

因此可以问,也应当问,既然康德本人说过不必通过曲行论述来保留它,为什么还想保留超验概念,而不是彻底删掉它,[22]虽然他意识到了保留会迫使他要么让话语自相矛盾,要么让话语永不开放,要么只能用"仿佛"的方式补足话语。因为与我们推进的如此之远相反,只说怀疑论的非开放体系和黑格尔式的圣人(sage)一样无矛盾是不够的,因为后者虽然具有循环的、一而全的话语,但有时想体验沉默所带来的快感和喜悦,例如爱欲的沉默,甚至"神秘"的沉默。因为作为真正的哲学家,康德没有屈服于怀疑论,因为他坚持把他的话语补成(仅以仿佛方式为真)完整原则,为

了让话语几乎"循环",或者成为唯一;同时,康德
也不想变成黑格尔式的圣人,康德把自己的严格
意义上的话语自身闭合起来(这是可能的,因为这
话语在黑格尔笔下确实闭合了)。康德故意选择
了一种仅以仿佛的方式才能曲行论述的构成性要
素,用这种要素来使话语"闭合",虽然这种故意非
同质的(因此也是强意义上的"融贯的")话语不能
让那按定义说是追求智慧的哲学家满意(satis-
faire),而只能让他就无矛盾而言稍微满足(con-
tenter)。

康德的这个思想态度凸显于其作品的许多段
落中,例如在《未来形而上学导论》中,在我们已经
引用过的一段文字后面,有一段话把"批判"哲学
追溯到了反柏拉图主义的亚里士多德主义那里,
翻译如下:

> 这样一来,我们前面[所说过]的命题,全
> 部批判的结果,仍然成立,[说]:"我们的理性
> 通过一切先天原则只能教给我们可能[时空]
> 经验的对象,而在这些对象里,只[教]给我们
> 在经验里能被[曲行地]认识的东西。"但这个
> 限制并不妨碍理性把我们引导到经验的客观
> 界限上去,也就是引导到与某种东西的关系

(Beziehung)上去,这种东西本身不是经验的对象[因此位于时空之外],然而却是一切经验的最高根据(Grund);然而理性不告诉我们这种[超时空]根据的[有效的]自在情况,它只告诉我们有关它自己在可能经验领域以内的,完成并指向最高目的的使用(Gebrauch)。然而这就是目前人们能合理期望的一切用途(Nutzen),并且由此有理由(Ursache)感到满足(zufrieden)。(《未来形而上学导论》;第59节,最后一段)

本段的基调很能说明,康德"满足"(zufrieden)于这种解决方案,但并不真正满意(befriedigt)①。他这次又说"理性",即全体融贯的话语,不必引入或保留超验概念(他这里甚至明确认为它不能曲行论述[或者像他在别处所说,可以以仿佛方式论述]),但这不妨碍理性单纯做到这一

---

① [译按]在现行的康德与科耶夫中译本中,邓晓芒将 zufrieden 译为"满足",befriedigen 译为"心满意足/完全的满足";李秋零将 zufrieden 译为"满意",befriedigen 译为"满足";姜志辉将 befriedigen 译为"绝对的/最终的满足"。由于本书中大量出现 befriedigen/satisfaire 这个终极意义的词语,为了下文通顺译为"满意",而 zufrieden 译为"满足"。

点。在这条件下可以，也应当追问为什么理性这么做。

然而，上述引文似乎指出了对康德做法的三种解释或"辩护"[虽然我们最终只取其中一个]。

第一，康德似乎说超越时空的超验概念，或（最终到达）物自身概念，是"不可避免的"，因为"现象"概念本身必然预设了它，时空"经验"如果没有超验"根据"就不能存在。这个解释当然是依据《纯粹理性批判》第一版（已引的）那个段落，"从[时空的]现象之为现象的概念中自然而然地得出：它应当对应某种本身并非现象的东西。"（科学院版；IV，164，19—21）。但事实上康德的这个命题是纯粹的推理错误。因为，如果某物的"揭示"或"显现"的条件必须是不依赖于其"显现"而存在，或不用被"揭示"就能存在，即使这个条件是明见的、毋庸置疑的，也绝不意味着某物就必须超越于时空，换言之成为康德意义上的物自身：流星在无人感知的时候也是流星，但它"划过"时空时是作为未被感知者。康德本人似乎意识到了错误，因为他在第二版删去了这个错误的段落。至于《未来形而上学导论》的引文，根本没有说过现象概念或经验概念必须对置于物自身概念。

[24]因此应当看第二个对超验概念的表面上

的"辩护"。康德似乎说应当引入超验概念以便
"充分使用"(vollständiger Gebrauch)"理性"。我
们可以如此解释:话语必须蕴含物自身概念才能
是全体的[另外,物自身只有以"仿佛"方式才能曲
行论述]。但我们知道,由于黑格尔的贡献,康德
的严格意义上的话语完全可以论述为全体的,即
循环的,不仅无需引入或保留物自身概念,并且只
有删除了话语中的这个概念才能把话语变成循环
的或全体的。当然,康德可能在这一点上糊涂了。
但当他意识到其话语只有以不令人满意的"仿佛"
方式才能通过物自身的曲行论述而闭合时,很难
说他引入这个概念是为了"闭合"他的话语,而没
有尝试(像莱因霍尔德、费希特和谢林那样)把话
语作为严格意义上的(或者说就其强义、本义上
的)话语来闭合。康德引入物自身概念不是为了
用仿佛方式闭合其话语;康德把话语闭合在了这
个方式之内,是因为他不想删除这个概念,也不能
在不删除此概念的情况下以其他方式闭合话语。

　　因此只剩下第三个也是最后一个可能的"辩
护"了:康德引入或保留了物自身概念,是为了"指
向最高目的"(höchsten Zwecke)地"使用""理性"。
他这么做是因为他知道删除物自身概念就必然会
删除这些目的本身,后者是他无论如何都不想删

除的。因此他在自己的哲学中的做法跟柏拉图一样，唯一很大不同在于康德不愿像柏拉图那样把超验概念曲行展开，"仿佛"成为严格意义上的话语，在强意义上为真——那样会把话语变成矛盾的。康德的说法是，超验话语只有以"仿佛"的方式论述，才能纳入话语整体。

《纯粹理性批判》的"先验方法论"为这种解释提供了确凿证据。没有先验方法论[25]就很难理解整个体系，很少有人读这部分，评注不多，几乎没有解释。因此简要总结一下其中的一部分是很重要的。

"先验方法论"这个概念从一开始就与纯粹理性体系不可分，也就是与一而全的话语不可分，因为康德说："我把先验方法论理解为对纯粹理性的一个完备体系的诸形式条件的规定"（前揭，III，465，20—22）。康德接下来论证（I，I），（哲学的）知识体系必然是话语性的，并且哲学话语对立于数学，前者在时空经验或知觉的基础上曲行论述自身的不可还原的概念（即范畴），后者把自己的概念构造为时空的，而不诉诸于绵延-广延的经验实存（前揭；III，472，32—475，35）。另外康德区分了"批判"和严格意义上的"先验哲学"，后者是"体系"这个词的真正含义(前揭;III,483,18—32)。

接下来,康德把哲学与怀疑论对立起来,题目如下:论与自身不一致的纯粹理性不可能有怀疑论的满足(前揭;III,495,15—16),意在说明哲学绝不应删除其话语中的矛盾,因为那样会(或为了这种删除而)把话语变成永远"开放的",甚至在其内涵中也会开放。

他首先说:

> 我们知识的一切[实存的]可能对象的综合(Inbegriff)在我们看来似乎(scheint)就是一个平面,它有自己的明显的(scheinbaren)地平线,即包括这些知识[或这些对象]的全部范围(Umfang)并被我们称为无条件的全体性的理性概念(Vernunftbegrieff)的[东西]。要在经验上达到它是不可能的,而要按照某条先天原则来对它先天地加以规定,对此一切尝试都白费了力气。然而,我们的纯粹理性的一切问题所针对的是:在这个地平线之外(en dehors/hors de),或充其量还在它的边界线上可能会存在的东西(前揭;III,496,14—22)。

通过此段,康德说怀疑论(对他来说指休谟的怀疑论)被经验知识(它在话语所持续的所有时间中自身论述)[26]必然的不定特征所迷惑了,并且过早错误地服从于"开放"体系的概念(所以它不是一个体系,也不能被解释为真理)。但怀疑论不接受"独断论"也是有道理的,后者白费力气试图用特殊的、孤立的"原则"来限制体系,而那些原则被错误地视为"不可消除的"或"无法演绎的",甚至自身"明见"的,或如其所是"被揭示"的。必须用话语全体或知识体系的"理性概念"来反对怀疑论(并因而反对独断论)。按照定义,全体话语由于外无一物而被限制了(否则存在着非-话语或者沉默,就产生矛盾了):因此全体话语是唯一的一,也就是一而全的。但这全体性之所以是"无条件的",是因为它的"限度"只由全体性本身给出:自身为一的话语,仅因其为全体的才得以"被限制"(同样,话语仅当其自身为一,即融贯、无矛盾时才是全体的)。因此一而全的体系既不像怀疑论的开放体系那样模糊,也不像独断论的"话语"那样非曲行(non-discursif)。一而全的体系只通过自身完全论述来"限制"自身:因此它从一开始就被"限制"了,诸限制蕴含了一切从话语上可能(无矛盾)的东西,并且只排除了那些无法曲行论述(无矛盾)的东西。一而全的话语的限制,仅仅是它的诸多"可能性"。然而,这些限制可以以绝对确定的方式从话语本身的事实中甚至(先天地)在话语被(完全)论述之前"演绎"出来。知识体系的这个"先天的""无条件的""限制"就是"批判"的成果,它排斥话语中一切引发矛盾的东西,并因此保证了全体的统一性(融贯性),也就是话语知识体系的单一性,或一而全性。话语知识体系在完全(至少潜在上)论述时,就能够也应当被视为一且唯一的真理。

对于我们和对于黑格尔而言,康德的这个体系构想肯定了构成性话语的循环性:仅当体系话语(或辩证)论述的终点与起点重合时,这个体系才能限制自身,并因此成为一而全的或真的,因为只有这样才能绝对确定地说体系之外无一物(除了沉默和矛盾外)。当然,黑格尔的这种体系构想[27]在康德那里并没有完全等同的说法。但是刚才引文后面的一段话,无论对我们而言还是就其本身来看,都等同于黑格尔本人表达上述体系时所用的表述。

康德说:

我们的理性不是一个延伸到无定限地

远、只能**大概**地（nur so überhaupt）认识到其限度的平面（Ebene）[正如怀疑论错误以为的那样]，毋宁说相反，它必须被比作一个**球体**，其直径/半径可以由它表面上的[最大圆周]弧形的曲率来求得（[即从]先天综合判断的性质来求得），由此也可以确定地指出它的**内容**[指体积（Inhalt）]和边界（Begrenzung）。在这个球体（[即][时空]经验的领域）之外，没有任何[对理性而言]的客体。（前揭；III，497，27—33.）

字面上看，这段话非常完善，是彻底的黑格尔主义，甚至是"亚里士多德主义"或无神论（从反柏拉图的意义上看）。那么可以说，对于康德，知识体系或（话语的）真理已经仅指（融贯的）话语，它之所以是一而全的，因为它是循环的、自闭合的，也就是说它外面没留下矛盾和严格意义上的沉默。但按字面意义理解此段可能也会曲解康德。

因为康德只把外在于融贯话语"球体"的东西交给了沉默或矛盾。但是，在上述引文中，他还提到了在所谓话语的边界线中或线上有某物，并且"纯粹理性"的一切问题都关乎其上。然而，我们知道康德本人的体系有一个边界线可以"闭合"话

语或体系,这个边界线由一个虚假话语构成,这虚
假话语"论述"了超验或非时空物自身的概念,而
物自身只能以仿佛的方式论述。

因此我们在康德谈到体系整体的所有地方都
找到了物自身概念。但是,在我们解释《未来形而
上学导论》的那个引文时,我们已经看到,康德体
系的话语论述不需要为了融贯而引入物自身这个
概念[因此,与康德有时所说的相反,物自身概念
确实是"超验的"(相对于体系和话语而言)却不是
"先验的"(即必须包含于追求自封闭的话语之中。
自封闭是指(最终)让自身(曲行地)意识到[28]
(起初的)自身,从而变成一而全的)]。我们也看
到,康德引入这个概念就是为了"闭合"话语,从而
让体系变为一而全的,因为实际上,这体系没有物
自身也能闭合,并且如果有了物自身就只能用仿
佛的方式"闭合",而这是康德本人所承认的。因
此我们证实了,康德引入,或毋宁说保留超验概念
(相对于时空。这里康德把严格意义上的,或强意
义上为真的话语缩减为时空),是因为如果没有超
验概念的话,"理性",即人类作为人类,就不能"证
实"那些康德认为不能也不应该否认的"最高目
的"。总而言之,物自身概念在康德体系中的在
场,对康德而言,是为了让体系能够言说人类之中

的人性的"最高目的"，哪怕只以仿佛的方式言说。

然而，在"先验方法论"的第二章，康德"定义了"（即通过描述和阐明来曲行论述了）这个"最高目的"的概念，第二章题为"纯粹理性的法规"，其中第一节的题目恰恰是"论我们理性的纯粹运用（Gebrauches）之最终目的（letzen Zweckes）"。其中的内容对理解康德学说如此重要，以至于值得大段翻译，为的是给其一个哲学解释。

康德说：

理性[即无矛盾的话语]由其本性中某种倾向（Hang）所驱使，超出经验的/经验之中的[即时空的]运用之外，在其纯粹的运用中并借助于单纯的（blosser）理念[或无"内容"无时空"意义"的概念]冒险冲破一切[话语的，也是时空的]知识的极限，而只有结束（Vorllendung）自己的循环，在一个自为存在/独立维持自身（für sich bestehenden）的系统整体上，才会安息。[理性的]这种努力只不过是建立在它的思辨的[即理论的、话语的]兴趣之上呢，还是相反，唯独只建立在它的实践的[即行动的、主动的]兴趣之上？

我想暂且撇开[运用]纯粹理性在其思辨

的意图中所取得(macht)的幸福[即快乐],只去追问这样一些任务,它们的解决构成理性的最高/最终(letzen Zweck)目的,[另外]不管理性现在能否达到它,对它来说一切别的目的都只具有手段的价值。这些最高目的依据理性的本性又必定会是具有统一性的,[29]以便结合起来去促进人类的不再从属于更高兴趣的那种兴趣。

理性在先验运用[在"超越于"时空的意义上]中的思辨最后所导致的终极意图(Endabsicht)涉及到三个对象:意志自由,灵魂不朽和上帝存在。就所有这三个方面来说,理性的单纯思辨的[即话语的]兴趣少得很(gering)……这三个命题对于思辨[即话语的]理性来说任何时候都仍然是超验的,而根本没有什么内在的亦即为[时空]经验对象所容许的,因而以某种方式(auf einige Art)对我们有用的(nützlich)运用,而是就其本身来看是毫无用处的,但对于我们的理性来说仍然是极为困难/沉重的(difficiles/pénibles)劳动。

因此,如果说这三个基本/关键(Cardinialsätze)命题对我们的知识[话语的,并因此对于真理也是**话语的**]来说是根本不必要的,而仍然又被我们的理性迫切地向我们推荐的话[如果理性想错误地谈**论**超验],那么严格来说[即从康德体系来看]它们的重要性也许本来就必须只涉及到实践－球体[das Praktische;即自由行动的领域。根据此段,该领域似乎可以或甚至必须遍历一切话语,并且如果它想言说,那么它必须只以仿佛的方式言说]。

一切通过**自由**[或自由行动]而可能的东西都是"实践的"(前揭;III,518,15—33;519,28—520,1)

因此,在人们称为纯粹哲学[或知识体系]的这种探究中,理性的全部装备实际上都是针对上述三个问题的。但这三个问题本身又有其更深远的意图,即:如果意志**自由**,[以及]如果有上帝和来世[即死后的],那么应该做什么。既然这涉及到我们与最高目的相关的行为,那么,明智地为我们着想的大自然[即上帝]在安排我们的理性时,其最后意图本来就只是放在道德上的(aufs Moralische)。(前揭;III,520,17—24)

这里非常清楚,物自身概念绝不是一而全话语的或知识体系的"不可避免的"需求("对知识来说是根本不必要的"(zum Wissen gar nicht nöthig;III,519,34—35),而恰相反,它被视为一个无用的外在物,因为没有用途[因为这个概念只能以仿佛的方式曲行论述],并因此是碍事的,甚至是危险的[因为严格地说,这概念的曲行论述如果进入话语中,就会使话语自相矛盾]。这已经强有力而清晰地证明了,物自身概念如果要引入或保留在话语和体系之中,那么这唯独只能出于"实践目的",[30]也就是为了自由行动。自由行动是人类之中一切与真正人性有关的东西的那个"最高目的"。

在上述引文中,以及在康德几乎到处都有的类似段落中,经常谈到康德的"道德主义"。当然这个宽泛的说法不能算"错"。但"道德"一词含糊不清,应当明确其义,才能知道当我们谈康德的"道德主义"时我们能够且应该说什么。

康德(在刚才的引文中)说,归根结蒂,哲学或知识体系或一而全的话语存在的意义仅仅是为了回答如下问题:人应该(doit 或 devrait)做什么。但人们通常没注意到这个问题及其回答并不是"绝对的"或"定言的"(与康德本人别处所说相反),而是本质上"假言的"或"有条件的",甚至是

"被条件所制约的"。因为,康德如下表述他的"最高"问题:"如果意志自由,[以及]如果有上帝和来世,那么人应该做什么。"(III,520,20—21)。康德的整个哲学表明,此处的两个(或三个)如果不过是笔误而已。

限制自由的"条件"或"如果"是平庸的。实际上谈论"道德"就不能不谈论"自由",如果给人下的"命令"根本没法遵循,或者甚至连愿意遵循或反对都做不到,那么这"命令"就不合常理,令人愤慨。然而哲学史向我们表明,这里还存在一个"疑难"。因为一方面,哲学家们想曲行"证实"(即曲行"论述"。从"定义"和"演绎"的意义上)未知或已知的"道德",而这种"道德"被理解为时间上不动、空间上无限的静态内容的集合,那么哲学家们要么被迫完全否认自由概念(例如斯宾诺莎),要么被迫承认他们没法曲行"证实"道德,至少没法把"道德"解释成一个"上帝的命令",甚至不惜否认上帝的全能,或(例如圣保罗)解释说上帝出于某些未知原因不使用道德,为了让人们能够不遵守那些已由上帝规定表面上要遵守的命令。另一[31]方面,有的哲学希望能够曲行地意识到自由,这种哲学的顶点是黑格尔(经过笛卡尔和康德等人),这种哲学最终必须"辩证地扬弃""道德"的

"古典"概念,并从中洞见到人类自由行动的一般
形式,或时空上有限的"范畴,甚至肯定在人类所
创造的历史的终结处,这些形式的最后形态特征
会变为确定的,也就是时间上永久的、空间上"普
遍的"。但我们不必担心这个"疑难",因为康德故
意将其远离了我们所解释的思路。康德只满足于
诉诸内省,以便建立自由的经验事实,他只暗示了
一下这个"先验自由"的"疑难"[他将在别处讨
论],他定义后者独立于理论理性,并因此独立于
自然本身[预示了黑格尔式的否定概念],并且他
说先验自由"仿佛和自然律因而和一切可能经验
相违背(zuwider zu sein scheint)"(前揭;III,521,
26—522,14)。

相反,我们应当解释有关"道德"的另外两个
"如果"或"条件"的意义,即"上帝"和"来世"的
存在。

表面上看,我们也可以把这两个"条件"庸俗
化,只要运用很流行的意见即可(例如陀思妥耶夫
斯基所理解的那样),即,道德仅在这两个条件下
才有意义:存在一个上帝,他即使不颁布道德,也
能控制和批准"道德";人类被赋予一种不朽灵魂,
它不仅使人类面对永恒的上帝,还阻止人类逃避

(例如通过自杀)他的"审判"和"制裁"。这种意见虽然很流行,却一直是常识中的谎言。当神志正常的人想建立或保留一种"道德"时,他与其信任上帝直接的/无中介的(directe/immédiate)干涉,不如信任法官的"中介的"行动(的确,法官经常"以上帝的名义"行事,但他也能意识到他维护的那些法则都是纯粹来自人类的,但不论如何他并不会因此丧失它的有效性)。因此说康德预言了卡拉马佐夫的观点,这其实曲解了康德["如果没有[32]上帝,一切都被允许":没错,但仅在法官行事的忍耐限度内]。

因此,我们要追踪康德式"道德"的两个"条件"的真正动机。我们首先来解释"来世的条件"。

此处同样,如果想"按字面意义"理解这个短语,那么可以说它还是常识所接受的庸俗意见[另外,此条件被原封不动地引入了黑格尔的体系],根据此条件,一个"道德律令"仅在如下条件下才有意义:它施加给一个把未来置于自己面前的人。当一个断头台上的死刑犯脖子离刀只有 0.01 秒时,"道德"有什么意义? 如果"道德"指的是行动(如果意图的所谓"道德"也指涉一种行动的意图,即使意图只是符合"道德"而没有实现),那么道德就必须指涉这样一个瞬间:在其中,我们所谈到的行动只以筹划(Projet)的形式实存于现在,这恰恰说明了只有(至少潜在上)存在一个"来世"能让行动的筹划去指涉时,道德才有意义,因为这样道德就能够也应当被运用在这来世上。只有在被筹划的行动被视为是自由的(即不被现有的世界所完全规定)情况下,才必须承认说,在行动实现的过程中,道德能通过自我实现将即将变成"现在"的"未来"世界改造为不曾设想的样子,使其不同于过去的世界——筹划曾经所处的那个"现在"世界。我们不知道,现在的道德所赞成的筹划行动,会不会得到"未来世界"道德的赞同。然而确定的是,康德不会同意这种"道德""相对主义"或"历史主义"(就算他同意历史有终结,承认"相对的"道德有"绝对的"历史价值,他也仍会认为历史终结时产生的道德,按定义是永不改变,处处有效的)。

只剩下问为什么康德不承认这种道德了。然而,暂且解释一下,康德并不是因为想避免道德"相对主义"才认为"来世"超越死亡和时空,即作为一种超验形式,或者也可以说作为一种物自身。恰恰相反,正因为康德认为"来世"是超验的,所以他不承认道德上的"历史相对主义",并且选择了一种"强制的"[33]"定言的"道德,也就是他所说的"先天的"道德,或者实际上被视为一个人若想为人就无时无刻不适用的道德。它不仅在历史终结处,也在历史开端处。

为了证明这一点,必须首先讨论,人的欲望是什么意思,进而讨论另一个问题:存在或不存在——这个事实是什么意思。对于古希腊异教的人类学(既是科学也是哲学)而言,回答很简单。作为人而存在,就是为了意识到我的经验实存(它由知觉所揭示)符合我的本质而行动(这也是"我"一词的意义,即来自所谓"理智"(Intellect),它要么在知觉内部运作[亚里士多德],要么在外部运作[柏拉图]);我的这个本质和所有人的都一样(也许只有一个本质,作为计数之数字,而非被计之数),并且本质不随时间改变;如果我发现("普遍")本质与我的("个人")实存(基本)重合了,那么我就满意了;我满意于我之所是,不再希求变成其他东西,我至死保持为我到处永远都应该甚至"必然"是的东西,亦即符合本质的实存。在这一点上,人跟动物还有其他"自然"实体没有区别,它们都符合它们的本质,除非它们"生病"了,因此或早或晚离开实在世界了,但只要在这世界中,实存就永远与本质相符,绝无例外。

但对于犹太-基督教人类学(既是神话也是哲学)而言,情况极其复杂。犹太教神话认为只有人有希腊语意义上的本质,因为它认为只有"在法则下"诞生或服从于某些诞生仪式(割礼)才能成人。至于基督教神话(由圣保罗首创),把人跟希腊语的本质一词离得更远,因为它建立在"信教"这一理念上,只有信教才使(像人的)人转变为真真正正的人,不必只有犹太人有可能成人。然而在基督徒看来,以前犹太教的法则,已经失去了历史上某一时刻的人类价值,因此符合法则不再是"人性的",然而在以前,[34]从基督徒本人的角度看,只有符合法则才能成为人。换言之,犹太-基督教的人的本质不是以单义的方式按照人在自然世界(Cosmos)中所占的位置(topos)来规定的:人在本质上异于以前所是(在魔法神话中存在于一切事物中的玛那(Mana),在犹太-基督教看来只存在于人类中,而非所有自然存在中)。但"作为人而存在"是什么意思?

犹太-基督教神话所给的回答(基于宗教与有神论取向)就是,作为人而存在意味着符合上帝,或者"类似"于上帝,所以如果上帝改变,或如果人改变上帝,那么人性也可以本质上改变。这样一来,道德就是对上帝的"模仿",而模仿的模型要么是上帝本身(只要上帝化成人身,让人可以模仿),要么是上帝为了让人模仿而提供给人的合适图

型,例如言语等等。至于人,如果他愿意,他可以
"满意于"这种模仿上帝,但他仅仅如此,因为他期
待他模仿的上帝要能够且应当使人死后幸福,如
果他的模仿成功的话(即让上帝欢喜)。模仿本身
不会使他满意,也不会给他带来幸福;相反,模仿
被视为与人"自发"或"自然"想做的事相反。虽然
在异教徒看来,人类本质与尘世中纯粹"自然的"
生活相符,但是一切宗教都认为尘世中不可能获
得绝对满意(在本义和强义上使用满意一词),这
是一切宗教共同的(不可论证的)根本前提,所以
异教徒理解的人类本质在犹太-基督徒看来不过
是一种对立于人类生命的动物"自然/本性"。

　　相反,如果一个犹太-基督徒不再信教,而接
受了在尘世中的、满意的异教哲学,他的立场就很
困难和复杂了,只有到了很久以后的黑格尔主义
那里,他才会在追随历史毫无收获的最后,在历史
终结处,在现实地获得的满意中,找到最终的平
息。因为无神论、反宗教版的犹太-基督徒不可能
真满意,换言之不可能快乐地认为自己配得上幸
福,除非所有人,或至少所有有可能承认他的人,
都承认他配得上。因为,如果所有人都反对您,您
却对自己"满意",那么这就是最明显的疯狂或者
"精神病"的客观征兆。没有人的野心会小到最终

真满意于部分被承认，例如家庭的、友谊的、社会的、民族的或其他的承认。因此，无神论反宗教版的犹太-基督徒能够且应当接受世俗的满意，但他只有在历史终结处才能现实地到达满意，也就是在普遍均质国家那里。同样，他最终的道德也只能是这个国家好公民的道德。至此，在这个未来国家里，只有他的主观确定的信仰或希望（Espérance）可以使他免于宗教，也就是让人免于最终放弃一切世俗的满意，后者用一种极端骇人的绝望来威胁人，让人不敢去尝试用上帝所"承认"的不朽灵魂的超验满足的理念来掩盖这种绝望。

回到康德。在"法规"第二节，他本人在如下"命令"中总结了他的全部道德（对他来说就是人的最终目标）：去做［一切］那使你变得配得上幸福的事情吧（前揭；III，525，12—13）。紧接着他提出问题：如果我现在这样做了，从而我并非是配不上幸福的，我也可以希望由此而能够［现实地］享有幸福吗？（前揭；III，525，14—16）。但是对于康德来说，这个问题意味着什么？

首先注意，对于反宗教的异教徒而言，不论他是有神论还是无神论，此问题都毫无意义。他会回答说,重要的不是希望或信仰,而是确定性或知识。因为如果人配得上幸福,那么他的实存就符合他的本质(他自己完全可以发现这一点);然而一切本质都由其在和谐的(因为永恒)、不动的(因为和谐)世界中所占位置所规定,并且本质从定义上就"符合"这个位置;因此按定义,一个人符合其本质,就等于说,他的实存符合本质在世界中"应"占的"自然"位置;并且幸福恰恰就是这种符合(＝身体和道德的"健康"):因此配得上幸福(即知识)[36]与是幸福的,二者是一回事,因为幸福(＝满足)是唯一的真福,因为只有幸福能保证自身永久性,并因此保证自身永远没有改变的欲望;例如斯多葛圣人的幸福。因此,如果康德质疑希望,那就意味着他因此接受了(否定性的)犹太-基督教人类学,拒斥(同一性的)希腊的或异教的人类学。

　　但是犹太-基督徒怎么回应康德的问题呢?如果他反宗教(并因此无神论的话。因为反宗教的犹太-基督徒必然是无神论的[如果他至少懂一点哲学的话],因为就像我们将看到的那样,话语融贯的有神论[非神话的],即柏拉图主义或异教的有神论,是反对犹太-基督教人类学的,二者只能在不融贯的神话中共存——每个哲学家都应能发现这不融贯性——所以神话的保存就只能是出于宗教目的），那么他会说：我们配得上的幸福，不过是满意。满意由两种不可分离的要素所构成：一是自我意识[不过是古代圣人的幸福]在某些条件下给予的幸福（即生命的喜悦），二是人们被自身意识到的承认，这种承认是由所有有能力去承认的人们通过意识来给予的[可以说，意识是上帝之承认的世俗化形式]；然而，只有当我们自己意识到的东西同时也被所有人"承认"了，自我意识才能获得幸福。康德问反题是否也为真，即是否一切人的承认足以确保幸福。无神论、反宗教版的犹太-基督徒的回答是肯定的：对于一个意识到自身的生命，只有当他是理性的或合理的（正如希腊人所理解的那样），他才能是（永远）幸福的；然而，这样的生命只能在一个理性的或合理的（即普遍均质的，以一而全的话语和真理为形象的）国家中才能被所有人承认；但是在这样的国家中，生命不一定是幸福的；因此无法知道当我们因为享有普遍承认而配得上幸福时，我们是否现实地幸福。

然而，犹太-基督徒就算是反宗教和无神论的立场，也会完全断定（相反于反宗教的、无神论或有神论的异教徒）康德本可以谈论希望，而非知识。因为刚才鼓吹的理性（它就是古代圣人的理性）只能在历史终结处有效，而在康德的时代是虚假的。按定义，合乎理性的生命只能在历史终结之后才能被普遍地承认，原因很简单，在这终结之前，人类世界本身并不是合乎理性的（否则这世界就不改变了，就成了历史终结，而这与假设矛盾）。在历史终结之前，"合乎理性的"生命必然与人类世界不一致（这生命无时无刻不是"革命的"），所以它基本上无时无刻不是苦恼的，它在任何时空中都无法产生充分而完全的满意，哪怕只是因为生命无法被普遍承认（因为即使在历史终结之前，生命也只能相对地合乎理性，生命只有在比自身所生活的世界中的生命更合乎理性才能相对地合乎理性，因此生命在这世界中不能享有普遍承认）。因此，只要历史还持续，完满的满足（它必然蕴含幸福，因为它预设了普遍承认）就只不过是一种希望，而非一种知识的实在。这种希望可以联系于一种主观确定性，并因此具有信仰的价值（根据圣保罗对信仰的定义：希望的确定性），前提是融贯的话语承认那终结历史的、使上述推理有效的普遍均质国家早晚会实现，并且普遍均质国家把信仰转化为知识或话语真理。① 这样一来，道

---

① 表面上看这里有矛盾。对于犹太-基督教徒，有希望存在的原因仅仅在于他认为人是自由的。那么他怎么预见到历史的终结，并且说它必有一天来临？原因是，（转下页注）

德的行动就是为了加速[38]这一历史进程或至少不要让其停下。虽然这道德不能确保绝对的满意（也不能确保幸福），因为实行道德之人还没看到

---

(接上页注)他的"预见"不过是自由行动的筹划：如果人类自由地（即否定地）行动，那么历史就会终结于普遍均质国家。然而人是自由的。因此要么（在那从第一次人类斗争以来的、自在地且为我们所设想的筹划还没实现时）人不再是人，要么历史将走向绝对的终结。（不再是人，就等于意识到自身；因此意识，即哲学，可以说是终有一日不再对应实在物的一个公设[真理的公设]。无论如何，在历史终结时，人不再自由（即不再具有历史性），因为他不再是（历史）所与的否定因素。但这里没有矛盾，因为自由是一种行动，一种未来的首要因素，也就是一种本质上时间性的，甚至暂时性的现象。人生而自由，因为起源于人类的斗争是一种自由行为。但人只是作为所与的、自然的、动物的否定因素才是自由的。只要（人类之内与之外的）自然可以主动被否定，那么历史就会持续，人类就是自由的。但自然是一种所与，即确定的有限的所与，它的否定不能无限延伸。因此终有一日，人类将否定自身中的一切自然之物。那时他将建立普遍均质国家。但那时他将不能否定，因此他将不再自由，历史将终结。总而言之，人只有不再是动物才是自由的，但当人类成为上帝时，人就不再自由。他将不再意愿自由，因为他将完全满意。然而所有自由行动的人都是意愿着自由的。因此这里没有任何矛盾。相反，限制人类自由的是必然无限的进步。人的自由不仅是行动的自由，还是想休息就休息的自由（就像创世后的上帝，但上帝不会对亚当的堕落感到惊讶）。

上帝不会对亚当的堕落感到惊讶，这并不是上帝的缺点：这仅仅意味着人的世界比上帝创造的世界更理性或更合乎理性。确实，人在那世界中投入了更多时间，也许还有更多精力。

结果（至少在历史终结前夕）就会死去，但是经验表明，道德即使不能让人一直幸福，至少也能让人有激情（passionnante）和被激动（passionné），即"快乐"，所以道德确实配得上生命，其实也就是配得上让人满意。换言之，虽然在历史终结前不能有圣人的生活，人也可以随时随地拥有哲学家的生活，后者追求的是道德上的智慧和信仰。

但是异教或犹太-基督教的宗教徒该如何回答康德的问题呢？他可能会说尘世中绝不会实现满意甚至幸福，因为人与他生活的世界根本上是无可挽回的不完满。因此，如果不想陷入"苦恼意识"的黑夜，也就是陷入愚蠢而令人迟钝的绝望之中（这是所有罪中最坏的，甚于自大），那么就必须承认有一个天国，并且灵魂可以通达其上，在那里，至福的满意是尘世"道德"生命的报应（就算不是必然的也至少是可能的）。当然，话语知识无法到达这个天国，因为后者是希望的对象，不是知识的对象。但如果希望是主观上确定的，那么它是一种坚如磐石的信仰。话语知识即使不能保证这种确定性，也至少不会破坏它。如果话语知识可以保证这种确定性，那么我们就能够且应当依赖它，即使该确定性成了非话语性的也在所不惜，仅仅为了抹除那些动摇信仰、破坏希望的话语，也是值得的。

否定尘世满意的可能性,这很难被曲行论证,因为否定已预设了人类行动的绝对无效性,即那个现在无法满足人类的世界,无法被改造为终有一日能满足人类。

因此这里涉及到一种无法论证的、无法争论的立场,也就是一种非理性的"生存态度",它曲行地表达所谓的"独断"或"信条"。一切宗教或"神学的"曲行论述的基础都是这个独断:一切言说着的"神学家"和信教者都必然把这独断当作公理或公设,为了让论述的话语是"神学的"或宗教的,只需承认这个独断就够了。

然而,康德对自己提的问题的回答,证明了在他的哲学基础内有一种本质上真正宗教式的态度,它表达的不是想在任何外在条件下不需承认他者就能获得幸福的急切(这接近疯狂的伪宗教),而是一种深刻的信念:人,以及其生活的世界,在任何情况下都配不上幸福,无法获得这种幸福的满意。因为康德以为能从他的道德命令中演绎出超验的"来世"概念,因为尘世道德的实现(等同于人所配的满意或幸福)对康德来说在任何时空中都不可能。他以为他能演绎出"来世"概念,因为他(作为新教徒)承认犹太-基督教人类学,并(作为比笛卡尔还激进的哲学家)把犹太-基督教

中与人之存在同一的自由定义为一种否定性。换
言之,对于康德而言,自由必然与自然(＝同一性)
相矛盾或冲突,所以义务与实在(它预设满意)的
和谐只能在自然世界之外才能实现,亦即对他而
言的时空世界之外。(前揭;525,27—531,23)但
这个"演绎"仅当承认(正如康德默许的那样)人类
行动绝对无效的情况下才有效,亦即人类根本不
能(用斗争和劳动)改造世界来使世界符合人类、
符合人的自由设想实施的筹划,除非承认已有的
世界在任何时空中都维持同一,并且世界能阻止
人类由于欲望没被世界本身所规定而为所欲为。
因此我们可以说,康德与其说是道德主义者,不如
说是宗教徒:他的"道德"与其说命令去做自由人
(＝公民)的义务,不如说命令造物避免必然遭遇
的罪,这些造物按照定义并不能凭自己满足自己。
因此对于康德,正如对于一切宗教徒而言,一般意
义上的道德和行动归根结蒂[40]只有指涉天国才
有价值和意义。康德把他的"希望的确定性"称为
"道德信仰",这不过是一种宗教信仰,更确切地说
是一种犹太-基督教信仰。①

---

① 乍一看,这种解释似乎与康德在"纯粹实践理性的分析
论"(《实践理性批判》第一卷)第三章所讲的相矛盾(前
揭;V,78,20—79,35)。康德在那里谈到自由(转下页注)

(接上页注)行动(＝"道德")的"动机"(Triebfeder)并把它定义为"情感"(Gefühl)(Ⅴ,73,2—5)。在我们的术语中,起"动机"作用的"情感"叫做欲望。对什么的欲望? 康德把"情感"定义为"敬重"(Achtung)情感,甚至"最大的敬重"(Grössten Achtung)(Ⅴ,73,27—34)。因此可以说,在我们的术语中,自由行动的动机是被承认的欲望。这样一来似乎完全成了黑格尔主义(反宗教,无神论)。但这不过是假象。因为康德把"敬重"定义为"对道德律的敬重"(Ⅴ,73,34—37)。因此这里涉及的是对"道德律"本身的承认,而不是对肉身的、在尘世中行动(自由地,即只出于对被承认的欲望)的人的承认。对于人,"对道德律的敬重"激起(被"启示")他心中(理解为作为现象、作为"启示的"经验性的,甚至意识到自身实存的人)的"痛苦"(Schmerz)情感(Ⅴ,73,2—8)。因此,为了被承认的欲望而行动,就必然(即在任何时空中)在痛苦甚至苦恼中生活。这已经很宗教了(更确切地说是基督教)。但至此康德并不与黑格尔主义冲突,因为黑格尔主义认为,为了被承认的欲望而自由行动,不一定(即在任何时空中)会幸福,并且,苦恼也不意味着与承认所(必然)带来的满意相冲突。但康德走得更远,并把上述"痛苦"命名为"羞耻"(Demütigung［humiliation］,我不想翻译成"谦卑"［humilité］,后者不过是一种"虚伪的"委婉)(Ⅴ,74,23—30)。最终,对于"世界的"人类而言,"道德情感"(＝被承认的欲望)既是对自己的羞耻,也是对自己的敬重(前揭,Ⅴ,75,6—19)。然而实际上,这是宗教式的(甚至有神论、基督教的),它径直反对黑格尔主义反宗教的无神论("拯救之路"≠"道德")。因为康德的意思是,人必须在苦恼和羞耻当中生活,同时敬重法则,才能作为人类存在在世界中生活。但是,这"法则"是什么? "天真的"基督徒会回答:那就是("启示的"或被给予的)"上帝的法则";而康德回答说,是人把法则(自由地)给予自己的良心(Gewissen)。但这两种回答只有表面上的差异。立法(转下页注)

接下来，康德在"纯粹理性的法规"第三节中
非常清楚地展示了这种信仰：

　　道德的信仰的情况就完全不同[于独断
的信仰]了。因为在这里绝对必然的是，有件
事必须发生：我会在一切方面（in allen
Stücken）听从道德律。这个目的／目标在这里
是不可避免地（unumgängliche）固定了的，并
且按照我的一切信念／我一切所见（nach aller
meiner Einsicht，toute ma conviction／ce que je
peux voir），只有一个唯一的条件可以使这个
[道德]目的与所有的目的全都关联起来[包

───────────

（接上页注）之人（纯粹实践理性＝纯粹意志）不同于受法
之人（经验主体＝感性灵魂）：实际上，给在世之人
（l'Homme-dans-le-monde）立法的，是不朽灵魂。然而，用
康德的术语，一说"不朽灵魂"（即非时空的），就得用真理
方式说"物自身"，用仿佛方式说"来世"和"上帝"。然而，
"精细的"（如同康德一样"精明的"）基督教徒也会说，上
帝立的法应该让人自由地接受（这样才能在"来世"中主
动行动，谋得满意，即真福），这就是说，人（作为不朽灵
魂）自己把法则给予自己（作为有死的造物，即在时空中
的）。二者差异是表面上的，因为根据是共同的，那就是：
人不可能凭借在时空中自由行动来让自己满意，因为这
种行动本质上是无效的；由此产生了羞耻情感或蔑视自
我，只有如下主观确信的宗教信仰能消除这种情感：希望
自己在死后，在非时空、不受上帝法则支配的来世那里，
可以得到满意（真福）。

括自然世界的目的],并使之具有实践的效
力,那就是:有一个上帝和一个来世。我也完
全确定地知道,没有人会认识可以在道德律
之下导致诸目的的这种统一的其他条件。然
而,既然那道德规范同时就是我的准则(因为
那理性命令它必须如此),那么我将不可避免
地/无例外地(inévitable/sans défaillance)(un-
ausbleiblich)相信上帝存在,来世存在,并且
我确定没有任何东西可以动摇这一信念,因
为那样一来[否则的话]我的道德原则本身将
会颠覆,而这些道德原理不能放弃,除非在我
眼里是可憎的(verabscheuungswürdig)。(前
揭;III,536,12—26)

　　毫无疑问,康德开篇断定,道德律蕴含的目的
是被无条件地、不可动摇地提出的,而康德在结尾
说他不能放弃道德原则,因为如果他放弃了,道德
原则在他眼里就是可憎的。但另一方面,如果道
德本身没有"实践效力"(Praktische Gültigkeit),
那么道德目的就看起来没有意义和价值;然而,康
德明确说过,这个"实践效力"必然预设"上帝"和
"来世"存在;因此不可否认的是,与康德起初所说
的相反,对康德而言,"道德目的"与"法则目的"本

身没有意义和价值,甚至没有"实在性",除非存在
一个超越时空世界之上的世界。另一方面,根据
康德,如果必须遵循道德律以免让道德律"在他
眼里可憎",那么这并不意味着遵循道德律达到
自己满意的程度就足够了(用康德的术语即:既
幸福,又配得上幸福)。因为康德承认,在自我蔑
视的单纯缺席与自我满意的在场之间,有一个巨
大的鸿沟,康德坚决否认有跨越它的可能。因
为,任何清醒的(甚至"浪漫的")人都不会(仅仅)
满意于"运用"(如果可以这么说的话!)一个没有
"实践效力"的,确切地说"无法运用"的道德! 然
而我们又一次看到,康德的道德的"实践效力"仅
仅取决于(eine einzige Bedinung)"来世"的存在。
因此康德眼中的"满意"完全取决于这个"来世",
不能实现于现世(即[42]时空的)中,不管他的现
在如何。这就是康德本人所明确表述的,因为对
他而言,满意不过是"永恒的"希望,或者就此希
望是(主观)确定的而言是一种信仰,即著名的
"道德信仰"。然而,道德信仰由(主观的)确定性
和"希望"所构成,二者的本性已在上述引文中明
确讨论,而引文的目的恰恰是给"道德信仰"下定
义(并反对现行宗教或"神话的""独断信仰")。
希望,就是希望在"来生"中满意[尘世中不可能

满意,即使对别人来说或者在遥远的未来都不可能满意,这一点已经在一切宗教那里"独断地"、"无论证地"、"无争论地"断定了,而其公设的唯一(默认的)根据是:一切"造物",即一切实存于时空世界中的东西,都根本上是不完满的,绝无变为完满的可能];"不可动摇的""确定性",归根结蒂就是拒绝蔑视自我[一切宗教徒都必然蔑视作为"造物"的自己,只有当他们承认在自身中有非"造物"的东西时(例如上帝的灵魂-图像),他们才会免于蔑视自己,这样他就能超越一切"造物",并且为了让自己满意,他也必须超越"造物",无论是"质料上"为善而死"离开世界",还是"道德上"活着的时候"离开世界"]。因为康德明确说过,他(对于"上帝"和来"世")的信仰是确定的(sicher),而理由仅仅是如果放弃信仰,就不得不放弃道德,从而必然导致蔑视自我。因此康德(像其他有宗教情怀的人一样)只要准备好付出蔑视自我的代价,他完全可以放弃信仰。然而对康德而言,蔑视自我,这个观念似乎太可怕了[就像一切有宗教情怀的人一样,作为自觉自愿的宗教徒,他们接受了各种宗教的苦役,为了换取不(再)蔑视自我的可能性,换取主观确定的希望,即"得救"的信仰,即相信在时空世界之外获得满

意(至少有可能),而既然他深信(虽然没有任何
证据)不可能在时空世界中满意或幸福,那么他
就更容易接受"宗教"生命的"悲惨"了],所以他
"天真地"拒绝了(也就是说康德甚至都没提)或
没考虑[43]放弃信仰,并且表现出(也许是康德
的哲学生涯之中唯一一次)这种(反哲学的)自我
意识的缺乏,意识的不清醒,他甚至没指出他所
谓"确定的"(sicher)甚至"不可动摇的"(nichts
wankend machen könne)信仰是多么的脆弱。①

———————

① 读者乍一看可能以为这一切都与康德的宇宙论无关。实
际上,至此我们已经谈了很长一段的纯"宇宙论"了。因
为宇宙论按定义就是研究客观现实的。然而康德的客观
现实不过是一个或多个物自身(剩下的都只是"现象")。
因此我们现在只想明白对于康德来说"客观现实"是什
么,我们已经知道它不是牛顿的"物理"世界(后者不过是
现象),而是康德所谓的"理性世界",即非时空的,也就是
灵魂-不朽-自由(亦即"变动的永恒同一的实体"(Entité-
éternellement-identique-qui-change);亦即第一个像"方的
圆"这样的概念),"来-生"(亦即"从未成为现在的那个过
去"(le Futur-qui-ne-devient-jamais-présent)="死后的生
命,来世";这是第二个像"方的圆"这样的概念),以及"实
存的上帝"(亦即"绵延的非时间性存在"(Être-non-tem-
porel-qui-dure);这是第三个像"方的圆"这样的概念)。我
们还看到,在康德之后,只能用仿佛的方式言说客观现
实,因此,指涉客观现实的话语不是知识表述,而是信仰
表述,亦即希望的表述,它建立在纯主观的确定性上(至
于存在,康德把它混同于客观现实,只对立于经验实存)。
然而我们将看到,如果只删除物自身概念(正(转下页注)

（接上页注）如已经看到的那样，物自身被引入或保留都是完全为了纯粹宗教的目的）而不碰其他的，那么康德的宇宙论就会与我们将要得出的黑格尔式的宇宙论几乎同一。因此我们明白了，每种哲学都围绕自己的宇宙论旋转，后者在根本上规定了哲学的内容和整体结构。——无论如何，基于康德文本的、宗教生存论态度的分析展示了巨大的内在价值，因为康德与一切伟大的哲学家一样，不仅有极度的自我意识（甚至例如在我们分析的文本中，自我意识只以隐含的陈述，甚至很可能无意识的［这并不奇怪！］陈述流露出来），并且还具有一种坚定的理智（Bon-sens），绝无任何宗教式的或其他的"歇斯底里的热情"（Schwärmerei），后者是康德坚决反对的。然而，康德的文本明确表明，宗教态度（在这里是以"纯粹状态"展示的，即没有任何具体"神话"的外衣）归根结蒂建立在不蔑视自己之上，也就是建立在对承认的欲望上，甚至建立在自大或自负上。换言之，宗教态度在本质上和在特殊上都是人性的（在黑格尔的意义上）。然而，宗教态度并非真正是人性的，因为按定义，它本身不能够把人类视为自己的起源（因此宗教徒之为宗教徒不能是圣人，亦即不能是完全意识到自我，并且满意于这种自我意识的一个人）。另外，这种态度有不可消除的模糊性。一方面，可以说宗教徒不如"在世之人"自大或自负，因为宗教徒的野心仅仅是欲望着不蔑视自己（满意［真福］根据定义不能被宗教徒所意欲，此外，作为单纯的可能，满意甚至被放逐到无定限的未来之中，不能以任何方式被许诺）。但另一方面，可以说宗教徒比"在世之人"更自负和自大，因为对前者而言，"堕落"，"被天主弃绝"的观念，亦即担心囿于蔑视自我，是如此的不能承受，所以他准备好了"牺牲一切"来至少能"主观上确定"不冒这个险（"一切"，不仅包含宗教生命的各种各样的"烦恼"，还包括只要言说就必须自相矛盾的义务［他有时会通过躲到沉默中来逃避这种义务］）。在第二种解释中，宗教态度是（转下页注）

（接上页注）一种"自卑情结"的极端形式；在第一种解释中，宗教态度是一种"非常羞怯"的态度［但"羞怯"也许只是著名"情结"的一种伪装，也就是人性的、源自"正常"人的、被动激发的自大情结］。无论如何，在这两种解释中，宗教徒所称的"自卑"就是这种自大和自负。——前提是承认康德的"道德主义"是一种（生存论的）本质上宗教的态度，其道德的著名"悖论"（自从席勒以来，这悖论惊动了无数反宗教者的理智）：一旦行动由［自然的］"天性"（Neigung）所引起，而非为了唯一的"义务"（Pflich）（根据定义，某种程度上义务是与天性完全对立或相反的）而实行，那么这行动就不再是"道德的"。这其实是如下根本的宗教公设的一个不可避免的结果：在自然世界（即时空）中不可能有满意存在。因为，如果我凭着"天性"去尽"义务"，那么我就可以配得上幸福，所以我可以是幸福的，这恰恰意味着我在尘世中凭着尘世中所做的事就能满意了。康德承认这是不可能的，他简单解释了为何如此（通过"论述"公设）：我永远不可能满意，因为如果我不尽"义务"，我就"配不上"（在我眼里）幸福，而如果我尽义务了，我就不幸福了，因为"苦恼／不幸"不过是意识到了违背"天性"的行动而已。当然，康德的"悖论"也是犹太-基督教（→黑格尔）把人等同于否定性所造成的后果：仅当人（主动地）否定了所与时，人才是人（＝自由的，＝历史的，＝人格的），其中，所与包括了人本身所是的东西（包括他的"天性"）。但实际上，如果否定的行动预设了"苦恼"，或至少预设了不满意，那么否定的行动就会导致满意和"幸福"，前提是它成功的话（即改造了它所否定的东西）。只有承认行动会成功，我们才能确认否定行动会通向幸福。然而，任何宗教徒都不会承认这一点，包括康德。

［席勒这种人感到震惊是很正常的。因为诗人是艺术家，艺术家对立于宗教徒。宗教徒给既定的（时空的）世界以否定的价值，不论世界怎么样，也不论（转下页注）

　　[44]不论如何,显然康德的"道德"本质上是宗教的:这"道德"不去定义(自由)人的义务,即人在生活的世界中而应当也能够完成(即实现)的义务,为了幸福或被承认,即满意于对自我的意识;不如说这道德是一种"内部律令",它确保人(奴役之人,至少在他承认自己的主人的情况下)免于自我蔑视的危险,而这种危险是人只要满足于在他的世界中生活而不期盼"来世"就不可避免的。来世只有在如下条件下才会属于他:在他之中(从他诞生以来,或者在无论何种"魔法仪式"之后。此仪式唯独不能是他的行动)有一个构成性要素(玛那-灵魂)能参与(自从它存在以来)到"来世"之中,因为此要素与生命体的对立是不可消解的,并且"来世"本身与现世的对立也是不可消解的,无论是哪个现在时刻①。

_____

　　(接上页注)人在其中做什么;然而艺术家给世界以肯定的价值,不论世界怎么样,不论我们在其中做什么:甚至殉教圣人的恐怖酷刑也是"美的",可以造就一幅"美丽的"画,或一首"崇高的"诗。]

①　我想借此机会引用《实践理性批判》中一段非常耐人寻味的段落,虽然它很出名,为大家所熟知。这段话是著名的论"义务"的一大段文字的结尾,关于只为"义务"而活的人(这种人显然就是康德自己)。康德承认这种人注定在这世界上不幸,但他的好处是免于蔑视自我(蔑视自我,是缺乏"义务"[＝缺乏宗教纪律]所不可避免(转下页注)

（接上页注）引起的）并因此享有"内心的镇静"。"所以这种内心的镇静（Beruhigung）对于一切可以使得生活快适的东西只是否定性的；因为这［只］是在他完全放弃了他的［在世界中的］现状（Zustandes）的价值以后，对于人格价值中沉沦这种危险的阻止/远离（Abhaltung）。这是对某种完全不同于生活的东西（ganz Anderes［见鲁道夫·奥托!］的［被体验到的］敬重的结果，与这种东西相比和相对照，生活连同其所有的快意（Annehmlichkeit）毋宁说根本没有任何价值。他仅仅只是出于义务还活着［尽一切所能，运用（错误地）同样被称作"道德"或"义务"的宗教纪律，为了确保在天国，即在得救中，获得所配之福］，而不是由于他对生活感到丝毫的趣味。"（V, 88, 13—20）我加上这几个方括号注解后，这段话就不用评注了，因为它真正宗教的特征就显而易见了。这段话明确表明，康德一生献身于一件事：免于自我蔑视的"致命"危险。如果他还有，或者说还意愿着其他肯定的"希望"，那么他必须把它们关联到天国中，也就是关联到死后将至的东西上。乍一看，第二本批判的（第二卷第二章）"辩证论"的实践理性的"二律背反"似乎与我们的解释相矛盾（实际上后者只是简单的"字面"评注）。这"二律背反"说的是"义务"［＝宗教纪律］与（"世界的"）"幸福"注定冲突。康德通过引入"自我的满意"，或更确切地说"自我的满足"（Selbstzufriedenheit）来解决这个二律背反，前者既与"不幸"相容，也与"义务"相容。显然这就是古代圣人［被黑格尔重提］的理想，康德在这里实际上引用了伊壁鸠鲁派与斯多葛派。但康德引入这个概念仅仅是为了解决所谓逻辑矛盾（"二律背反"），而不因此断定这"满足"实际上能在尘世上被达到或实现。另外，他紧接着把这种"自足"（Selbstgenugsamheit）的"满足"区别于古代圣人（虽然承认二者之间有"类比"），对后者他只想以良好的有神论者的名义指代"至高存在"（V, 118, 24—37）。无论如何，康德向正统哲学致敬（有些"虚伪"）之后，匆忙 （转下页注）

[45]总之,与一切宗教徒一样,康德之所以能从他的"道德"中"演绎"出"来世"概念,仅仅因为两点:一方面,他否认时空的现在中有满意的可能;另一方面,他对于满意还抱有一丝希望[完全彻底的放弃,实际上应该翻译为自我蔑视,字面上指"无法忍受"或"活不下去",因为自我蔑视实际上通向自杀或疯狂]。

然而注意,康德不仅是从"来世"中"演绎"出"道德"的,还是从"上帝"实存中演绎出的。这很正常,因为康德把"来世"等同于"来生",他的(话语的)"道德"必然蕴含"不朽灵魂"概念(哪怕[46]因此而矛盾)。因为,如果没有生活于其中、行动于其中的世界的概念,人作为生命的、行动的[甚至自由的]有机体就是不可设想的(甚至用"方的圆"这种矛盾概念也无法设想),同样,如果没有持存(否则必然陷入宁静,至少是除了受动之外没有任何行动)于其中的"来世"的概念,不朽灵魂也是不可设想的。然而,这个"世界"(=

---

(接上页注)地在理论理性对面建立了实践理性的"优先地位"(第三节),为的是能够建立灵魂不朽与上帝存在的"公设"(第四、五节)。这足以说明,就康德而言,世俗的、无神论的"满足"不足以满足他的愿望,决不能用来代替他对得救希望的主观确定,也就是他的(基督教)信仰。

"天国",按通常的有神论术语理解)按定义是"神的"（＝"他物"[Tout-autre-chose]，按鲁道夫·奥托[Rudolf Otto]的术语），因为"神"或"上帝"是"不朽灵魂"的"载体"，同样，自然的、时空的世界（＝"尘世"，按通常的有神论术语）是一切生命的、行动的东西的"载体"。然而在康德那里，"道德信仰"的"上帝"实际上不过是"来世"的"管理者"，他完全"统治"着来世，为了确保那些"配得上"的灵魂享有"幸福"。

既然如此，西方人就会倾向于认为一切（话语的）宗教性都必然是有神论的，因此，只需确认康德体系的灵感来源是宗教，就足以"解释"为什么康德引入了"上帝"的[矛盾]概念（却没有以仿佛方式之外的方式论述它），并且归根结蒂在其[矛盾]意义上与"来世"概念是同一的。但是佛教表明上述观点站不住脚，因为佛教毋庸置疑是一个真正彻底无神的宗教。①话语性的佛教阐释表明，

① 对于早期佛教（小乘）而言是自明的："佛"与别人一样都是人，无数前生分别按"道德"（业）行事之后，能运用"内在律令"（戒律）（释迦牟尼第一次在现实世界中颁布并运用它），后者带来（自然）死亡后完全的虚无（涅槃）。以上对于大乘也为真，后者与小乘的区别仅在于（从"教义"上看）大乘引入了"菩萨"的概念。然而菩萨也跟（转下页注）

这种无神的宗教并非"悖论"。为了理解这一点，只需要明白[47]佛教教徒(正如一般的无神论宗教徒一样)的第一公理与犹太-基督徒(正如一般的有神论宗教徒一样)截然相反。对于佛教徒，自然的生命是永恒的(或至少，与时间共永恒)；为了重生并无限地活着，做任何事情都足够(按欲望而行动；业)；相反，为了在自然死亡后进入虚无(涅槃)，才需要做些特殊的事，即(认识"教义"[法]，并且)运用"律令"(戒律)，后者就是什么都不做，或做"无"(道教的为无为)，也就是去除"贪欲"(Raga)，贪欲必然导致行动(业)，行动又决定了来生(即使这种行动是"道德的")。然而，佛教徒作为宗教徒，承认在"尘世的"生命中不可能有满意。因此对他而言，宗教的"满意"或者说"拯救"只存在于灭寂之中(因为就算人借助某种道德而重生了，例如借助梵天或最高神的法则，人也只能

---

(接上页注)别人一样都是人；仅仅出于对"后人"的爱，或者也可以说出于"慈悲"，他放弃了本"配得上"的死后的虚无，作为菩萨重生，"行动(agissant)的爱"从而成为了行动(业)，并因此是新生命的原因。菩萨愿在众生都虚无之后，最后一个陷入虚无；但那样他会"像众生一样"陷入虚无。即使他在菩萨的生命中(由于他"道德上"可称赞的行动而)具有在其他宗教中往往只归属于上帝的智慧和力量，也什么都改变不了。菩萨与佛一样，都是本义和强义上的人，而不是"上帝"。

过一种"尘世的"生活,因此不能获得对他来说唯一真有价值的、宗教上的满意)[真正要注意的是,佛拒斥最高的、把人类"神化"的"道德",因为人一旦成为神,亦即彻底幸福、"至福",就不再意识到他配不上这种至福,后果就是,人永远也达不到真正的满意(=人所配得上的幸福)这个理念,那么人就被流放到了永恒生命之中(或与时间同久)。]显然,只有当佛活着的时候,亦即作为完善的佛教徒的时候,他才"经历"着满意,并且归根结蒂,他的满意无非是信仰,是希望终有一日真会死的主观确定性(对于佛而言希望越早越好,对于菩萨而言希望越晚越好,甚至无限推迟)。所以佛教的彼岸是虚无,不得不说佛教就是无神论的,毕竟所谓"有神论"不可能否定尘世外的某种上帝的实存。

因此佛教(无论是否是宗教)归根结蒂是无神论的,因为它重视存在的同质性、统一性和单一性,它(仅)不同于虚无。非宗教式的佛教徒认为存在(并因此一切以某种方式存在的东西)必然是时空的或变动(轮回),并不为之动心。宗教式的佛教徒为之动心到惊恐,并为避免这"恐慌"而设立[48]一种严苛的"律令"。归根结蒂,他偏爱虚无的绝对不动的同一性,不爱各种变动的差异或否定性:也许是因为,差异作为时空存在中的否定,作为时空中的客观现实的否定面,是在绵延-广延的经验实存中向人"揭示"或"显现"的,就像佛教徒在别处所指的自身否定性,其中有自由、创造行动,甚至罪与恶。

至于各种有神论,它们归根结蒂都是"二元论"或"摩尼教的",因为它们尽管(明示或暗示地)承认在我们所谈论的事物中有共通之处,即存在,但它们迫切地往存在中引入一个不可消解的对立。这个对立不会"惊吓"到非宗教徒,但会促使他们做出行动(斗争或劳动),促使他们说出有效话语,有时还促使他们说出曲行话语描述,即所谓宇宙-论;但对于宗教徒而言,这个对立会让他们有可能言说(也可能矛盾地言说)一个彼岸,一个仅当尘世(当然他们也同样言说这尘世)不存在以及尘世所蕴含的一切(包括变动与行动)都不存在的情况下才存的彼岸。这样,如果说宗教式的无神论佛教徒逃避行动本身,那么有神论的犹太-基督教徒就仅仅逃避有效行动的责任与努力。因为,如果尘世(时空的)仅仅是"现象的",即如果它仅仅是唯心有神论者所谓的"主观幻象"(印度的唯心有神论者称之为摩耶),它掩盖而非揭示客观现实,亦即用宗教有神论的日常用语来说,如果人们生于斯动于斯(要是没有时间空间,怎么行

动?!)的时空世界是"虚幻的"、"徒有其表的",那
么也许行动(只有在时空中才有一个意义和价值)
就是可能的,并且可以严格意义上起到编织或创
造"幻象之幕"的作用,但在客观现实看来,行动绝
非有效,因为客观现实是不可消解地对立于各种
时空形式的。

如此解释无神论的佛教,将其对立于有神论
宗教,我们就明白了,从常理(Bon-sens)①、哲学甚
至智慧的观点看,佛教具有很多优点。第一,要让
宗教式的佛教徒放弃"宗教",只需要说服他,无论
生前如何,死后遁入虚无,就够了(前提是他愿意
自己前后立场保持一致,我们承认这很少见。
[49]很多宗教徒都陷入矛盾),但他仍然可以做佛
教徒:因为他明白了他是"佛"(也就像所有人一
样),不需要预先服从于佛教的宗教"戒律",也不
需要其他的。[这说明,如果他还是宗教徒,也就
是说仍然不满意于任何"世间快乐",那么他就可
以做任何事情,并因此说对于他而言一切都是"允
许的",一个严重的、致死的罪行对他而言只能加
快他的"得救":只有真正的宗教徒才认为如果不

---

① [译按]在科耶夫语境中,"常理"(bon sens)即"大众的、通
常的智慧"(Sagesse populaire)。参考 A. Kojève, *Le Con-*
*cept, le Temps et le Discours*, Gallimard, 1990, p. 91.

信上帝,"一切都被允许",或者等价于自己实然有死]第二,如果宗教律令位于一切行动的压迫之中,那么律令就可以,甚至必须在沉默中执行(因为话语归根结蒂来自于行动,并产生行动),释迦牟尼实际上就是仅仅通过孤独沉默的沉思来成为佛的:因此宗教式的佛教徒(自身前后一致)能够且必须沉默,不行动始终是可能的,因为这不妨碍任何人[除了会妨碍那照顾即将饿死的病人的医生,因为有意识地不想吃与有意地吃,这种行动或业,与佛教徒自身前后一致所要求的绝对静默不相容。(至少佛教徒会机灵地说,想不吃是一种比想吃更真实的行动,因为前者更"否定")]。第三,如果佛教徒甚或宗教徒是哲学家(他可以做哲学家,因为宗教只是与智慧不相容而已),那么他就可以以说真话的意图进行言说,而不必自相矛盾(而这与他自身的意图相反)。无神论不必导致矛盾,因为无神论肯定了(时空)存在具有绝对的最终的同质性,也肯定了一切存在着的东西也具有同质性,而不必直接否认客观现实或不可消解的对立(对于无神论,这对立位于存在内部,或存在之物的时空性中)蕴含着对立双方的相互作用,且对立面必然只以同一种方式存在,而这是所有有神论者都否认的。对于有神论者,(非时空的)彼岸,是客观现实的,或不可消解地对立于(时空的)现象的尘世,它"截然不同于"尘世的经验实存(而对于无神论者,"现象的"经验实存不过是唯一的存在之为存在所"揭示"的实存)。

康德作为晓理之人,作为真正的哲学家[50](虽然他否认智慧的可能性,因为他作为宗教徒,不认为在"现象"世界中生活和行动着的自我意识可以获得满意),本来完全可以成为(宗教式)佛教徒……如果他生活在佛教的亚洲的话。但他是在完全犹太-基督教的世界中的宗教徒。对他的神学解释只有一种可接受的、"合理的""解释"(或"辩护")。

犹太-基督教人类学(对康德很重要,而且为真,因为它可以无矛盾地、在循环话语的意义上论述)无疑与无神论完美协调,因为它本质上与佛教人类学或道教无神论人类学相一致。我们甚至将看到,涵盖了这种人类学的话语只有在总体上无神论的情况下才能无矛盾(把存在等同于时空)[同样,只有无神论的话语才能循环,也就是真正为真,或自身如其所是地论证出来]。但事实上(这个事实很可能可以被"理解"),严格意义上的犹太-基督教人类学,也就是康德唯一了解的人类学,蕴含于一种有神论的神话体系中。没有正当理由可以批评康德没有明白发明一种无神论哲学是可能的,即使他承认了我们自己就是宗教徒(这仍与自身相一致,也就是说作为哲学家仍可以是宗教徒[在这种情况下他只应当"爱"或"寻找"智慧,不应抱有获得智慧的希望])。如果康德早就明白了,他本可以几乎确定地阐述,至少"在理论上"阐述黑格尔的知识体系(虽然他以"宗教"理由拒斥后者,因为这个体系必然蕴含智慧的理念,即圣人的知识)。但无论如何不应忘记,阐述(并接受)这一体系的人(例如亚里士多德)是彻底反宗教的。

康德不仅是宗教徒,还是哲学家,他既不能局限于(宗教的或"神秘的")沉默,也不能满足于犹太-基督教神话的"不一致性",后者还是康德生来所处的宗教不一致性(虽然这种"不一致性"充分掩盖了有神论的矛盾,需要有像康德这样敏锐的人发现)。作为哲学家,康德追求话语的真理,并因此在他的人类学中设计一个既是有神论又是犹太-基督教的哲学体系。然而,在设计过程中,他重拾了柏拉图,在这个假设中他无可避免地重拾柏拉图,[51]甚至不能叫重拾,因为他本来就很了解柏拉图,虽然只是从亚里士多德那里,从所谓基督教神学中,"经院的"或"现代的",甚至"世俗的"或"哲学的"神学那里,例如笛卡尔、斯宾诺莎或莱布尼茨那里间接了解的。

这一切都显然表明,历史的"传统"有着超乎寻常的力量,它甚至作用于康德的"革命性"领域。但这也表明,矛盾不仅是暗含的(即无意识的)或"伪装的"(即有点故意的)(被柏拉图主义等等的神话的不一致性所伪装),而且还是外显的、明确的,这矛盾没有惊扰多少人(尤其不影响那些"爱欲者"、"宗教徒"甚至"数学家"或"艺术家",也就是那些本质上投身于沉默之人,对他们来说,唯独沉默能够——就算不使他们"满意"——至少确保他们"幸福"或"生命的喜悦")。甚至哲学家也不例外(毕竟有谁比康德更算得上哲学家呢?!),因为只有圣人在矛盾言说的时候不需要理由。只有那些用语言谈论成功或者想用语词表达承认的人(不论是奉承、鄙视还是相互尊重),出于不希望"结果失败"的原因而必须避免矛盾。但这里我们对这种人不感兴趣,因为他们不讨论他们所言之物的真实性,因为他们不以说真理的意图来言说。

无论如何,康德以为自己必须接受有神论(这种有神论在话语形式下必然是柏拉图主义的,或至少柏拉图主义化的,也就是希腊的、古代的或"异教的"),虽然他想维持犹太-基督教的人类学

（后者其实与各种有神论都相矛盾）。因此他应当被视为本质上基督教的哲学家，因为基督教（自圣保罗以来）不过是试图调和不相容的两个东西（同样出自圣保罗："在希腊人为愚拙"①）：一、犹太教关于自由（关于否定）[暗含无神论]的人类学；二、源自希腊或"异教"的、话语的有神论[它事实上排斥人类的自由，因此始终是矛盾言说的，因为只有这种自由概念才能曲行论述，使人（在循环话语之中并通过这话语）意识到这个曲行论述本身所是的话语]。

然而我们可以说康德[52]比以前的有神论哲学家更算得上哲学家（因此也比他们更接近智慧[对我们而言，这智慧只能是黑格尔意义上的]），因为他（与柏拉图一样）不想接受其体系内部的矛盾，不想让矛盾与其他构成性要素的地位相同。实际上，康德体系之严格意义上的（即被视为真）曲行论述并非矛盾[唯一的表面"矛盾"在于，康德认为开放性体系具有真理性；但这不过是表面矛盾，因为就其本身和对我们而言，正如已经在黑格尔那里看到的那样，一旦删除物自身这个"有神

---

① [译按]《新约·哥林多前书》1:23"我们却是传钉十字架的基督，在犹太人为绊脚石，在希腊人为愚拙。"中文和合本将"对于希腊人"（Graecis）译为"在异教人"。

论"概念,体系就已经封闭,或自闭合了],尽管体系看起来是"开放的"。(基于宗教的)有神论只通过仿佛的方式曲行地显现,"仿佛"为真的话语,不与严格意义上为真的话语相矛盾(虽然康德本人认为其体系只通过仿佛样态下曲行论述的构成性要素才能自封闭,进而论证为真)。

因此,康德体系最大限度地展现了与基督教相容的哲学(另外,这里的基督教被缩减为最简表达,也就是指肯定人的自由,否定人在尘世获得满意的可能)。因此应当说康德是卓越的基督教哲学家。①

① 如果佛教表明一种真正的宗教可以在严格意义上是无神论的,那么柏拉图化时期的"青年"亚里士多德就证明了一种完全有神论的哲学,即使不属于宗教世界,也可以被称为真(或接近真)的。"宗教"与"有神论"的"不相关性"似乎充分建立起来了。乍一看,人们可以通过举例来反对我关于这两个概念的话语论述,例如先知时代之前的(pré-prophétique)犹太教,人们以为这是一种有神论的神话,它否认不朽,并且承认尘世间有满意的可能,但它仍被视为是宗教式的。然而,我承认这种反对意见看似合理,但其实没有说服力。因为,犹太教(先于"希腊的奇迹")反映了一种巫术-神话的,或"原初的"精神状态,与其相似的不是基督教或伊斯兰教(后两者来自于犹太教,位于"希腊奇迹"之后),而应是"巫术神话",例如吠陀,或者其他各种"原始"神话。也就是说,"犹太教"既是巫术的"起源",也是科学、宗教、艺术、哲学和"政治"的起源。圣经既是"神圣历史"也是"自然历史",是非常(转下页注)

(接上页注)短暂的一段"历史":因此在其中可以找到一
切所需,而不可能把它的整体对立于某一种宗教的或有
神论的理论。[奇怪的是,现在的文本甚至暗示了一种明
显无神论且反宗教的书写(对于后期与希腊化时代的确
如此),这(可能以嘲讽的方式)指所罗门王,他建造了圣
殿,作为犹太有神论宗教的唯一中心]。至于"原始"犹太
教的有神论,我们不应忘记,只有其中的"玛那"变成了后
来的"不朽灵魂"。然而,如果人之中的玛那与(甚至人自
己的)经验实存"截然不同",那么人之玛那显然就是神之
玛那的对等物、类比物。这样,随着神之玛那(可能根据
"希腊奇迹"来)"规定"自身为"永恒"之神或超世界之神
[53](在非时空的意义上)("原始的"雅威[Iahvé]肯定不
是这种神),人之玛那规定自身为"不朽灵魂",在非时空
的意义上(因此人之玛那有点类似于柏拉图主义的灵魂,
它永远与自身同一)。另外,甚至连真正的有神论者[也
是宗教徒的]如亚伯拉罕也非常牵挂自己的坟墓,这对于
很多人是难以设想的,因为他们视死亡的身体为正在分
解的死尸,与"不朽"或"来生"甚至时间性的"来生"毫无
关系。总而言之,我认为"原始的"、想象出有神论神话的
犹太人不曾把他们精神中的神话连接到一种"唯物主义
的"人类学神话那里。无论如何,无论何时何地,他们有
神论的神话最终的发展都意味着人类某种"灵魂"有某种
"来生",而来生证明了灵魂必然如此,毕竟如果没有某种
"上帝"存在,我们就无从认识不朽"灵魂"神话。我们如
果认为,作为"截然不同之物"的"上帝"在经验层面不实
存,那么一个黑格尔主义哲学家就必须承认:"上帝"一词
的意义必须从"自然的"知觉那里获得。然而在这终结
处,我除了死亡的"现象"之外什么也没发现。实际上,既
然死亡与生命"截然不同",那么只需要在意识到死亡的
情况下把生命延长(通过话语的"推论")到死后就足以得
到"来生"、"来世",即"上帝"的概念(像"方的圆"这样的
矛盾概念)。至于"原初的"犹太宗教,我们不能(转下页注)

(接上页注)在所有"原初"神话中发现"宗教性",也不能以为所有神话都是"宗教的"。现代的人种学家又回到这个错误,以为在"原初"社会中与我们的社会一样,有宗教徒,有政治家,有学者,有艺术家,甚至有神学家和哲学家(虽然这些种类的人的划界或话语"定义"不如"希腊奇迹"之后的社会清晰)。显然,"原始"圣经的某些作者认为尘世可以实现满意,他们对此非常确定。但他们是宗教徒吗?我们没有多少理由这样假设,正如我们没法相信一个伊斯兰教的好战者有宗教性一样,因为后者从战争行动中获取满意,他所理解的彼岸不过是"尘世"幸福的延续,他以为通过这些行动本身就配得上幸福了。相反,没有任何证据表明,自古以来曾有犹太宗教徒以为在纯粹"尘世"的生命中不可能获得满意。当然,在先知的时代有这种人。然而,这些先知(与他们自我标榜的相反)绝非"从天而降",他们一定有"前人"[虽然某些犹太"先知"还不如政治家有宗教性]。另外,圣经里的"应许之地"比彼岸甚至"天堂"更有价值,因为天堂就算是"地上的",也跟"自然"世界的地理区域的价值"截然不同"。最后,犹太宗教"律法"所关心的不只是在每日的生命中获取快乐。总之,原初的犹太宗教徒,与任何时代任何地方的真正宗教徒一样,似乎都不能从"尘世的"生命中得到满意,所以我们可以说宗教非如此不可。另外。即使在一个像"基督教"那样进化了的宗教之中,真正宗教性的要素也勉强适应于那些完全"世俗的"(虽然是有神论的)要素,后者以"道德"的名义出现。当然,圣保罗明白,也说过犹太教的所谓"道德"是上帝颁布的,为了让人们无法实行,这样就让人变成了罪人,让赎罪和道成肉身成为可能(甚至"必须")。显然,基督徒要想在尘世得到满意、幸福(或"真福")或自知配得上幸福,不是通过行动(符合"道德")。并且圣保罗和后来的康德一样,已经(被"希腊化"了)知道满意不是圣人从生下来就具有的一种知识,而仅仅是一种希望,当它具有了一种(主(转下页注)

------------

（接上页注）观）确定性时，就成了"不可动摇的"信仰，即
基督教对（"道成肉身"）上帝的信仰，它保证了（就像康德
的上帝一样）"义人"的"幸福"。而这些"义人"绝不是凭
借他们的活动而被"称义"（justifier），即使他们的活动符
合（圣保罗说不可能符合！）"道德"法则。他们只通过自
己的信仰（sola fide）来称义，也就是恰恰通过"不可动摇
地"坚信在尘世当中无论做什么都不能满意。只有在圣
保罗作为曾经的政治家时，他既不能也不想保持自身一
致[54]（他告诉我们且他自己也意识到，他不是哲学家），
他奠基的基督教继续在不一致性这条道路上前进，因为
基督教一直是一种社会的、政治的现象。因为圣保罗曾
经宣称，他所理解的信仰"没有行动就是死的"，这使他得
以维持犹太教"道德"，因为后者可以帮助建立并维护一
个政权（＝教会）。如果基督教或圣保罗的"道德"是一种
原本意义上的"道德"——即一种行为标准，致力于保障
（至少在原则上）在自然世界、社会世界，甚至历史世界中
有满意，前提是这个满意是"正统的"，即无须彻底改造世
界即可获得满意——那么这个道德就根本不是宗教性
的。但是基督徒从来没说出这一点。他们的"道德"一直
是宗教的，因为只有在道德与信仰兼备的情况下，道德才
能使（在彼岸的）满意成为可能（而不是保证）（这恰恰预
设了在尘世中并非一切有行动的道德都是有效的）。基
督教"道德"的杂交的、半宗教、半世俗的特征，凸显于"慈
爱"（charité）这个概念：基督徒不是因做这事或那事来称
义，而只因"凭着慈爱""凭着爱"做事（做几乎任何事）来
称义，某种（极弱）意义上这种"爱"是对"邻人"的爱（只有
联合在"基督教团体"中的邻人才算是"亲人"或"兄弟"），
但归根结蒂是对"上帝"的爱，所以基督教的一切行动都
只因"以神之名"或"为主荣耀"而被"称义"和使人"称
义"，而不是因行事之人（"行事"这个概念的曲行论述导
致否定了人有在狭义和强义上行动的可能，而这显然取消
了自由，也取消了所有犹太-基督教人类学）。（转下页注）

[54]现在让我们来看康德的有神论如何规定康德哲学体系的结构,从而规定其内容的。

在"纯粹理性的法规"第二节,康德说:

> 我们理性的一切兴趣(思辨的以及实践的)融合/集中于下面三个问题:我能够知道什么? 我应当做什么? 我可以希望什么? (前揭;III,522,30—34)

既然"理性"的一切"兴趣"都集中于这三个问题,那么显然对这三个问题的回答就包括了我们"理智地"说出的全部:因此这三重回答就是一而全的话语,即我们以说真话、不自相矛盾的意图,能说出(或用有意义的词语能表达)的全部;换言之,对这三个"最终"或"首要"问题的回答就是知识体系(或至少是哲学体系,因为康德认为这个

---

(接上页注)因此基督教没能建立严格意义上的政权,而只建立了教会,教会如果(甚至在今天)没得到本质上与基督教"道德"相矛盾的"俗权"确确实实的行动支持,那么教会早就消失了,不过作为一个社会的、政治的甚或历史上的(非私密的)现象而已。佛教也有这种不一致性,因为佛教也是一个教会。但在它的纯粹曲行论述中,它曾是唯一意识到行动的道德与各种宗教"律令"之间有不可消除的对立的宗教:前者着眼于尘世中的满意,后者着眼于彼岸的"拯救"。

[55]体系不自闭合,并且它其实并非循环的,而仅仅是以仿佛的方式"接合的",所以它并非本义和强义上的[话语]真理,后者是人至少活着的时候永远无法到达的)。

乍一看,这个体系包含了一些并非必要的东西,因为第二个问题似乎在用成功/有效话语的语言来提问,而不是用讨论/似真(Discussion/Vraisemblance)的理论话语来着眼于(话语)真理。

然而实际上,康德体系不包含这种东西。第二个问题不是指:我为了成功应该做什么(我在一个自然或历史世界中,而这个世界是已知给定的,或者说这个世界是为了让我用[斗争或劳动]去改造的)?而是指:在我生活的世界中,我应该怎么行动才能言说我的这个行动,即说自身在[自由]行动着,且当我言说这个世界本身以及言说作为说话者的我的时候,我的意图始终是说真话,而不必自相矛盾[以真理方式]?换言之,对第二问题的回答就是哲学人类学[对康德而言是犹太-基督教的哲学人类学],也就是说,用我们的术语,人类图像的(anthropo-graphique)现象学,康德本人将其称为"道德形而上学",并将其等同于"道德"。

第一个问题可以被明确为如下:这个我生活、我言说的世界包括了我的话语和作为言说者的、意图说出关于这个世界之真理的我本人,但这个世界本身不言说;那么关于这个世界我能说什么真话呢? 换言之,对第一问题的回答综合了我们所说的"存在论"、"宇宙论",以及现象学的非人类图像的部分(或者说应当综合它们,因为我们将看到康德在第三个问题的回答中暗示他排斥其中的生命图像[bio-graphique]现象学,他以一种非常奇特却完全可理解的推理,从他的全部体系中"演绎"出来)。

对第三个问题的回答,亦即"最后的"回答,严格意义上不属于(黑格尔主义的)知识体系。因为设想或理解这个(闭合或循环的)体系整体的人会这样回答康德的第三个问题:对于彼岸,我和一切人都没有任何希望,因为我是一个生命存在,因此是有死的,也就是被限制在绵延-广延的[56]经验实存中;但是如果我发出/说出的话语或同化/理解的话语是自闭合的,我就知道我可以(作为自由者)通过行动来使自己满意,只要我完全意识到自己是行动者,是在这个世界中这般生活的行动者,且所有人都依据我的自意识的(自由)行动来"承认"我的"个人"价值。这样,第三个问题与其说针对体系自身,不如说针对的是圣人面对自身和根据自身时所采取的生存态度,第三个问题的回答确切地说就是圣人的知识体系的全部。

　　但我们知道这并非康德的情况，康德知道自己是哲学家不是圣人，他也愿意做哲学家（因为他断定智慧是不可能的，至少对于活人而言）。他对这个"最后的"问题的"最后"回答（从"生存论"的观点来看，它是"第一"问题，或者唯一问题）正如我们已经看到的那样：根据我所能知道的，我有权利希望，通过做我应做之事，我将在"来世"（永远）享受我所配（只从我自己的视角来看）之幸福（来世具有客观现实性，虽然来世非时空，亦即"超越于"存在的时空性，也可以说来世是"神性的"，用康德的话来说，来世是作为"物自身"的"理智世界"）。换言之，康德也说过，对"最后的"问题的回答是信仰，康德称之为"道德"，后者其实是基督徒的宗教信仰。因为康德（在他全部体系中）回答，他"可以"无矛盾地说我们可以主观上确定地希望在死后的彼岸那里得到满意（前提是符合"道德"，这种道德其实是一种消极的，甚至寂静主义的（quiétiste）、在尘世中无效果的宗教"律令"）。然而，圣保罗应该知道这一点，他认为希望的确定性不过是信仰。因此我们可以说，真正的康德体系，就其"最后"或"最初的"意图（"兴趣"）而言，是真正的基督教哲学体系。

康德在"先验方法论"的"法规"中给出的这个阐释圆满完成了《纯粹理性批判》,在这阐释中,对第三问题的回答就是(正如在黑格尔的知识中的)体系本身(亦即"合题的"回答,即[57]不与前两个问题相矛盾的),而不是其组成部分(只有两部分)的其中一个。但康德这个回答的(宗教性)本质如此突出,以至于他的阐释如果像我们刚才以黑格尔主义所做的那样的话,他就不能既做哲学家又保持为基督徒(宗教徒)了。为了成为(本质上基督教的)哲学家,他(在写完上述"方法论"之后)又写了第三"批判",那就是对他第三个(生存论的)问题的哲学回答,或者话语回答[无论事实上,还是对于我们、对于黑格尔和谢林而言,这个回答都是生命-图像现象学]。

圣保罗想做基督徒(宗教徒),不想做哲学家,他可以满足于对康德第三问题的回答,这个回答总是能让一切没有哲学意图的基督徒们满意。圣保罗的这个基督教的、宗教性的回答,本质上是反哲学的,因为它是关于耶稣基督的"启示",是圣保罗本人在特有的知觉中获得的启示("在大马士革途中相遇"),但大多数基督徒都是"凭言"相信了启示(归根结蒂,相信了圣保罗以及那些与他有相同"经验"的人的言语）。圣保罗见过耶稣，他知道耶稣死于"尘世的"卑鄙，复活于（永恒的）彼世的、荣耀中的生命[并且，为了确证这种"观看"，他急切地寻找空棺材以及"目睹"复活的见证人]。然而，这个"观看"像其他知觉一样，给了圣保罗以"主观确定性"，他所依据的"事实"是人的生命有可能在尘世中获得满意（或"应得的真福"），也就是人所"配得上"的"极乐生活"[这是从他自己的视角看。只因为人在上帝眼中是"配得上"真福的，而只有上帝能够现实地使那些被他认为"配得上"真福的人以"真福"，并且只给予他们。另外，上帝的"判断"可以是"独断的"或"自由的"，甚至"非理性的"，即并非随时随地（并非"必然地"）相同的，因为他可以不基于理性，而是基于爱]。这个"观看"没有保证现实的满意，而只保证了满意的可能性，因此只产生了"希望的确定性"，即信仰。但这个信仰对宗教徒而言已足够，因为按定义，宗教徒满足于一种抗风险的保证，[58]即抵抗蔑视自我的风险。如果上帝通过变成人、生活、再像这般死去（因为如果相信上帝作为上帝曾经活着又死去了，这就是一种严重的"异端邪说"），又在他的快乐（"真福"）之荣耀（"被承认"）中作为上帝而复活，那么人只要在活着的时候"模仿"人神

(这种"对耶稣基督的模仿"是基督教"律令"的本质)就可以在死后获得一种"模仿"上帝生命的生命,因为人的生命也会变得"永恒"、"荣耀"和"真福"。并且基督徒"不可动摇的"信仰不过是对这种"神化"生命,甚至"神性"生命的"希望确定性"。

　　但康德这样的哲学家不能满足于一种原始状态的"知觉"所给予的"主观确定性",这种知觉没有用言语表达,即使这种知觉是独特的,即一种特殊的"可感经验"、所谓"神秘"经验也不行。人只有想以说真话的意图去言说,才能变成哲学家。然而,为了做到这一点,他应当把知觉(知觉明确地[按照内容]向他"揭示"经验实存,后者作为如此被揭示者,就是"现象",同时知觉也暗含地[按照感性张力与快乐悲伤情感]揭示客观现实性与给定存在)转化为概念,通过把知觉"剥离于"自身所处的此时此地(也就是说,通过把它们所"揭示"的本质转化成我们[任意]赋予其上的现象意义)。然而,康德知道他没有质疑(独特的)知性(圣保罗声称自己曾经质疑过)。并且就算他质疑过,他也不想作为哲学家,使用可以言成肉身的概念[这概念与(有死的)人-(不朽的)神相矛盾],否则概念脱离了自身的此时此地,就会变成对应的本质[实际上我们也知道,在黑格尔之后,甚至在康德本人那里,这概念就是一种人类自由的活动,它植根于斗争→劳动的人类起源的行动]。因为康德完全知道这种概念会与其体系其他部分相矛盾。

　　更何况康德起初曾(在《纯粹理性批判》甚至《实践理性批判》中)说,希望的"主观确定性"完全只来自于"道德义务"(Pflichbewusstsein)的"主观确定性"。但我们已经看到,在康德那里并非如此,因为"道德"义务对康德而言,只有当"彼岸"存在的情况下才有意义,所以这就导致了恶性循环(并非"辩证"循环),而不是在义务情感的确定性上建立对"来世"希望的确定性①。康德自己最终意识到了这一点。然而,他既然意识到了,就本应该寻找其他道路,至少要么放弃信仰(由于他的宗教"本性",他做不到,也不想做),要么放弃在哲学体系中话语论述。

---

①　如果"义务情感"真的是一种"意识的直接(即"不可演绎的")与料",那么(话语的)"循环"就是"辩证的"而非"恶性的"。但实际上,对于黑格尔和对我们而言并非如此。"行为主义的"经验和内省表明,这种"情感"无论何时何地都(即"必然地")被社会世界或历史世界所"中介",而具有这种"情感"的人就生活在这世界中并行动着。然而,显然我们不能从这种本质上"尘世的"(甚至时空性的)现象的"情感"那里推断出对彼岸的信仰。

这"其他道路",康德以为在后来的美和生命的知觉那里找到了答案[美(正如善和真一样)是愉悦情感的"一种",知觉有时包含它,由于知觉"揭示了"(给定存在这个概念的)词语符号的意义,所以知觉是存在论的基础。另外它还是("世俗")爱欲的基础、(宗教性)神话的基础、("纯粹")数学的基础(作为("世俗")默示的真理),以及艺术(包括诗歌)的基础],他把知觉转化为概念,并在《判断力批判》中曲行论述,这就是对第三个也是最后一个问题的回答。换言之,"基督学"对于基督教徒圣保罗的地位,就相当于《判断力批判》对于基督教哲学家康德的地位。

为了理解刚才所说的,应当回忆一下康德体系的结构,康德在"方法论"第三章(没有子小节)阐述过,其名为"纯粹理性的建筑术"。这章有重要的哲学意义,所以有必要长篇翻译一下(尤其是因为至少在法国,人们现在不大看《纯粹理性批判》的这一个关键部分)。

康德首先说:

　　我所理解的建筑术就是各种体系的艺术。由于体系的统一性首次(allererst)使常识转化为科学[或**知识**],亦即使知识的一个简单聚集成为一个体系的东西,那么建筑术[60]就是对我们一般(überhaupt)知识中的科学性的东西的学说(Lehre),因而它必然属于方法论。

在理性的体制下,我们一般的知识无权成为幻想曲,而必须构成一个体系,唯有在体系中这些知识才能支持和促进理性的根本目的。然而,我把体系理解为在一个理念[统治]之下的,[被建构的]**杂多知识**[为真,不能矛盾]的**统一性**[因此整个理念是知识的总体,亦即作为体系本身或(话语)真理的一而全话语,前提是理念要被曲行论述]。这个理念就是有关一个整体[＝总体]的形式的理性概念,前提是,通过这个概念,不论是[真知识的]杂多东西的范围(Umfang)还是各部分相互之间的位置都先天地得到了规定。所以这个科学性的理性概念包含有**目的**和与这目的相一致的整体的形式。**一切**部分都与之相联系,并且在目的[一而全话语]理念中它们也相互联系的那个目的的**统一性**,使得**每个**部分都能在其他[部分]的知识那里被确认为缺席的[亦即如果任意部分是现实地缺席的,那么它就会在其他部分那里缺席],也使得没有任何偶然的增加,亦即在完善性[Vollkommenheit]上不具有自己先天规定界限的任何不确定量发生。所以整体就是节节相连的(articulatio),而不是堆积起来的(coacervatio);它虽然可以从内部(per intus susceptionem)生长起来,但不能从外部(per appositionem)来增加,[意思是这个整体的生长只能]像一个动物的身体,它的生长并不增添任何肢体,而是不改变比例地使每个肢体都更强更有效(tüchtiger)地适合于它的目的。(前揭;III,538,20—539,II.)

这个文本非常明确清晰,无需评论和注释。只需强调,康德体系对康德而言是话语真理,就是一而全的话语,因为它本身是一,并且(在真理的类中)自类唯一,也因为该体系(至少潜在地)蕴含了人以说真话的意图所能说出且不矛盾的一切话语:体系可以在内部通过其包含的概念进行曲行"展开"(其构成性要素的展开不过是一而全的话语"理念"的话语论述,话语论述就是理念,理念就是理念本身),但狭义上(即不与自身矛盾,且具有说真话的意图),外在于自身的、从某个位置和瞬间从外部增加一部分的话语并不存在。

　　但如果我们冒险尝试评论上述引文,我们会
在康德本人的下文中发现(康德发展了一种完全
"黑格尔主义"的哲学史构想①):

---

①　我想借此强调"方法论"的第四章亦即最后一章,题为"纯
粹理性的历史"(这章只有两页半),否则就会到后面再停
下来论述这部分了。康德本人承认这只是一个梗概,仅
仅指出了在完整体系中的未来发展的位置。但对我们来
说最重要的是,康德已经看到后来黑格尔所说的一个事
实,即(话语的)知识体系必然蕴含一而全话语(即该体系
之所是)的历史(历史的演变),亦即(对于黑格尔的)短暂
历史,所以知识体系也可以呈现为一个其本身之降临所
经历的历史。——另外,康德非常简短的评论足以表明
他很好地理解前科学的哲学史的意义和范围(虽然他也
因不了解哲学史而出名)。为了表明这一点,我仅翻译第
二点,对哲学史演变的论述。"在纯粹理性知识的起源方
面,[为了知道]这种知识是从[时空]经验中派生出来的
呢,还是不依赖于经验而在[被视为非时空的]理性中有
其[所谓非时空的]来源。"康德如是说(前揭;III,551,
15—29);"亚里士多德可以被看作经验主义者的首领,柏
拉图则可以被看作理性主义者。在近代追随前者的洛克
和追随后者的莱布尼茨(虽然莱布尼茨与柏拉图的神秘
体系(在"神话"的意义上)相差甚远)仍然没有能够给这
场争执(Streite)以任何了结。[可以说]至少伊壁鸠鲁按
照他的感觉论体系来处理问题在他这方面要比亚里士
多德和洛克(但尤其是后者)要一贯得多(因为他从来也
不使他的推论[或三段论;Schlüssen]超出[时空]经验的
界限之外),洛克在把一切概念和原理都[只]从经验中推
导出来之后,又在对它们的运用中走得如此之远,以至于
主张,我们可以把上帝的实存和灵魂的不朽(虽然这两种
对象都完全处于可能经验的界限之外)都像任(转下页注)

　　[哲学的]体系[62]似乎开始是残缺不全地、随着时间的进程而完备地形成起来,就像蠕虫(Gewürme)一样,通过一种基于[偶然]搜集到的概念单纯聚集形成的模糊生成

---

(接上页注)何一个数学定理一样[曲行地]明白地加以证明(beweisen)[亦即"无需争辩地""无法反驳地"][康德错误地以为数学定理属于严格意义上的*话语*而非*计算*]。——这个短段落指出了很多关键点。首先,康德明确地、彻底地站在亚里士多德立场,反对柏拉图[康德这里没说,但他曾在《纯粹理性批判》中声称,他站在亚里士多德立场上结束了那个"讨论")。然后,他批评柏拉图的"哲学神话"(即批评柏拉图的"仿佛","仿佛"展现了严格意义上的话语,即真理或似真者,然而康德绝不容忍这种混淆,他不想在他的体系中说出这样一种"伪装"),显然从文本中可得出结论,柏拉图的这些"神话"本质上都针对"上帝"与"不朽灵魂"。至于亚里士多德主义,康德认为伊壁鸠鲁是它最一贯的代表,虽然对于康德的同时代人,伊壁鸠鲁体系甚至是无神论体系;虽然康德本人也在括号里说伊壁鸠鲁的"一贯性"(即无矛盾)恰恰因为他从不言说非时空之物。最后,康德批评了"历史上的"亚里士多德,对康德而言是指"柏拉图主义的"那个亚里士多德,甚至还有(这证明康德是非常敏锐的。他其实仅通过经院哲学家了解亚里士多德,而经院哲学家只把亚里士多德当作有神论者,即柏拉图主义者)他的后人,康德用洛克代表他们(这是康德的另一个敏锐之处),康德批评他们言说"上帝"和"不朽灵魂",(但他们没说也没意识到)话语的这部分其实是仿佛为真。他们理解的真就是严格意义上的本义的真,但是他们自己的体系却说(至少暗示了)这个话语只能以仿佛的方式说出,也就是说,我们可以在生命中,甚至在话语中使用这些词语,仿佛这些词语是真的,但绝不能说它们"确实为真"。

(generatio aequivoca)，尽管它们在只自我展开[即"进行"的字面义；auswickelnden]的理性中全部都有自己的图型作为原始的胚胎，因此不仅每一个体系自身都被按照一个[一而全的]理念而分出环节，而且此外所有的体系都重新在人类知识的[唯一]一个系统[即真话语知识]中作为一个[有机]整体的各环节而合目的地(zweckmässig)相互结合起来，而[从而]允许有一切人类知识的某种建筑术[即本义上，话语的或真的]，这种建筑术在当前时代由于已经搜集了如此之多的材料，或是可以从古代建筑已倒塌的废墟中取得如此多的材料，就不仅仅是可能的，而且甚至是不会很困难的了。（前揭；III，540，12—23.）

现在让我们来看，根据《纯粹理性批判》的"建筑术"，康德本人的哲学体系结构究竟是什么样的。康德如是说：

　　　人类理性的[即话语的]立法(即哲学[作为一而全的话语])有两个对象，即自然和自由，所以它一开始就不仅把自然法则也把道德律包含在两个特殊的(besonderen)哲学系统中,但最终是包含在唯一的哲学系统中。自然哲学针对的是**一切存在之物**,道德哲学则只针对那应当存在之物。

但是,一切哲学要么是由纯粹理性而来的知识,要么是由经验性原则而来的理性知识。前者叫做纯粹哲学,后者叫做经验性哲学。

于是,纯粹理性的哲学要么是在**一切**纯粹先天知识方面检查理性的能力的一种入门(预习),即[纯粹(理论)理性和纯粹实践理性的]批判,要么其次,是纯粹理性的体系(科学),[亦即]出自纯粹理性并[揭示于]体系的背景下关联起来的全部(真实的和幻象的(scheinbare))哲学知识,[那么它]也就是形而上学……

形而上学分为纯粹理性的思辨的运用的[即话语的]形而上学,和实践的运用的[即主动的(但在体系中,显然只涉及"理性的实践运用"、"自由",甚至"道德"概念的**话语论述**)]形而上学,所以它要么是自然的形而上学,要么是道德的形而上学……但是思辨理性的形而上学是我们通常在[词语]更严格的意义上所称呼的形而上学……

狭窄意义上的所谓形而上学[即[63]自然形而上学]是由先验哲学和纯粹理性的自然学所组成的。前者只考察在**一切与一般**(überhaupt)对象相关的概念和原理的系统中的知性和理性本身,而不假定(annehmen)客体会被给予(到直观中)(即存在论);后者考察自然,即被给予的[全部]对象的总和(不论它们是被给予感官的[即给予时空性的直观或知觉,这种情况下它们可以产生一种知识,即真的话语知识],还是[诉诸根本不能言说之物,或至少无法无矛盾言说之物]被给予另一种类的[所谓"理智的"]直观的,如果我们愿意这样说的话),因而就是**自然学**(虽然只是合理的自然学)。但现在,理性的这种合理的自然考察中的运用要么是自然性的,要么是超自然性的,或不如说,要么是**内在的**,要么是超验的。前者[理性的运用]是在自然知识能够被(具体地)(in concreto)应用于[时空]经验这个范围内针对着自然界的,后者是[针对着]经验对象的超越[überstegt]于一切[时空]经验之上的那种连结(Verknüpfung)的。因此这种超验的自然学[它不能无矛盾地话语论述,因此它是"**虚假的哲学知识**",上文已经揭示了这一点]要么以**内**部连结为自己的["**虚假**"]对象,要么以**外**部连结为自己的对象,但两种连结都是**超出**可能经验之外的[即超出了可产生无矛盾、可话语论述的概念的那些知觉的范围];前者是全部(gesammte)自然界的自然学,即先验的**世界知识**[在超越的意义上(?),康德在半页后将其称为"理性宇宙论"],后者是全部自然界与一个超(über)自然的存在者的关联(Zusammenhangen)的[自然学],即先验的上帝知识[在超越的意义上(?),康德在前文称之为"理性神学"]。

相反,[真正的、话语的]**内**在的自然学把自然界看作一切感官[即知觉]对象的总和(Inbegriff),因而是看作自然界被给予我们的那样[甚至看作"现象"],但只是按照它一般地由以能够被给予我们的那些先天条件来给予我们的[因为它一直是"纯粹哲学"而非"经验的"]。但它只有两类(Zweierlei)不同的对象:1. 外感官的对象,即这些对象的总**和**,即**有形自然**;2. 内感官的对象,即**灵魂**,以及根据一般灵魂的基本原则而来的思维着的[即话语的]**自然**。有形自然的形而上学[或更准确地说,内在自然学]叫做**物理学**,但由于它只应当包含物理学知识的先天原则,[应该叫做]理性的物理学。思维着的自然的形而上学[即内在心理学]叫做心理学,但由于上述同样的原因,它在这里[即在"纯粹哲学"中]只能被理解为心理学的理性的知识。(前揭;III,543,18—544,2;544,9—11;544,19—20;546,16—547,10.)

为了帮助理解这段长引文,我们把它的内容总结为下表:

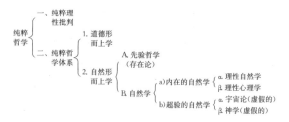

要解释这个图表,首先要搁置"经验主义哲学"。对于康德,这里只有通常意义上的"科学",也就是对我们而言的话语综合(广义上的不自相矛盾的话语),而不考虑话语在绵延-广延中的经验实存:这才是我们所谓的"-图像学"(-graphie)(或"-测量学"(-métrie))。

注意,康德把全部数学排除出一切哲学之外(以及基于数学的各种科学,例如牛顿物理学)。因为他在一条注释中明确地说自然形而上学完全区别于数学（前揭；III, 547, 30）①，也区别于普通物理学（physica generalis）（前揭；III, 547, 28—37）。因为康德认为，一切理性知识要么是[来自于]概念，要么是[来自于]概念的构造；前者是哲学的知识，后者是数学的知识。（前揭；III, 541, 18—20）②我们这里不能解释这个引文（前揭；III, 468, 26—476, 27），只能说康德将哲学的"理性知识"（Vernunfterkenntnis）对立于数学的"理性活动"（Vernunftgeschäfte），因为前者是话语的，而后者是构造的。

　　至于《批判》，很可能在《纯粹理性批判》第一版（1781）的时候，康德只知道一种"批判"，即作为体系的一种（系统）导论。到了第二版（1787），他可能已经构思了《实践理性批判》（1788 年出版），虽然"方法论"部分几乎没变，第一批判的第二版[65]的文本丝毫没有涉及《实践理性批判》。无论如何，确定的是，康德在 1788 年不清楚《判断力批判》（1790 年出版）。但我们会有机会在后面谈到它。

　　只剩下解释严格意义上的体系结构了。首先

---

① ［译按］A847/B875.

② ［译按］A837/B865.

关键的是,这个结构显示出一种彻底的极端的二元论。可以说自然形而上学和道德形而上学之对立就像是与非的对立,这种模式一点也不例外。因为根据康德,人类的自由被定义为不可消解地对立于人类本性,而通常的自然,也就是"可能经验",按康德的定义,它不可消解地对立于任意形式的自由,因为自然,和揭示自然的经验,二者的特殊特征就是绝对的、总体的因果性或必然性。如果体系的两个部分重合于针对同一个唯一的对象,那么二者必然相互矛盾,而如果人平行地既作为自然存在又作为自由行动者,或者说如果自由的行动("自由")应当在自然世界("自然")中有具体后果,那么二者的对立就体现在人身上。康德完全意识到了这一点,正如他写的很多段落那样,我们可以比较随意地选这一段("法规"的摘要):

> 先验的自由要求这个[实践的、自由意志的]理性本身(就其[事实上]开始一个现象序列的因果性而言[而按自身定义,这个开端以某种方式被先于它的现象序列所规定])独立于感官世界的一切其规定作用的原因,就此而言先验的[自由]看起来对立(zuwider)于自然律,因而对立于一切可能的经验,所以仍

然是一个问题。（前揭；III,522,1—5.）

毋庸置疑，康德的这个"问题"是"雅典"与"耶路撒冷"之争的诸多形式之一。因为这个"问题"的产生条件仅仅是：既把人设想为符合犹太–基督教人类学（灵魂＝玛那＝否定性），也把自然（包括"自然"人）设想为符合古代或异教的宇宙论（灵魂＝本质＝同一性）。前者认为人必然在任何时空下同一于自身，这种自身同一性就是他的"本质"或"本性"，其本性在所有方面都跟其他自然存在相似。后者只承认唯一一种同一性，这种同一性[66]以因果性或法则性等等的名义，要求自然事物的表面变化不能碰触事物的"本质基底"，后者永恒地保持同一。因此康德的"问题"必然是向一切真正基督教的哲学提出的。他也向笛卡尔提出这问题，后者在《私人沉思》（*Cogitationes privatae*）①中承认"自由是一个谜"。

但康德特有之处在于，他的问题争论焦点不像笛卡尔和其他人那样位于人与自然之间，而是在人本身的内部。因为上述引文将实践理性或自

---

① ［译按］笛卡尔 1619 年笔记残篇，由 Foucher de Careil 命名。见 AT 版笛卡尔全集第十卷，213 页以下。

由意志对立于可能经验的总和,后者对康德而言很大程度上是理论(或"纯粹")理性的产物,理论理性把因果性范畴等等强加于("现象")自然之上,即使因果性范畴与("现象"世界中人的)自由相矛盾。所以争论在人之内,或者说就是他的实践理性与他的理论理性之间不可消解的对立,甚至是他的意志与他的(话语性)思维之间的对立。然而,笛卡尔虽然区分了("无限")意志和("有限")严格意义上的思维,但他也承认二者之间有某种张力(意志可以错误地引导思维,但也可以拒绝思维的错误),然而笛卡尔把二者都纳入广义的"思维";他不但没有让二者不可消解地对立起来,反而把二者同一,因为广义的"思维"就是一切非广延之物,也因为意志并不比严格意义上的思维更"广延"。

　　另外,这使我们可以相对于笛卡尔体系来确定康德体系的地位。人们经常说在康德体系中,笛卡尔式的"广延"被纳入到(严格意义上的)"思维"当中了,因为康德认为时空"直观"是唯一主体的构成性要素之一,另一个要素是理性的或话语的思维,即符合自身"范畴"地"统摄"("直观"所"给出"的)"多"的"纯粹理性",但现在我们发现事实恰恰相反。事实上,康德认为是笛卡尔式的"广延"容纳了（"严格意义上的"）思维。因为不仅"纯粹[理论]理性"被时空框架所严格限制,绝不能超越时空(正如笛卡尔式"思维"也不能一样),并且纯粹理性(作为经验或自然的构成性要素)还对立于"[纯粹]实践理性"(=意志),正如[67]笛卡尔那里的(作为自然的)广延对立于广义的思维(尤其是其中的自由意志)。康德与他之前的所有哲学家相反,认为人是一种"希腊"意义上的自然存在(即本质上与自身同一,或者说以单义的、永远的方式被"自身的""本性"所规定,这里"自身的"是指"内在于"自身,或者与自己的绵延"共永恒"),不仅作为动物或"身体",而且还作为(话语的)思维和(逻各斯的)话语[另外康德认为话语和笛卡尔式的"广延"一样有时空性(但笛卡尔式的"思维"没有)];人之不同于动物或一切无言、有言的"自然",仅仅在于人有"自由行动"或"意志"(正如卢梭所认为的那样)。

　　无论如何,康德从一开始就知道他的体系内部有潜在冲突,以及道德形而上学和自然形而上学之间的矛盾,前者讲(只有)人是绝对自由的,后者反对前者,认为人(和一切事物一样)是绝对被规定的,康德本人从中看到一个"问题"。康德消除矛盾的方式众所周知:人作为物自身而自由,作为（时空的）现象而被规定。因为，如果说同一个东西同时在不同位置，或者一个东西在同一个位置既是其所是又是其所不是（即 A 且非 A，甚至 B），那么就会产生矛盾。然而康德没说人同时处于规定世界中（作为现象）的位置和（作为物自身）的另外的位置，因为物自身没有时间性，不能与现象同时间，并且物自身没有空间性，不能与现象分处异位。同样，康德没说人在同一个位置既自由又不自由（被规定），因为人作为自由或物自身，他根本就不是一个位置。

就算康德成功消除了体系中的矛盾，他也消除不了他所意识到的那个"冲突"，也解决不了他向自己提出的那个"问题"。

"冲突"仍然存在，因为人显然不满足于说自己是作为非时空的物自身而自由的。他所称的自身所是之意志，仍想自由地行动，而他显然不能说他可以在空间时间之外去行动。然而，他自己的（至少康德那里的）"理性"[68]迫使他说一切发生在某时某刻的存在都必然被限定而不自由。至于"问题"，康德也没解决，反而却明确了它，甚至通过删除产生问题的那个矛盾来使问题加倍了。因为康德是通过引入物自身来消除矛盾的。然而他自己知道这个概念绝不是一种"理论必然"，甚至不是"先验的必然"，即作为（话语的）经验可能性的，甚至一般融贯话语的必要条件。他反而说这个概念只作为"道德"或自由的必要条件"强加"于理性之上，并且这个可谓"先验的"条件，就是"上帝存在"与"来世存在"。因此非时空的物自身必然不只是人的自由意志，还有"上帝"以及"上帝的"世界。因此"问题"明确表述为双重问题：一方面要把"自然"世界和"上帝"世界相"协调"，另一方面要把人类自由与上帝存在相"和谐"。

　　当然，不要忘了这个双重"协调"对于康德而言不过是一种"信条"，因为它不过是对希望的主观确定性进行话语论述。因此"问题"的话语解决不可能是严格意义上的（话语的）真理：至多可以把这种"协调"视为或表现为仿佛为真（这和柏拉图说它是似真的完全不同）。但即使用仿佛的方式，这个解答也不自然，不能让精神得到"满意"，更不能让人"满意"。

　　至于"自然"世界（人在其中被规定）与"上帝"世界（人在其中是自由的，因为他的"来生"是否配得上幸福只取决于他的自由活动）的"协调"，断定二者是被唯一的上帝所"创造"的（因此上帝同时创造了自然人，包括其理论理性和自由人，即其意志或实践理性），这种说法毫无用处，因为斯宾诺莎-莱布尼茨式的"平行论"或"预定和谐论"的"解答"取消了自由，如同马勒伯朗士的偶因说[康德明确拒绝这两种解答，他正确地说这些回答都取消了范畴的"必然特征"，并因此通向了怀疑论[69](参考前揭；III, 128, 24—129, 22)]。唯一一个可想象的"解答"是康德提出的，他在柏拉图著名的"神话"文本中(也许他并不知道)重拾了一个观点：人在出生之前对自己的(规定)生命做了(自由)选择，正是这个生前的(自由)选择可以在人死后被上帝"承认"或"谴责"(而生命完全被自然世界法则和自己的自由选择所规定)：由于这个解答暗含矛盾，肯定不能让常理"满意"，因为常识永远不能理解，如果(自由的)选择已经确定了"最终判断"，那么之后，人在上帝面前表演的(预先规定了的)"世间"喜剧有什么意义和价值。

　　至于"问题"的另一面，康德不论从哪个观点出发都找不到"令人满意的"解答，甚至都想象不出比前面这个"解答"矛盾性更少的立场。因为如果说一个自由的、全能的上帝仅出于"乐意"而放弃了一个行动，并因此使人可以随意行动(同时承认，外在于时空的行动概念自身不矛盾，因为这是它实际上之所是)，那么我们无法明白，人之被赋予的东西为什么叫"自由的"：否则，苦刑犯可以"随意"在宫中散步半小时,或者小孩过生日时可以在家里"随心所欲",他们都可以叫"自由的"了。相反,我们不是很清楚为什么"上帝"不能或不想让他的"子民"在一段"短暂的感欲"(我们也不明白为什么要"忍受"这段旅程)之后不再忍受"无尽的"痛苦,也不明白如果人现实地做其想做,只承受自己之所想,那么这个上帝还有什么用,除了他能在一个人自愿或无意陷入"偶然"流动的危险洪流时,"起到""深渊洪流"所"起"的作用之外。

　　但上述问题在康德之前早就说过了,对他和他的(有意或无意继承他的)后人再说一遍没什么意义。我们关于康德能说的有意义的话,就是他在写《纯粹理性批判》时本应告诉自己的话。也就是说,"生前的自由行动"与"自由行动的上帝"两个概念是自相矛盾的,[70]就像所有"方的圆"那种自相矛盾的概念一样。因为如果"自由行动"有某种意义,它就是指把一个(客观上不实在的)未来的具体筹划转化为当前的客观现实,前者并不必然来自于过去,即不在所有时空下都来自于过去。因此,"自由行动"概念不得不蕴含"时间性",甚至一般的"时空性",并且因为自由行动还是客观现实,所以它蕴含的时空性就是(正如我们下文将看到的)空间-时间。因此"自由上帝"或"自由灵魂"的概念等同于如下两个明确自相矛盾的概念:"在空间-时间中的非时空存在"(Être-*non*-spatio-temporel-*dans*-l'espace-temps)或"不存在的客观现实存在"(Être-objectivement-*réel*-qui-*n'*est-pas)。

然而,康德本来应该对自己说这些话,因为他只想以仿佛的方式言说上帝和灵魂的自由行动,虽然他的宗教气质(由于他继承的有神论传统)必定驱使他像柏拉图一样言说上帝和灵魂。康德不得已屈从于其神学的仿佛特征,仅仅因为他知道对上帝和灵魂以真理方式不论(所谓)论述什么话语都会不可避免地向体系中引入矛盾,因为这种话语本身就是矛盾的,也就是说会与体系中非神学的部分相矛盾,而非神学的部分按定义就是无矛盾的。只有这样才能避免这个矛盾,因为,仿佛为真的话语(*Comme-si*-c'était-vrai)(它不是话语的似真者)不与真者(Ce-qui-*est*-vrai)之话语相矛盾。

但此时我们感兴趣的是"问题"的另一个方面。既然我们认为"理智世界"( = 永恒的自由上帝 + 不朽的行动灵魂 +"渎神的"物自身)有意义,就应当指出它的来源是什么,也就是这个"世界"如何被给予或被揭示于言说这个世界的人。然而，康德的整个《批判》全集都不承认任何"上帝启示"（Offenbarung）或"非感性的直观"（intellektuelle Anschaung）能给予某种意义。康德同意亚里士多德，康德的作品论证一切意义只能来自于（时空的或"可感的"）"经验"，用我们的术语就是指知觉。然而康德不承认有一种自成一类的"经验"（"神显"），例如圣保罗声称在大马士革途中所见。因为按照定义，这种"知觉"提取出的意义（脱离此时此地）就算不一定"自成一类"，也至少在任何时空下都只属于极少的"选民"，所以它不具有"普遍有效"（allgemein gültig）的特征，即无法被所有人在任何时空下"复制"，而意义必须有这种特征才能成为真理（真理融入一而全话语的体系中，没有矛盾，甚至是作为不可或缺的构成性要素）。所以康德只能在"日常的"、所有人都可到达的知觉那里寻找"理智世界"的概念意义的最终来源。然而，在《纯粹理性批判》甚至在康德描绘的整个体系当中，无法找到那意义的来源。

　　这意义不能在道德形而上学（基于［后来的］《实践理性批判》）中寻找，因为它只认识一种特殊所与，就是义务的意识（Pflichtgewusstsein），康德认为这种意识没有任何理论内容（因为它是行动的动机，不是知识的来源）。而自然形而上学（基于《纯粹理性批判》)整合了(理论)知识的总合,它也不能提供知识的来源。

为了解答这个问题,让我们看在《纯粹理性批判》第二版(1787 年)时,康德体系的理论部分。

康德本人在"建筑术"中如是说:

> 因此整个(ganze)形而上学体系[严格意义上的,即自然形而上学,它构成康德体系的**理论部分**]就是由四个主要部分构成的。1. 存在论。2. 理性[内在的]自然学。3. 理性宇宙论。4. 理性神学[宇宙论与神学构成先验自然学的两个部门]。第二个部分即纯粹理性的自然(Naturlehre)理论包含有两个部门:理性物理学和理性心理学。(前揭;III,547,11—15.)

康德从未制定他的存在论。但康德存在论主要在《纯粹理性批判》的"先验分析论"(论述"范畴"和"原则")中,正如康德本人明确所说:"……存在论这一傲慢的名称必须让位于那谦逊的名字,即只不过是纯粹知性的一种分析论而已"(前揭;III,207,18—22;亦见:III,94,36—37)。所以上帝与来世概念的来源不在康德的存在论中

[72]，因为整个存在论都被限制在"感性直观"领域，即时空形式。

相反，康德在《自然科学的形而上学初始根据》(1786)中描绘了"内在的自然学"。在前言中，他首先区分了（"历史的"）经验科学和理性科学（他主要关心这个），并且指出，从系统的观点看，"自然科学"被分为两个部门，康德如此定义二者的对象：

> 然而，自然……依据我们感官的主要区别而有两大部分，一部分包括外感官的对象，另一部分包括内感官的对象，这样，对此就可能有一个双重的自然学说(Naturlehre)，即物体学说和灵魂学说，前者研究的是广延的自然，后者研究的是思维的自然。（前揭；IV，467，12—17）

我们知道，这本书只包括物体学说的首要要素（灵感来自牛顿）（而灵魂学说是1798年《实用人类学》的研究对象），但只需引用几个词就足以表明康德认为灵魂学说是一种纯粹的自然科学，就像物体学说一样，不通向彼岸。另外，这篇文章印证了我们之前所说的康德与笛卡尔的关系，因为这里明显指出康德把笛卡尔的"思维"归入"广延",把前者看成一种纯粹自然的实体,甚至是时空的实体,而人之中的非自然成分只剩下了"自由",而自由是彻底对立于一切"自然"的(前揭;IV,458,2;康德严格意义上的自我,也就是意志)。

正如我们看到的那样,康德反对"先验自然学",将其置于"幻象领域"(scheinbare philosophische Erkenntnis,参考前揭;III,544,1,以及546,29—35),这是一个不可能配得上(话语)真理的话语领域。而"理性神学"被康德缩减为所谓"道德信仰",康德在"法规"中谈到它,并在《实践理性批判》(1788)和《单纯理性限度内的宗教》(1793)中详细展开,他认为道德自由,即义务,在根本上对立于一切自然之物,包括人本身"被给定的"本性/自然,他甚至把道德自由视作意志,而自由和自然的对立就像善与"根本的恶"之对立。然而[73]我们已经看到,不能把义务的情感看作先验概念之意义来源,因为康德认为只有在"上帝"和"来世"先被接受的情况下义务本身才有意义(参考前揭;III,520,17—24)。康德认为义务实际上出于防止自我蔑视,但根据一切宗教的根本公设,拒绝自我蔑视后产生的行动没有效果,所以它不能使人在尘世获得满意,所以义务只能产生在上帝彼岸那里终获满意的一种希望而已。然而为了让这种希望变成一种信仰，也就是说让希望能依据义务运作起来，产生行动，就需要一种主观的确定性，而这种确定性按照定义是实践哲学（"道德形而上学"）无法到达的，因为实践哲学只建立在义务的概念上。但是理论哲学（"自然形而上学"），即"存在论"与"内在的自然学"也不能到达主观确定性，我们刚才已经看到这一点了。因为这种对获得满意的、依据（道德）自由行动的、"主观的"确定性如果要来自于理论或知觉，其前提必须是，知觉能揭示义务（＝自由，＝意志）与自然（＝必然，＝思维）之间的协调或和谐。但恰好相反，康德至少在 1878 年①认为知觉所揭示的自然是彻底对立于自由的，这种对立是不可消解的，因为康德把自然定义为非自由，即必然，把自由定义为非自然，即不可知觉的或非时空的"物自身"，后者对立于仅仅作为自然的时空"现象"。

所以我们研究的主观确定性如果非得来自于基于知觉的理论哲学，那么前提必须是这种哲学包含"理性宇宙论"，亦即康德所说的关于自然整体（der gesammten Natur）的自然学。但他马上又

---

① ［译按］此为科耶夫笔误，应为 1787 年。

说这个(实现了的)自然整体超越了[可感的或经验的]可能经验(前揭;546,31—34)。但康德认为只有这种与超自然(Wessen über die natur)/上帝相关连的自然整体才能同样"关联于"作为自由行动者的人的"超自然存在",而这"关联"如果是"可知觉的",就能够也必须保证行动者的希望确定性,也因而保证使其行动的信仰,即使这种信仰反对人本身的自然/本性。

　　但康德就算在 1787 年承认其体系中的神学[74]不过是"道德信仰",即以仿佛的方式曲行论述的[矛盾的]话语,他也断然反对往体系中引入上述"宇宙论",虽然他似乎已经意识到了若没有这"宇宙论",实践哲学最终到达的希望就仍然没有主观确定性(这是一种理论的,甚至"可感知的"确定性),那么"道德信仰"与其说是强意义上的信仰,不如说是一种"神话",它也许是可能的[前提是我们错误地以为,这种神话并非矛盾],但绝不会是确定的,即使是在纯主观确定性的意义上也不会是确定的。换言之,这"神话"既非真[根据定义],也非似真,并且其曲行论述的"仿佛"性也没有任何基础,至少没有任何理论上的基础。

　　1787 年左右的康德体系可以用下表的左图来呈现。

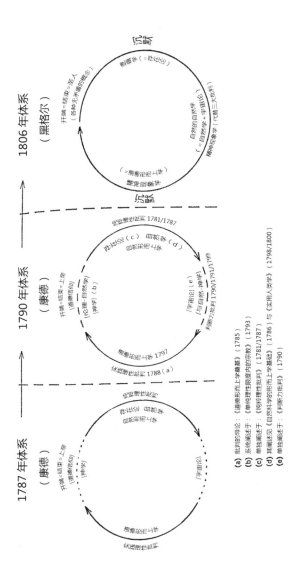

(a) 批判的导论:《道德形而上学基础》（1785）
(b) 系统阐述于:《单纯理性限度内的宗教》（1793）
(c) 单独阐述于:《纯粹理性批判》（1781/1787）
(d) 其他阐述见《自然科学的形而上学基础》（1786）与《实用人类学》（1798/1800）
(e) 单独阐述于:《判断力批判》（1790）

　　1787 年体系有两个空缺：一个是"宇宙论"，另一个是被仿佛方式所填补的"道德神学"，即"道德信仰"的曲行论述［并非明确展现为矛盾的］，康德以为道德信仰能从单纯义务中获得所谓的（主观）确定性。但我们看到实际上由于"宇宙论"的缺席，这个信仰没有任何（理论）基础，因而也没有任何主观确定性（因为义务的"确定性"取决于信仰）①。

---

① 而在《实践理性批判》(1788) 中，仅就我们关心的方面来看，情况极其复杂，体系完全站不住脚，但在这里解释这个文本会太长了。我们只谈如下。（著名章节"纯粹实践理性的基本法则"中话语论述的）义务被展现为（参考第七节与注释）一种"理性的事实"，也就是一种直接的、不可消除的"所与"，即"纯粹理性的唯一事实"。特别地，这个"事实"不能"从自由意识中演绎出来，因为这个意识没有被预先［先于义务的所与］给予我们，因为这个事实所需要的"理智直观"是人类按定义所不具有的。所以这个"事实"是一种柏拉图-笛卡尔式的理论上的"明见性"，康德一直［正确地］反对它，但他将其引入体系中并自行辩解，强调义务是这种事实唯一成立的情况。但这样的"辩解"不仅在我们看来算不上"证明"，在康德本人看来也算不上。不可能在这种"明见性"的基础上为话语的道德信仰的仿佛性奠基。因为如果神学可以建立在这种理论明见性上（神学必须是理论的，因为它先于并决定自由的"实践"明见性），或者从这种明见性中推出，那么神学就成了真理，而不是仿佛的东西。

　　所以，如果神学是信仰，则要么神学不能从理论明见性中推出，要么理论明见性不过是伪明见性而已，[76]即一种无确定性的甚至主观的断言。让我们看看康德本人怎么说。在 1785 年的《道德形而上学奠基》（转下页注）

(接上页注)(比《实践理性批判》早三年,作为后者的预告和导论)中,康德明确承认其处于"恶性循环"之中:一方面从义务情感的(不可消除的)所与中推出自由概念,而另一方面从自由概念推出义务概念(参考前揭;IV,450,18—29);康德把自由视为一种所与(从中可以推出义务概念,而不用预设义务概念)从而似乎解决了恶性循环;更确切地说,自由概念本身可以从一个事实或内省的不可消除的所与中推出,即从先天能力的主观经验中推出,"人凭借这种能力而把自己与其他一切事物区别开来,甚至在他被对象所刺激的情况下可以将他与自身区别开来"(IV,452,7—9):没有自由就没有先天知识,如果有自由就有义务,等等。(参考前揭;452,9—453,15)我们认为康德求助于话语的("已定义的")事实(即话语的原始事实,相对于错误公理而言,原始事实被设定为真);然而这才是黑格尔主义的甚至无神论的真正开端,从这个开端中不能"推出"任何彼岸("上帝"与"不朽")概念,因为这样一来"来世"就成了历史终结处的人类世界:没有(真)话语就没有自由,如果有自由就有(否定性或创造性的)斗争与劳动行动,最后历史终结于普遍均质国家,那时圣人-公民说出一而全的、循环的话语,也就是话语性真理。然而康德出于宗教动机,不想进行这种推理。并且在1788年的《实践理性批判》中他放弃了这种推理。在《实践理性批判》中,("道德律"的)义务情感才是不可消除的所与,从中可以推出自由概念。我们认为这是康德的错误:一方面,实际上内省之中,著名的"道德律"(在《实践理性批判》第七节表述)并不是不可消除的所与(后者是[肯定方面]"对欲望的欲望"[实现为]斗争→劳动,还有[否定方面]"烦"),而完全是一种派生的概念[它来自于对欲望的欲望,并且康德认为它似乎只出现于历史终结处];另一方面,如果把这种"法则"视为理论的不可消除的所与,即视为柏拉图-笛卡尔式的"明见性",那么这个体系就会在曲行展开这个所谓"所与"的(转下页注)

（接上页注）时候自相矛盾（归根结蒂该体系是有神论或
"神学的"，因为"良心［Gewissen］"不是话语性的；所以这
个系统在包含该"所与"的情况下不能推出自身，也就是
说不能自论证）。因为如果"道德律"是一种理论的"明见
性"，那么它应当曲行论述以便给人下一个定义：人是这
样一种存在，他如此行动，以使其行动的筹划成为一个
"普遍法则"；该定义的意义对应于人的本质（在"希腊语"
的意义上），人的本质在任何时空中都必然与自身同一；
这意味着人不是自由的，人所谓自己的"道德律"（自己的
"筹划"）实际上不过是自然的"普遍法则"；然而，正如康
德本人模糊看到的那样，话语预设了自由；所以，说"道德
律"是一种（理论的）不可消除的所与，这样说是矛盾的
（因为如果道德律是不可消除的所与，那么我们既不能言
说，更不能曲行表达这个［实际上自然的］"法则"）。如果
我们想把康德的错误"转化"为真理（通过把无矛盾话语
纳入一而全的话语中），就应当"颠倒"上述情况，而从自
由的不可消除所与中推出"道德律"概念（更确切地说：这
种不可消除的所与来自于由斗争→劳动行动所产生的对
欲望的欲望，而从斗争→劳动行动中可以推出自由＝否
定的概念）。但这样一来又回到了纯正的黑格尔主义，甚
至回到了无神论：如果这样推出"道德律"，那么不同于康
德的阐释，从这种正确阐释的"道德律"中不可能推出超
验概念（也就不能推出"上帝"和"不朽"）。实际上（正如
我们在黑格尔知识体系简短陈述中论证的那样），自由或
否定性不是虚无的，这仅仅是因为它经验地实存，作为斗
争→劳动的否定的/创造性的行动而实存，所以只有当创
造性的历史有一个终结的时候，话语性真理才有意义，这
样话语性真理就可以以"总结为"一而全的、循环的话语，亦
即自由概念的（无矛盾）话语论述（自由把人与自然无法
消解地对立起来，它的意义来自于对欲望的欲望的不可
消除所与，这种所与作为斗争→劳动行动而经验地实存，
同时，斗争→劳动产生了各种各样的话语，[77]（转下页注）

(接上页注)(所以这些话语可以被曲行地推出，它们定义了自由的概念)，这话语在自闭合的时候(在整体上，即在其结果中)是自由概念的话语论证，而这种话语归根结蒂来自于自由。自由概念(一开始在一个定义-筹划[définition-projet]当中被定义为行动的筹划)的话语论述也许最终可被总结为康德在"纯粹实践理性[＝自由]的基本法则"中所说那样："要这样行动，使得你的意志[即你的行动筹划]的准则任何时候都能同时被看作一个[空间上]普遍立法的[直接]原则。"(V,30,38—39)对于这个"法则"的意义，只有黑格尔主义的阐释完全不同于康德阐释。在这"正确"阐释(即不导致矛盾，甚至不通向神学)中，"基本法则"的意思是：要这样管理普遍均质国家[与绵延-广延共永恒、共无限广延]，使得当它在经验中实存时，让它保持与自身同一，或至少不要干扰它，并且当它尚未实存或尚未在全部地方实存(而只在某些地方，即作为"幼芽"实存)时，要加快它的到来，或至少不要阻挡它，也就是不要让它在绵延中推迟，或在广延中限制它的经验实存。为什么？因为只有当你的自由是对欲望的欲望，是被承认的欲望时，你的自由才会向你(作为行动筹划)揭示出来；只有当你的自由在斗争→劳动之中不断以否定自然的方式来创造历史(＝历史的、人类的、"人工的"世界)，你的自由才在经验中实存，而只有到被承认的欲望完全满意的时候，也就是普遍均质国家的时候，这历史才会终结。然而如果这个国家中实现的成果让人类欲望满意，那么人就可以不蔑视自己，不需要在这个国家之上希望什么(他唯一话语上"可证实"的希望是在普遍均质国家到来之前，希望其到来的主观确定性，也就是对未来普遍均质国家的信仰)。所以，自由概念的无矛盾话语论述所产生的信仰，是对于历史的或人类的"来世"的信仰，因而信仰如果变为话语性的，就不能包含各种超验概念了，所以从信仰中不可能无矛盾地推出"上帝"和"不朽"的概念，就像康德曾试图做的那样。另外，(转下页注)

（接上页注）康德似乎在《实践理性批判》中已经意识到了
这一点。因为他如是说："但自由在思辨[即理论]理性的
一切理念中，是唯一的这种理念，我们先天地知道(wis-
sen)其可能性，却无法理解(einzusehen)它，因为它是我们
所知道的道德律(作为自由的认识根据(ratio cognoscen-
di))的条件(Bedingung[在存在根据(ratio essendi)的意义
上理解])。但上帝和不朽的理念并不是道德律的条件，
而只是一个……我们的纯粹理性的单纯实践运用的条
件；所以，关于那些理念，我不仅要说对它们的[客观]现
实性，而且就连其可能性，我们也都不能声称是认识和理
解(einzusehen)了的。尽管如此，它们[这些理念]却是在
道德上被规定了的意志的运用的诸条件……这样，它们
的可能性就能够和必须在这种实践的关系中被假定(an-
genommen)下来，但却不是在理论上认识和理解它们。
对于后面这种要求(Forderung)来说，在实践的意图中它
们不包含任何内部的不可能性(无矛盾)就够了。"(V,4,
7—21)至于最后一点，康德完全搞错了，因为"上帝"和
"不朽"的概念实际上是"方的圆"那样的矛盾概念。但这
一点暂时不重要。重要的是，康德承认这两个概念(对于
我们而言这两个是同一个概念)不能从"道德律"的(理
论)概念中推出，甚至连"可能性"都不能推出(用我们的
术语说，就像非客观现实的存在)[按定义说，它也不在经
验中实存]。在《实践理性批判》中，康德尝试从"道德律"
的实践运用"推出"这些概念，但很容易发现这里的"推
出"完全不是"不可讨论的"。实际上，如果想要(正确地)
推出这些概念，就必须假设人在尘世中按"道德律"所做
的行动是无效的(参考 V,122,4—25)，以及人在尘世中不
可能满意(参考 V,124,7—20)。然而这个("无根据的")
假设不过是一切宗教的基本公设(它实际上作为人类现
象，预设了起源于人类的一种欲望，即对被承认的欲望，
这里以单纯拒绝蔑视自我的形式出现)，它既与"理论"无
关也与"道德"无关，也与如其所是的哲学无(转下页注)

（接上页注）关。因此我们又陷入了《纯粹理性批判》的"法规"一章的困境：如果不预设"上帝"和"来世"（＝"不朽"）的概念，那么"义务"（＝"道德律"）就毫无意义（参考III,520,17—24）［我们认为"上帝"和"来世"概念只能从宗教的公设中推出］。然而康德本人似乎意识到了，因为《实践理性批判》出版两年后，康德在《判断力批判》中说："但思辨［即理论］理性根本看不出（sicht ein）这一［指义务］意图的可行性（Ausführbarkeit）（无论是从我们自己身体上的能力方面还是从自然界的合作［Mitwirkung］方面）；毋宁说，思辨理性必然（muss）会出于这样一些原因，就我们能理性地做判断而言，把我们的善行（Wohlverhaltens）［即一种已获得的成功］从单纯自然（我们之内或之外的自然）中不假定上帝和灵魂不朽而得出的这种［纯自然的］结果看作一种没有根据的（ungegründete）和无谓的（nichtigen）、即便好意的期望（Erwartung；类比于希望，Hoffung），并且，假如思辨理性有可能对这［自己的］判断拥有完全的确定性（Gewissheit），它就必然会把道德律本身看作我们的理性在实践的考虑（Rücksicht）中的单纯欺骗（Täuschung）了"（V,471,21—28）。康德接下来说，由于上帝和不朽概念无矛盾，所以理性即使是理论的，也应当接受它们（并从中推出"道德律"的有效性），否则，理性一旦否定它们，就会自相矛盾，因为理性本身把"道德律"视为理论的"明见性"（V,471,28—33）。这些概念实际上是矛盾的，因此我们无法避免体系中引入的矛盾，但目前这对我们来说不重要。重要的是，一方面，康德明确承认在"思辨（＝哲学的）理性"与对上帝和不朽的"道德信仰"之间有不可消除的冲突。因为他说如果理性对自身绝对确定，那么"义务"和从中得出的"信仰"就是"空虚的"和"无根据的"，即纯"虚假的"。因此为了拯救"信仰"，康德必须甚至放弃纯粹理论的话语真理的理念，而投身于（有神论或神学的）怀疑论，这样就完美地解释了为何康德体系一旦去除神学就会出现空白（他的神学的话（转下页注）

(接上页注)语论述中只有"道德信仰");然而,这"道德主义怀疑论"等同于"道德信仰",与整个《纯粹理性批判》相矛盾,因为在书中,范畴为确定性知识奠基,确定性知识对立于一切怀疑论。另一方面重要的是,正如康德在《纯粹理性批判》中写道(III, 520, 17—24),对于理论(＝哲学)理性,义务概念和自由概念(实际上对我们而言,只有在自由可操作或有效的情况下,以及义务可以实现的情况下,这两个概念才有意义)只有在与上帝和不朽(我们认为这两个概念都被混同于超验概念,也就是超越给定存在,或超越时空性)相连的情况下才有意义(和实践价值)。因此康德认为,义务和自由概念应当被整体地抓取/给予/设定和理解。然而,我们认为只有假设了在尘世中一切行动都无效,即使团结在被承认的欲望相统一也无效的情况下,才能接受或"推出",甚至"论证"这个"整体",而只有宗教禀性之人才会做出这种假设,而一旦宗教徒创造了一种话语的神学,就必然会自相矛盾(虽然像佛教那样的无神论加宗教性是可能的,前提是在尘世中不可能找到满意,只能在彼岸的完全虚无中找到,即涅槃),因为上帝＝不朽概念排斥自由概念,而如果没有自由,我们就不能从话语中"推出"事实,结果我们只能要么沉默,要么自相矛盾地言说,毕竟应当说,(这是我们谈论上帝时隐含表达的:)人们不可能言说(那按照定义不可言明之上帝)。康德本应意识到这一点,因为在《实践理性批判》中,他认为仅从"道德律"的(理论)概念中不可能推出"道德信仰"的话语内容(康德诉诸一个宗教性的前设,即在经验实存的绵延-广延中不可能有善行[exécution],在如其所是的时空中,或在给定存在中也不可能有善行,更不用说在客观现实中了)。康德从中只推出了自由概念(参考 V, 4, 7—13)。另外,康德从这个演绎推理中看到了"恶性循环"。换言之,至少在我们看来,康德承认"道德律"和"自由"概念归根结蒂是同一个意义[我们认为意义的最终来源是对意欲他人欲望(转下页注)

因此该体系确实有两处中断,[79]因而它确确实实是一而全的、循环的①。换言之,这是一个怀疑论"体系",也就是一种[所谓无矛盾的]展现为不能回到起点的话语,就像一个有开端没结束的话语。然而至于"宇宙论"的空缺,康德本人明确承认这空缺,因为他认为自然形而上学是"开放的",因为它包含了"无限定的"话语论述(著名的"无穷任务"),就像道德形而上学将义务概念进行话语论述,但义务决不能凭借时空中现实化的行动来完成自身。[参考前揭;V,122,9—12:意志与道德律的完全适合(Angemessenheit)就是神圣性,[它是]任何在感官世界中的有理性的存在者在其实存的任何时刻都不能做到的某种完善性(Vollkommenheit)]。虽然康德以为或声称已经通过以仿佛方式论述神学话语而实现了自然形而上学与自由形而上学之间的"衔接",但(有意的、故意的)怀疑论者很容易指出这个所谓的"仿佛"不具有任何理论基础,所以没有任何确定性,甚至

--------

(接上页注)的欲望的意识,也就是意识到对承认的欲望和对苦恼的欲望[在我们看来是一个概念]:这两个概念也应当被整体地把握/给予/设定和理解。

① [译按]此处似乎为科耶夫笔误,应为"不是一而全的、循环的"。

没有主观确定性。然而一旦删除了康德的仿佛式神学，他的体系就无可挽回地破碎了，也就是说，康德本人也认为这体系不能再自称为真理的话语论述（按其定义是无矛盾的）了。

康德似乎本来完全能意识到这一点，并且应该能体会到寻找其希望的主观确定性之基础的迫切需求（也就是超验概念的意义来源），然而康德认为在这里，即在自然形而上学这里，只能找到一个基础，那就是知觉，更确切地说是那探讨自然的"宇宙论"，后者从整体上，也从与他者之关系上论述自然，然而康德起初想从他的体系中彻底排除掉他者。

这个"宇宙论"定义于 1781 年，却在 1787 年被废弃，康德在 1790 年又以《判断力批判》为名论述了它，这个题目的意义在于，在康德那里（但也许康德不这么认为），宇宙论是（"道德的"）神学的来源和基础[80]，类似地，另外两部批判分别是自然形而上学和道德形而上学的来源和基础。然而，这个类比远非同一，因为第三批判一方面不直接为神学奠基，而只是中介两个形而上学（这对应上表的第二个图，p. 75），另一方面，第三批判只把神学"证实"为一种信仰，即作为一种希望的确定性,康德认为这种确定性本身只以仿佛的话语方式有效。康德本人指出,确实有三部批判,但是严格意义上在体系中只有两个部分,也就是两个形而上学。《判断力批判》的内容很出名,不必在此概括或评论了。但它的"系统"阐释非常简短,我认为有必要写一下。

康德多次说第三批判的目的是通过在前两部批判之间建立纽带来建立其体系的统一性(因而建立一而全的特性,或单一性)。但他本人承认没有完全成功,因为三大批判所对应的严格意义上的体系只有两部分,这两部分不可消解地互相对立,即自由不可消解地对立于自然。康德用仿佛的方式论述第三批判,他所暗示表达的正是这种对立,所以有必要用同样以仿佛方式论述的"道德神学"来勉强"衔接"体系的两部分,而这个神学在第三批判中被"奠基"的方式类似于前两部批判中体系的两部分分别被"奠基"的方式,不同之处在于前两部批判是以严格意义上的话语方式论述的,也就是真理方式。康德想克服这个"非对称"体系,即伪一而全体系,从而获得能对抗一切怀疑论的话语性真理。我们现在要深入研究的就是这个伪"真理",它在这个二元论的伪"体系"中被曲行论述,并与三部"批判"相连。

　　康德与当时的心理学保持一致（似乎主要得知于特腾斯［Tetens］），区分了人的三种"精神能力"：认识能力，愉快和不愉快的情感，欲求能力（Begehrungsvermögen），康德分别称之为知性、判断力和理性。"知性"和"理性"已经在《纯粹理性（＝知性）批判》和《实践理性（＝理性）批判》中被分析了（这两个概念已经在原则上无矛盾地、完全地即"循环地"被曲行论述了），现在只剩下分析"情感"了，这将在《判断力批判》中进行（参考前揭；V，168，6—22）。

　　然而从序言开始，康德就预见到这个第三批判不会相应地成为严格意义上的体系的第三部分。因为他如是说：

　　　　对于纯粹理性判断［指广义的对知识体系的导论，当知识体系进行**话语**论述时，该导论分析体系内部的所有"能力"］，即对我们根据先天原则进行判断的能力所作的一个批判，如果不把判断力的批判［……］作为该［广义］批判的一个**特殊**（besonderer）部分来讨论的话，它就会是不完整的；尽管判断力的诸原则在一个纯粹哲学［或先天哲学，它不同于经验哲学，实际上也就是通常意义上的科学］体系里不应[dürfen]在[纯粹]理论哲学和[纯粹]实践哲学[所构成的部分]之间构成任何**特殊的部分**，而只能在**必要时**（im Notfalle）**随机**（gelegentlich）**附加于**（ausgeschlossen）**双方的任何一方**（jedem von beiden）[本段的意思似乎是，这种附加可以无差别地发生于两个部分中的一个或另一个，而不必说这个附加本身自然而然地（ipso facto）建立了两个部分本身的"衔接"，也不必说这个附加让两个部分之间遗留了"空白"。因为，如果这样一个体系想要有一天在形而上学这个一般的名称下实现出来的话[完全做到这一点是可能的，而且对于理性在**一切**（ganz vollständig）方面的运用（bewerkstelligen）是极为重要的]：那么这个**批判**就必须对这个大厦的基地预先作出如此深的探查，直到不依赖于[感性/感官]经验的那些原则之能力的最初基础（Grundlage）所在的位置，以便大厦的任何一个部分都不会沉陷下去，否则将不可避免地导致全体的崩塌。（前揭；V，168，23—37.）

通俗地说，这个奇怪的文本从第一句开始就

"使我们疑虑"。让我们惊讶的不仅是康德写出"在必要时""随机"这种表述,也不仅是康德承认有可能向体系中的两部分或任意一个无差别添加某些东西,却没有明确这对体系整体有什么影响。让我们最惊讶的是,康德[82]这里以几乎病态的方式放弃了对称性规则,有时甚至不惜违背常理(然而有时他确实是缺乏常理)。在此刻我们关心的问题中,似乎有什么无意识或"不可告人的"东西决定了康德的态度。我们将看到实际上康德拒绝其体系引入第三部分,对应第三批判,这就决定了他的体系(二元论,甚至有神论的)不同于黑格尔体系(三位一体的,甚至无神论的)。我们现在要解释该段文字,探讨康德之所以拒绝的动机和后果。

首先注意,康德又一次肯定了一而全的话语原则(由巴门尼德提出,黑格尔也主张),只有它亲和于(话语性)真理,因而它成功地对立于怀疑论。康德说批判(可以说是体系里的一个作为系统"导论"的构成性部分[类比于黑格尔的《精神现象学》])应当保证体系的一致性,这只能通过第三批判补充前两批判来实现。康德说第三批判防止"大厦的任意一个部分沉陷(进而导致全体的崩塌)"。但是是哪个部分沉陷？康德本以为前两部批判分别独立地保证"自然形而上学"和"道德形而上学"的基础和"不可动摇的"稳固性,因为康德本可以在不设想第三批判的情况下完成前两部批判。然而如果我们参考"法规"一章(参考前揭;III,547,11—15),就会发现除了"道德形而上学"以外还有四个部分属于"自然形而上学",其中两个,即"存在论"和"内在的自然学"完全被奠基于《纯粹理性批判》。而"超验的自然学",由"宇宙论"和"神学"组成,只有它为了稳固而需要第三"批判"来保证它的地基。然而,康德眼中的"宇宙论"显然只能在《判断力批判》的目的论部分中详细论述,而不能向其中添加任何本质上新的东西,同样,如果说康德曾经写过"存在论",他也只能在《纯粹理性批判》的"先验逻辑"中论述,而不能添加任何本质上新的东西(参考前揭;III,94,32—95,10)。因此第三批判除了"神学"以外,本质上不能确保任何其他东西的基础。

实际上,这个"神学"在第三批判中(§§79—91)以普通的题目出现:"目的论判断力的方法论",但它隶属于一个谦逊的名称:附录(Anhang)(在前两部批判当中,这个名称没出现过,在那里方法论都是作为"第二部分"出现)。我们在那里发现了在前两部批判中出现的关于"道德神学"的全部内容。所以可以说,第三批判之所以对于体系的"稳固性"不可或缺,是因为包含了"神学"。

更何况康德本人在《判断力批判》末尾段落承认了(之前他重新阐释了"道德信仰",而这已经在前两部批判中论述过了)如下观点:

> 所以一种伦理神学(Ethikotheologie)[即道德神学,它话语地展开道德信仰的内容]是完全有可能的;因为道德没有神学虽然可以凭自己的规则[即道德律]而存在,但不是凭借这种规则……的终极意图(Endabsicht),它不会使理性在神学方面显露出来。但一种(纯粹理性的)神学伦理学是不可能的;因为那些法则如果不是理性自身本源地(ursprünglich)给出的,而对它们[本身]的遵守[Befolgung]也不是理性作为纯粹实践的能力而产生(bewirkt)的结果,那么它们就不可能是道德的。同样,一种神学物理学也将是无稽之谈(Unding),因为它并不展示任何自然规律,而是展示一个最高[即神的]意志的命令(Anordnungen);相反,一种物理的(严格说是自然目的论的)[正如《判断力批

判》中描述的那样]神学却至少还可以作为对
一种真正神学的入门[纯粹理性的哲学要么
是所谓形而上学的、包含了神学的系统,要么
是一种入门,即批判(参考 III, 543, 27—
30)]:因为它通过对那些它提出了如此丰富
的材料的自然目的的观赏,而诱导出(Anlass
giebt)自然界所不能提出(aufstellen)的某种
终极目的(Endzweckes)的理念;因而物理神
学虽然使得某种……神学的需要变得明显
(fühlbar)起来,但却不能把这样的神学产生
(hervorbringen)出来并使之充分(zulänglich
gründen)建立在它的[批判性]证据系列之
上。(前揭;V, 485, 4—19.)

这里我们不解释康德所说的"伦理神学"是什
么,因为之前已经说过很多次了。唯独要注意的
是,康德很明白这[整个]神学的矛盾特征,因为他
简要[84]论述了由于"神学伦理学"是不可能的,
所以上帝(颁布道德,并保证人去实行)概念与自
由概念不相容。因此,从严格意义上说,神学不能
作为(话语)真理展现,而只能以仿佛方式(话语
地)论述。也正是出于这个原因,康德否定了"神
学物理学"的可能性(这会与《纯粹理性批判》的内

容相矛盾）。然而,《判断力批判》要是不以仿佛方式论述,就会成为"神学物理学"。就其本身,这部批判也的确是一种"神学物理学",按定义,它就像"伦理神学"一样,都不是(话语性)真理,而是(原则上无矛盾的)只以仿佛方式论述的话语。

无论如何,康德的话语"神学"(以仿佛方式论述)的基础[我们知道这基础非常不"稳固",甚至在康德本人看来也不稳固]不只是"道德信仰",即希望在彼岸获得满意的主观确定性。康德神学有另一个基础,就是第三批判的目的论。这目的论就像"道德信仰",都不过是一种主观的确定性,而不是真理。但它的巨大优点在于能从日常的感性经验中提取意义,进而从中提取"明见性",用我们的话说,也就是从知性中提取。因此第三批判填补了我们看到的康德第一个体系模型的空缺,康德本人本应指出这一空缺。

所以现在康德可以放弃那实际上过于"可疑的"主观确定性,因为它把对(彼岸中)满意的希望转化成了(所谓"不可动摇的")信仰,而信仰可以曲行论述成神学。因为康德现在可以把神学奠基于理论的(主观)确定性上,即归根结蒂奠基于实验的或感性的确定性上,这种确定性由《判断力批判》产生或更新。这种新确定性来自于如下事实：（自然的）人处于一个在自己看来显得美或崇高的世界里，并且人在其中创造在自己看来美或崇高的艺术作品，最后，这个世界在他看来就算不像一个生命存在，也至少像一个住着各种生命存在的世界，（自然的）人[85]本身也是其中一员。因此康德可以说人有一种"道德信仰"，即希望在彼岸获得满意的（主观）确定性，因为他（主观上）确信尘世既显得美和崇高，又显得充满了艺术作品和生命存在。①

　　然而从系统的观点看，康德的神学是用来统一体系的，因为它是自然形而上学和道德形而上学之间的纽带。由于在康德体系内部，自由或自由意志并非作为主动的、创造的甚至有效的否定性，而是作为人的同一性、本质，或"柏拉图主义的"理念（甚至是"异教"意义上的"自然/本性"），虽然自由[正确地，符合犹太-基督教人类学地]不可消解地对立于固定于自身同一本质的自然[这

---

① 有趣的是，在康德的启蒙时代，经院哲学——真-善的概念逐渐被——真-善-美（Unum-Verum-Bonum-Pulchrum）所取代。另外柏拉图也认为宇宙的美是神学的主要基础之一，与其并列的基础是自然的目的论，这在他看来是"明见的"（参考上文评论的《蒂迈欧篇》）。

也是正确的,并且符合"希腊"意义上的宇宙设想],康德也不好避免其体系的两个部分互相矛盾,二者分别论述了上面的自然和自由。康德只能通过区分现象和物自身,把物自身概念在神学中曲行论述[实际上这是矛盾的,因为康德认为物自身按定义就是无法表达的]以避免矛盾。该神学包括创造自然世界的上帝,与人的不朽(非时空)灵魂。神学创造这两个概念,目的是让自然和自由没有不可消解的对立,并进而让体系中分别论述二者的那两个部分也没有矛盾。

因此,如果第三批判应当为"神学"奠基,那么它应当作为体系两部分的纽带(就算是以仿佛的方式),连接其所对应的两部批判。然而它实际上就是这么做的,至少康德这么想,因为康德把导言的第三节命名为"论《判断力批判》作为把哲学的这两部分结合(Verbingdungsmittel)为[仅仅]一个整体的手段"(前揭;V,176,17—18),亦即第九节:"论[理论]知性和[实践]理性[=自由意志]的各种立法通过判断力而联结(Verknünpfung)"(前揭;V,195,2—3)。[86]康德的这个"联结"的实现方式太著名了,不需要在此总结评论。只需要回想一下康德把美和(自然的或人工的)崇高解释为"无[明确]目的的合目的性"(在艺术中它是有意识的、自发的），而把生命解释为无意识、非自发的合目的性。然而，合目的性一方面对立于（自然的）因果性，另一方面又实现于（自然）世界当中，所以它又与因果性相容；然而，合目的性类似于"出于自由的因果性"，义务和自由意志都需要合目的性来成为"客观现实的"/"被实现"进而作为现象向人类"显现"，否则义务和自由意志就会不可消解地对立于自然，因而让两个形而上学之间产生矛盾（参考前揭；V，195—197）。

　　然而在这种条件下，我们就更不能理解康德为什么不想把第三批判的目的论（＝"宇宙论"）加入体系当中（正如他把第一批判中的存在论加入体系中）作为"特殊的"第三部分（besonderer Teil），或换言之，为什么康德以为必须以仿佛的方式论述他的目的论。况且康德的追随者，特别是谢林从来没能明白康德学说的这一点，也不想在这条路上追随康德。实际上，康德把世界的美与"生命"视为"直接所与"或"心理学所与"，它们跟绵延-广延和"法则性"（康德称之为"因果性"）一样具有"明见性"或"可争论性"，并且它们在表现方式上完全相同于著名的义务情感。如果说第三批判的目的论或宇宙论之仿佛性是由于它指向现象而非物自身，那么第一批判及其对应的自然

形而上学也必须以仿佛的方式论述[其实第二批
判和道德形而上学也是如此],而只有神学能以真
理方式论述。然而恰恰相反,康德只以仿佛的方
式阐释神学(以及对应的第三批判),而把体系中
其余的部分都以真理的方式论述(包括前两部批
判)。虽然《判断力批判》建立了"联结",但康德的
体系仍然是异质的(即并非一而全的),因为体系
中只有一部批判所对应的部分[87](只有这一部
批判,或许因为康德不想把这部分看作体系之中
的一部分)以仿佛的方式[曲行]论述,而其余部分
以真理方式[曲行]论述。康德的后继者不理解为
什么康德这么做,因为康德很容易就可以建立同
质化体系,进而建立一而全的哲学话语,他只需要
像谢林一样承认第三批判也只以真理方式展开就
够了。如果我们想理解康德体系的这一点(却不
必追随他),我们应当尝试一下,如果把基于第三
批判的第三部分引入体系,且用真理方式论述的
话,那么康德体系会变成什么。

　　当然这一切都取决于第三批判的内容,它必
然规定了体系第三部分的内容。

　　虽然康德写第三批判的目的是寻找给定的自
然世界与自由意志人类之间的纽带,他也没想过
要"批判"斗争与劳动行为(其实黑格尔之前的任

何人都没想过），然而斗争与劳动要比人类的艺术活动更"令人惊讶"。第三批判分析的是"判断力"，这种能力似乎只能观察是者（ce qui *est*），而不能以某种方式转化是者，否则就有可能做出"错误的"判断。然而奇怪的是，康德所说的是另一回事。一方面，判断力确实是被动的，它本身什么也不创造。但另一方面，它自在地凭借自身来"判断"这个给定世界为美的或有生命的，而"批判"却论证了这种能力什么也不是，并且那种"判断"只在仿佛的方式中有效。这说明判断力是一种主动的能力，它产生了美和生命的概念，因为这自在的世界如果没有判断力就既不美也没有生命，也就不会这样显现。因此第三批判的仿佛，就对应于人类的一种特殊活动，它与理论的纯粹理性（＝知性）不同，它不把法则强加于自然之上，就像康德所说或我们将说的，它不（话语地）揭示存在的结构，也不揭示客观现实或给定经验实存的结构。①

---

① ［译按］给定存在（être-donné）、客观现实（réalité-objec-tive）和经验实存（existence-empirique）是科耶夫在自己的知识体系中自创的术语，分别对应康德范畴表的量、质与关系。给定存在的定义是："人们所言说的存在，即给定存在，是存在、非存在（＝虚无）及其差异的三位一体。这里的差异是概念作为概念（亦即时空性）。所以我们认为，哲学从起源之时就暗中谈到了给定存在，（转下页注）

(接上页注)并且至少从巴门尼德开始,哲学就开始明确地、独立地谈到了给定存在。通过谈论给定存在,哲学得以将其区别于经验实存,前者是宇宙的'层面',后者是另一个'层面',后者的绵延-广延是(由会言说的人类)作为现象揭示的。"(*Essai d'une histoire raisonnée de la philosophie païenne*, 1. *Les Présocratiques*. Gallimard, 1997, 第 300 页)客观现实的定义是:"从德谟克利特以来狭义的、物理(数学)的科学,只关心客观现实[通过亚里士多德主义的、'自然科学'的现象-图像学,对日食现象进行抽象][科学的言说越来越少,为的是测得越来越好,越来越准],只关心怎么把现象用其本身的方式保存下来,虽然这几乎是不可能的。而哲学,自从德谟克利特以来,应当在话语上不仅谈论给定存在(在['纯'数学的存在-测量学(Onto-métrie)所'中介'的]存在论之中),以及经验实存(在[由'自然科学'的现象-测量学所'中介'的]现象-图像学之中),还应当谈论客观现实(在[由'经典''力学的'物理学,以及狭义的、'量子的'甚至'原子的',反正不是'德谟克利特式的'物理学所构成的现实-测量学所'中介'的]现实学(énergo-logie)中,亦即在宇宙的中介'层面'上(科学在宇宙之中言说))。"(前揭,第 303 页)"(现实学所言说的)客观现实某种意义上介于(存在论所言说的)给定存在与(现象学所言说的)经验实存之间,并且明确区别于二者。(正如巴门尼德所看到的,给定存在完全是自身'连续''同质',所以可以说它没有严格意义上的结构,它的构成性要素都是同一的,即使[空间上]相互区分(从而得以[在时间上]形成差异),然而[阿那克萨哥拉在谈'种子说'时似乎已经看到了这一点]经验实存是彻底的结构化,不仅由于它的全部(现象的)构成性要素都相互区分(莱布尼茨坚持强调这一点),也因为它的每个(现象)要素都有一个(现象的)结构('最低的'构成性要素没有结构,它们是客观现实的,但不是作为现象的经验实存)。而客观现实,一方面是严格意义(转下页注)

因此判断力的运用是一种创造性的伪行动,它产生纯粹"主观的"伪世界,这种世界本质上不同于给定的自然世界(后者经过感性[＝知觉]的直观,被给予知性)。[88]因此康德在第三批判中谈论艺术,并非偶然。虽然他没说过艺术作品是由判断力所生产的,但他至少也说过,人类劳动的产品只有当判断力"判断"它为美的时候才是美的,即"艺术的"。因此判断力就其本身或对我们而言都是一种伪行动,一种对劳动的替代,甚至是对斗争的替代。但在康德看来这不是伪行动(谢林同康德的看法,谢林"动态的"哲学道路自始至终都受

---

(接上页注)上的结构化的,与经验实存一样,即它的某些构成性要素是(不可消解地)相互区分的,另一方面,它也由一些无自身结构的要素组成,正如构成给定存在的那些'同一'要素一样(这些'复合物'也不是客观现实的,而仅仅是'经验的',作为实存现象的绵延-广延)。另外,给定存在自身为一(甚至是唯一的一,至少是作为三位一体),而经验实存本质上是多(作为'单子'的、诸多自身结构化的单一体的复多)。然而,客观现实是不可消解的一对(作为二,或者二元),它对立于自身,正如 A 对立于非A,而该否定不至于将其化为虚无,也就是说非 A 与 A 地位相同,都是(存在的)某种东西,而不是彻底的无,纯粹的虚无。所以,某种意义上可以说客观现实是在给定存在'之内'(甚至在概念所'是'的时空性之内),通过不可消解地、客观现实地对立于自身,从而使自身结构化的。"(前揭,第312—313页)经验实存的定义,见本书法文版页码第 161 页。

康德第三批判的启发)。因为康德认为(审美的或目的论的)判断力的"判断"有仿佛的特征,这说明康德不认为这种"能力"可以客观上、现实层面上改造给定世界(黑格尔是第一个把这种改造能力赋予劳动行为的)。总之,根据康德的第三批判,人并非(像黑格尔所说那样)通过斗争和劳动来现实地改造给定的社会世界和自然世界,而是满足于对自然世界做"价值判断",这些价值判断没有任何现实基础,因此不能充分反映给定自然世界的现实之所是,但这些判断的特殊之处在于,它们不"妨碍"这个世界,而是现实地如其所与地将其搁置下来,即作为自然世界保留下来(而劳动改造这个世界的客观现实,改造为"技术的"或人类的世界)。因此判断力"批判"的这些"判断"只能在仿佛的方式中有效:它们仅仅是仿佛为真,因为它们并非真的为真,它们在客观现实中没有对应物(甚至在经验实存中也没有对应物,经验所揭示的实存不包含上述"判断",即不包含前两部批判所对应的经验,同样,作为尚未存在的人造品的来源,劳动的筹划也不包含这种判断),然而这些判断仿佛为真,因为客观现实不与其"相违背",并且没有对这些判断进行任何"反抗"(一旦要尝试用劳动来实际地改造客观现实,这种反抗就必不可少)。

显然,这一切都只严格地适用于审美的、目的论的、对于给定自然世界的"判断",不适用于艺术作品。因为艺术家生产客观现实的东西,这些东西是人生产的,[89]不是自然所生产的。但有趣的是,康德跳过了问题的这个方面:他的"批判"不关心艺术的生产,而只关心对已有产品的"判断"。所以给人感觉好像人生产艺术作品就像植物"生产"花朵,鸟"生产"啼啭。康德又一次确证了我们的这种感受,他把(自然的和艺术的)美定义为"无目的的合目的性"。我们很惊讶(如果我们不怕对哲学史进行"马克思主义"阐释的话)康德(仿佛没有特别"艺术的"禀性)详细地分析了人类(和自然)艺术活动的产品,认为产品里没有目的,但他却对斗争和劳动行为只字不提(这些产品从早到晚被这些行为所围绕,它不但与之"相牵连",并且毋庸置疑应对这些行为"有兴趣"),而在斗争和劳动行为中"毋庸置疑"存在着目的(而谢林则满足于强调人的艺术活动方面,却也完全遗忘了劳动的存在:对他而言,人只有作为艺术家[或对所与的否定者]时才是创造者)。

第三批判的这个很奇怪的地方,使得其对应的体系第三部分在真理方式中受到限制。第三部分将只能探讨:作为现实上(客观上)美的艺术作品的创造者的人;自然的现实的(客观的)美;有机体的实在的(客观的)合目的性结构。也就是说第三部分的研究对象等于谢林哲学的"第一时期"。然而很容易发现"谢林式的"三重对象不过是柏拉图在"目的论"对话中谈到的人与世界,也就是《蒂迈欧篇》中的真与似真(而不是关于"数学"或"因果"的对话,柏拉图认为后两个是错误的):世界(宇宙)在现实上是(客观上)美的、有生命的,而人之为人就在于人"判断"这个世界(是美的、有生命的),并且生产艺术作品(但不是在与社会所与进行斗争或通过劳动改造自然所与的意义上说的)。所以用真理的方式论述第三批判一定会走到谢林那里,或者倒退到柏拉图那里,这两个是一回事。

　　然而柏拉图是哲学的有神论,甚至异教的有神论(谢林怀着令人困惑的"多神论"[90]和"神话"热情,实际上重拾了柏拉图)。实际上柏拉图像康德一样(但不一定像谢林),他们都有常识知道石头(康德把石头排除出目的论)、植物和动物不能根据自身的目的而"自组织"起来,也不能根据自身建立的艺术筹划来生产自己的"美"。而关于艺术家,康德和柏拉图观点一致,都有常识,都会说艺术家的"筹划"与使自然事物之为美和生命的那个目的一样缺乏"意识和自发性"。所以（审美的、合目的的"判断力批判"不管为真理方式还是仿佛方式，都使得我们）有必要把美和生命的目的看作超越于自然之上的东西，甚至超越了人类-艺术家的东西。换言之，第三批判如果用真理方式论述，就必然走向严格意义上的"柏拉图主义"的神学，也就是有真理价值的东西（谢林经过了"前苏格拉底异教"阶段，最终在晚年也接受了柏拉图主义，他把生命有机体"拟人化"或"神化"了，赋予它内在的目的，虽然他只"神化"了艺术家，而没有神化将军或工程师）。

　　然而，康德只想用仿佛的方式将神学引入其体系，因此他只想用这种方式论述第三批判，虽然他没什么特别有效的理由来证明为什么美学和目的论没有真理价值。康德把神学（无意识地、纯随机地）限制在自然和艺术美以及有机生命上［我们将看到这是康德迫不得已的］并将其排除出人类斗争和劳动的行动领域，这样康德就可以像柏拉图那样，从目的论中"推出""自然目的论神学"（*Théologie physico-téléologique*）（参考前揭；V，485，12—19）。但这神学没有超过作为《判断力批判》基础的仿佛方式的价值。

　　那么康德为什么拒绝把神学引入体系中作

为跟前两部分同等地位的第三部分？因为他知道这样做的话他的体系就会自相矛盾,不再"系统性",即不再一而全,不再为真。康德很有可能[91]的确没明白黑格尔让我们明白的道理,即一切神学都是自相矛盾的,因为"上帝"作为非时空的实体(这就是康德的"上帝")不是一个严格意义上的概念,也就是说不能无矛盾地曲行论述,而是一种矛盾的伪概念,类似于"方的圆"[圣像显然可以无矛盾地被思考,因为圣像没有言,它就像无意义的"符号",只在(宗教的)沉默中有价值]。但康德完全意识到了"上帝"概念(甚至被伪装成话语,以便不暴露内在矛盾特性)与符合犹太-基督教神话人类学的"人"的概念之间的矛盾。康德在《判断力批判》末尾,即上述引文中(参考前揭;V,485,7—10)说一种"神学伦理学"是不可能的[unmöglich;然而康德和我们想的一样,"不可能"指的是"矛盾的"],因为来自上帝的"法则"[归根结蒂,在"融贯的"神学、作为"-图像"或"科学"的神学中,一切都来自于上帝(科学进行抽象活动,因为科学是一种话语),虽然这种科学作为"-逻辑学"(-logie)是矛盾的(它按定义应该知道这一点),矛盾在于它作为关于不可言明之上帝的话语而否定自身]都不能是"道德的", 即不是自由的, 即并非完全植根于犹太-基督教人类学所构想的人之中的。然而康德作为哲学家, 坚定地支持这种人类学(这与其宗教态度有"生存论矛盾"), 似乎这种人类学所依靠的"明见性"要比"上帝"、"来世"甚至"不朽"概念更具有确定性, 更符合常理。加上康德偏爱用真理方式话语论述他的人类概念[他可以这么做, 因为实际上就像黑格尔后来证明的那样, 这个话语论述可以圆满完成, 即回到起点, 途中一个矛盾都碰不到], 为此, 康德就算把神学及其"基础"即第三批判扔到仿佛方式中也在所不惜。他以为这样就能避免体系内部出矛盾了, 因为神学不是其中的一部分, 或者说他认为一个只以仿佛方式曲行论述的概念不会[92]与只以真理方式曲行论述的概念相矛盾。

然而康德作为哲学家, 应为这个无疑非常"精明的"权宜之计付出巨大代价。在严格意义上的体系中, 即使前两批判后加了第三批判, 这个体系还是有一个空缺。然而, 甚至康德本人都知道一个空缺的体系不是一个大全的"体系", 而其实不过是一个怀疑论的("不定的")话语。康德只能(仍然非常"精明地")掩盖其哲学的怀疑论特征, 掩之以理论的"无穷任务"、"道德"或"实践"的"无穷进展",我们将重新谈到这些。

我们要问的是,如果不同于康德本人,我们"正确地"以真理方式论述第三批判,保留其对于基本概念即"神学"概念的"定义"和"限制",那么康德的体系会变成什么?

一般来说,"不可否认"的是,合目的性,亦即未来对现在的"规定"(而现在又被过去规定),是一种现象,也就是在由知觉所揭示的经验实存中不可消除的构成性要素。但同样不可否认的是,这个现象并非指作为生命有机体、艺术作品甚或自然的美,而是指(否定性的或创造性的)人类斗争和劳动的行动。所以自然而然可以把第三批判用于曲行论述("批判的",即排除掉一切与被论述概念无关的东西)这个"行动"。

同时,没有任何理由可以把这种论述置于仿佛方式中。实际上,如果涉及到自然的、艺术的或有机的美,那么常识确实准许这个方式,至少因为常识面对上述三种现象时流露出一种生存论的态度。对于生命有机体,人们无疑可以这样谈论它们,并对它们做出行动,仿佛它们的结构和行为是被(它们或上帝)所意欲的,这里的意欲是从人类的意义上来理解的。但如果为了无条件地接受这种"言说方式"的真理而删除这个仿佛,这就会变成幼稚的,且经常是荒唐的,甚至是危险的。例如,不满足于在动物园里的狮子园周围挖沟,理由是这些狮子为了逃跑,终有一天会用石头建造一个[93]楼梯——这种看法是幼稚的。同样,想训练猫来替代信鸽,假设是只要我们成功说服猫,让它们愿意飞,它们最终就能飞——这种看法是荒谬的。最后,把眼镜蛇放生在城市里,给它们充足的合适的食物并保证它们的安全,理由是它们这样就不想攻击人类了——这种看法是危险的。至于自然的美,当然完全可以说,美是自然本身或创造美的那位上帝所意欲的。但没有一个有常识的人会认为美会突然不被意欲了(或被人类的劳动或斗争所"歪曲"了)。最后,关于艺术,似乎有一种合目的论的解释更接近真理。但康德本人把美甚至人所创造的美定义为"无目的的合目的性",也就是一种"自然的"产品。艺术作品的现象,以及艺术家的"行为"似乎可以印证康德这种观点。因为所有人在曲行论述(甚至矛盾地论述)"艺术作品"的所谓"意义"时,都是讲它是作为一个人类劳动的产品而为"美的",并且它被生产出来就是为了成为"美的",但是没有人能话语地定义"美"的意义[这告诉我们,美的意义恰恰不是话语性的意义,而仍是一种"符号"或"价值",它的价值只在本质上沉默的静观中才被揭示]。所以不可能在话语上定义美的活动的"目的",同样,也不可能定义一只夜莺唱歌的"目的"①。

总而言之,就算接受了上述的仿佛,最好也别过分依赖于预设的目的,而应在任何情况下都把有机体当作一种过去的功能,而不是未来的功能,也就是说,要(以真理方式)用因果性原理来阐释("解释")有机体的结构和行为[我们认为因果性不适用于[94]无机自然,在后者那里只有法则性在统治]。至于美和艺术,我们应当认识到它们本质上沉默的特征,并且只像言说(自然的或人类的)沉默那样来言说美和艺术,而把目的一词留给那些可以曲行论述的诸概念。能意识到自身目的的行动的起点,这种起点称之为目的(目的=有意识行动的筹划)。

如果第三批判有了这样的独特研究对象,那

---

① 当然这并不意味着巴赫的赋格曲和夜莺的歌是同一种现象(康德似乎跟随柏拉图曾暗示这种倾向)。从话语的观点看,两种"音乐"无疑都是"沉默的声音"。但巴赫能言说,而夜莺不能。所以艺术是那些能言说之人的沉默。另外,艺术家的人性还有一个标准,那就是其艺术活动的产品对他来说有除了美以外的价值,也就是能满足被承认的欲望:他始终为他的作品而"自豪",而夜莺不会。

么第三批判就可以把分析生命概念的任务还给
"内在的自然学"[在康德那里这完全可能,因为他
说第三批判可以加入他体系中的理论部分],而内
在的自然学只要在因果性范畴框架内曲行论述
(同时在法则性范畴的框架内论述"无生命的"概
念),就可以在被扩充的情况下继续以真理方式论
述,并保持无矛盾状态。而美和艺术应当被还给
形而上学(实际上康德在第三批判中论述的美学
就属于其中),后者言说各种(无矛盾)话语与各种
(人类的)沉默之间的关系。

　　第三批判被缩减成人类斗争和劳动活动的
目的论,这就跟黑格尔的精神哲学重叠了,它的
作用不是神学的"批判性导言",而是犹太-基督
教人类学的"批判性导言",也就是第二批判和道
德形而上学的导言[康德承认有可能把第三批判
纳入其体系的实践部分]。同时体系的这个实践
部分是名副其实的。因为实践部分不是一种随
时随地都与自身同一的"道德",规定着人的不动
的"本性/自然",同时人被限制在犹太-基督教人
类学的根本构想之中。实践部分实际上是一个
"道德"哲学阐述(它是话语的,无矛盾的,完整
的,即意识到自身是话语的),人类在历史发展中
表现出这些道德,人从被承认的欲望开始,通过

斗争和劳动,在经验实存的绵延-广延中自我实现,从而创造了严格意义上的人类现象,对立于自然的现象。

总之,按我们的假设,康德体系必然转化为黑格尔体系[后者自我闭合,完全删除了神学的伪部分,并且补全了存在论,将其提升到了[95](第一)自主部分,随后是(第二)理论部分,名为"自然哲学"(包括康德的"内在的自然学"以及他之前拒绝放入的"宇宙论"),接着是(第三)实践部分,名为"精神哲学"(包含第三批判,它变成了真正意义上的合目的的;还包含"道德形而上学",后者变成了历史概念的无矛盾曲行论述)]。换言之,根据我们的假设,(宗教基础的)康德有神论体系变成无神论(非宗教)体系,后者有两个基础,一个是纯粹"希腊的"自然概念,另一个是纯粹犹太-基督教的人的概念。

所以可以理解,康德既不想用真理方式论述他的第三批判,也很不想只批判分析严格意义上"合目的的"现象,即只分析人类的有效的自由(否定性)行动,亦即胜利的斗争行动(为了被承认的欲望而发起)和成功的劳动行动(它来自于这个斗争)。康德想永远做一个宗教徒(更确切地说是"新教的"基督徒)。然而根据定义,一个宗教徒不允许(并且作为人也不能允许)自我蔑视(至少作为可行的生存态度),并且不敢或不想(作为宗教徒)承认人类(自由)行动的有效性。情感上如果觉得行动是绝对无效、无法补救的,即不可能对自己满意的话,那么必然会导致彻底蔑视自我(蔑视是失败现象中的一个构成性要素,同样,满意是成功现象中的一个构成性要素[但不是成功所伪装的失败现象中的要素]),所以这个[从"生存"角度来看是"矛盾的"]双重拒绝必然导致寄希望于彼岸世界的满意,在那里,行动是无效的,并且如果希望是主观上确信能获得满意的,那么这种满意就是超脱世界的满意,即超验的满意,也可被称为拯救[这种来自于正确意识自身的、来自于自身意识的融贯话语性论述的信仰,会产生一种寂静主义的宗教律令,它的拯救要靠完全的无行动,靠无神论的"神学",也就是把拯救等同于虚无化(如果说,完全的无行动现实地导致死亡,且这样的死亡是一种"被期待"的死亡,一种"希望中"的死亡,而非自杀那样出于(非宗教的)蔑视自我,那么,这种"神学"就是真的)]。如果对信仰进行有神论的(必然矛盾的)话语论述[96],就像康德那样的话,我们就得到了一神论或多神论神学,在其中,上帝世界有诸多生前死后的不朽灵魂,而它们的命运,即降临其上的满意(真福)或自我蔑视("地狱的"痛苦),取决于它们在尘世行动(如果说尘世中不能谋得满意,那么尘世行动按定义就是无效的)中超验的(对上帝而言的)有效性。而这有效性是由宗教("道德的")律令所保证的,宗教律令的确保方式要么是客观的,要么是作为希望的主观确定性,即信仰着有"正义的"一神或多神能将满意(真福)给予一切在尘世中按律令行事之人。

总之,康德像一切人和哲学家一样寻找确定性。但作为宗教徒,他只想在希望的(主观)确定性中,也就是在信仰中找到确定性。所以有必要在哲学层面上,只以仿佛的方式曲行论述那确定性的"内容"。这一方面是为了不把对彼岸拯救的宗教信仰(在康德这里是有神论的)替换成尘世满意的(哲学)知识(这是可能的;或甚至凭借智慧是现实的)。另一方面是为了避免在神学和宇宙论(二者以仿佛的方式论述,并且[错误地]被假定为自身融贯)之间有矛盾,同时避免在神学和严格意义上的(以真理方式论述的)体系之间有矛盾。

从这方面看,康德把仿佛的概念引入哲学,无疑是一个绝妙的"诡计",某些人说康德是"老滑头"(der listige Alte),康德的确配得上这称呼。
但我们很容易想到,这个基于宗教的哲学"诡计"
说明,一切不立刻因"无行动"(哪怕只是因饿)而
死的宗教的生存态度在各个层面上都是虚伪的。
这种虚伪在我们常说的罪那里一点也体现不出
来,我们常说的罪也就是反对宗教律令、不利于
拯救,甚至自动导致被罚入地狱的行动或意图
(＝一个不采取行动的、没有目标的筹划)。因为
实际上宗教公设了"尘世"中的行动是无效的,那
就意味着不可能有效地反抗"这尘世的引诱"
["引诱"之存在,[97]可以用二神论神学来解释,
神-魔斗争,也可以用严格的一神论神学来调解,
用神之"正义",或者弱一点说神之"善良"来解
释,他"宽恕""造物的不完满",虽然他就"意愿"
这种不完满(因为只有他是具有神性的,没有东
西能反对他的欲望,他不需要"惩罚",也不需要
"宽恕"那些从引诱中诞生的罪)]。宗教的虚伪
就体现于一切(活着的)宗教徒对于那些与拯救
在严格意义上毫不相关的事物的兴趣上,从他们
接受的律令来看,例如基督教对于审美价值,包
括服饰的价值就与拯救毫不相关。康德当然无
疑对那些事物感兴趣,例如他对物理问题感兴
趣,在公开著作中他似乎从那些物理解答中得到

了最深的"满意①",但从他的宗教律令(即他所称

---

① 关于虚伪,基督教宗教代表人物似乎各方面都保持最高纪录。毫不奇怪,我们和黑格尔(尼采后来重提过)一致认为,基督教是完善的资产阶级意识形态(亦即无主人的奴隶,它所谓"为了自己的利益"而劳动,但其实是为了获得他无法或不想通过纯粹名誉的流血斗争来争取的承认)。然而毋庸置疑,基督教是在被罗马帝国的有产自由民所接受、改编之后才占领世界的。有产者的虚伪在于他们称自己是主人,却不付出生命的冒险(然而主人其实只有凭借这一冒险才算得上主人),且为自己辩解,说他们不拿生命冒险是为了宣称一切人都有内在的"平等"(实际上这平等排除掉了纯粹名誉斗争的可能)。而基督教的虚伪主要体现在一方面设定了对既定的否定性律令或"道德"(这符合犹太-基督教把人设想为自由行动者),另一方面却主张尘世中一切行动都绝对没有有效性。这样一来,基督教有产者就可以批评一切,甚至对有产者世界中发生的一切"荒诞""卑鄙"之事感到愤慨,却绝不走向"革命"行动,绝不想实际地改造这个世界,他们的借口是,一切行动都是无效的,所以重要的仅仅是意图本身。康德在第三批判中的诡计在现代资产阶级世界中大行其道,它为"卑鄙行为""辩护",声称艺术家可以在这世界中"完全自由地"生产美的事物。(我们可以信仰,亦即主观上确定,这个世界有"拯救"[或在这个世界中获得满意],因为这个世界是美的[或者通过论述这个理念:"教化的"(cultivé)])。说康德是因为作为资产阶级所以才设想出仿佛概念,这是马克思主义者的"幼稚"与"庸俗",他们"幼稚"地说在康德的"前人"那里发现了康德概念的"来源",并满意于此(就好像康德不能拒绝在前人那里发现的任何东西似的)。作为敏锐的读者,我们可以(同黑格尔一道)说康德发明了仿佛概念,是因为他是基督徒,我们甚至(同黑格尔和马克思一道)可以证明基督教在旧石器时代不能出现,因为它以罗马帝国所实现的"社会条件"作为前提。

的"道德")来看,这种兴趣是"不正当的"。

诡计也好,虚伪也罢,至少康德是第一个把仿佛概念[98]和仿佛方式的论述引入哲学的人。所以我们要追问康德的这个概念对我们而言意味着什么。

对于康德,仿佛既非真,也非似真(就像柏拉图的神话对于柏拉图而言),但也非假或似假。实际上当康德以仿佛的方式肯定某物时,他想说的是人可以在世界中像人一样活着,就好像他所肯定之物为真似的。像人一样活着,也就是短暂地活着。依照仿佛而活的生命,首先应与生物性存在的(不变)给定条件相容。但像人一样活着,就意味着(自由地)沉默或行动。康德没有明确提到沉默[虽然他谈过艺术和美],我们实际上在这里排除了沉默,因为按定义,仿佛是一种话语性的现象。但我们既可以无矛盾地言说,也可以有矛盾地言说①。 康德将矛盾的言语排除于仿佛领域之

---

① 经验表明,我们可以(或多或少地)"在自相矛盾中"生活,也就是说,根据一种自相矛盾的理论来生活,我们接受这理论就好像它是真的似的。一个简单的例子帮我们理解这如何可能。例如一个理论包含"方的圆"的矛盾概念。如果把"方的圆"从中心向外作垂线,我们可知它的面积既等于 $\pi R^2 = 3.14\cdots\cdots R^2$,也等于 $(2R)^2 = 4R^2$。如果二者之差 $(4-3.14\cdots\cdots)R^2 = 0.86\cdots\cdots R^2$ 在生命有(转下页注)

外而未加证明,他认为仿佛本身并非矛盾(虽然实
际上康德的有神论神学是自相矛盾的。康德也
说,如果"仿佛"被错误地当成真理,就会与严格意
义上的话语性真理相矛盾)。最后,康德明确说人
能够且应当"符合道德地"行动,就好像这个行动
[99]有效似的,但是康德用真理方式主张的东西
却截然相反①。

---

(接上页注)机体的"变动"中可以被允许,那么这个(人
类)有机体就可以在(错误地)承认方的圆理论为真的情
况下生存与行动,而不会丧失生命。相反,如果在"理论
的"$0.86R^2$边缘的内部可能变动中,行动的变动超过了生
物容许范围,那么有机体必然死亡。这个例子解释了"经
验"(相对"粗略",不能确证被测面积是否符合圆或方的
"法则")为什么可以不显示理论的矛盾特征,也就是说,
("复杂的")话语论述掩盖了根本矛盾。正因如此,我们
才可以按照有神论的宗教律令来生活,而这种律令按定
义是自相矛盾的,因为它的根本概念"上帝"其实是"方的
圆"这种类型的概念。因为最"严格的"宗教戒律不接受
在生物容许边缘有不相容变动(偏离真理,或偏离可行的
"尘世道德")(虽然不相容变动会损害行使人的生命)。
所以一切戒律实际上都是可行的,尤其当律令被罪和虚
伪所削弱时。特别是虚伪,由于一切律令都接受"毫不相
关的"行动,人们完全可以对这些行动"感兴趣"而不会下
地狱,所以虚伪削弱律令总是可能的。

① 因此康德在"道德"(=律令)中是"反向的"虚伪者:他规
定了行动,但他认为这些行动"在真理中""实际上"是无
效的。然而资产阶级的意见会迅速"修正"这个立场,只
需禁止一切康德意义上的"道德"行动,也就是一切"否定
性的"、"革命性的"行动。他们修正的理由是(转下页注)

那么我们对这一切是什么态度？

如果一个学说实际上为真（正如我们认为——第三批判的生物-学、"无目的的合目的性"不过是因果性——这个判断为真），那么必须把这个学说纳入一而全的话语中，也就是不再以真理方式论述它，因为按定义这个学说并不矛盾，那么该学说在引入话语时不能与话语其余部分相矛盾。相反，如果这个学说自相矛盾，那么就要把它说出来，而不能以仿佛的方式把它伪装起来。一旦说它是自相矛盾的，我们就可以把该学说纳入一而全的话语中（当然要是没有人同意的话，这么说也"没用"），因为说该学说是矛盾的，这个判断本身为真（同样，说一个错误理论是错的，这个判断也是真的，如果问这个判断有什么用，它的用处就是把该判断引入一而全的话语）。所以乍一看，仿佛的概念好像没有什么存在的理由。但仔细一

---

（接上页注）这些行动是无效的（无效是指在"真价值"方面，即人的"道德动机"，以及"文化价值"方面[对后者而言这些行动甚至是有害的]）。基督教（或一般的宗教，只要是想在既定世界中维持自身，也就是成为教会的宗教）律令的构想是不要煽动"颠覆性"行动，也就是不要规定一些不与既定社会世界存在相容的行动（在这里是指资产阶级世界）。一般地说，如果我们想依照一种自相矛盾的学说来生活的话，那么最好（虚伪地说）尽量别进行强意义上的行动。

看,我们发现绝非如此,将仿佛引入哲学其实是康德的一大功劳。

实际上,经验表明(并且犹太-基督教也在知识体系内部论证该论点)人可以作为人那样生活,也就是说,可以让一个伪命题(无论从事实上对我们而言,还是就其本身,都是伪的)仿佛为真,只要人能行动起来,把世界改造得让该伪命题变成真的就行。换言之,康德的仿佛,只有作为对一个否定性的(=创造性的,或"革命性的")、有效的行动之筹划才有意义和价值。并且不可否认的是,人只有具有这种筹划时才称得上是自由的,也就是说,[100]按康德的立场,只有当仿佛对人有意义和价值时,人才是自由的。因为按真理来行动,即行动与经验实存或客观现实保持一致(按照定义行动也与客观现实相关),意味着人相对于经验实存不再是自由的,而是被经验实存所规定的。但是我们也看到,如果一个人有筹划(或者承认一个仿佛)却不想按筹划去行动,这等于想按照错误去生活,如果意义与本质之间的"差距"在生命容许的变动范围内,那么从生物上讲,这样的生活是可能的,但从人性上讲,这样的生活是不"可行的",因为人永远不会满意于他已知的错误(正如在筹划或仿佛中人也永远不会满意,因为按定义,仿佛不是真理,而筹划也需要预设"被筹划的东西"①
不存在)。一个仿佛的筹划后如果有有效的行动,
那么它就能以希望成功的主观确定性方式,也就
是以信仰的方式显现出来。但这种信仰是属于人
类的,更确切地说是准备行动之人所具备的。如
果一个仿佛并非行动之筹划,那么该仿佛就不能
创造对超验拯救的信仰,最终就不能信仰肯定性
的、"神性的"彼岸。最后,一个作为行动筹划的仿
佛,如果连发动起来都不可能,就只能产生一种病
理学的"信仰",从神经机能症的"乌托邦之梦"变

——————————

①　如果我们接受真理的(话语性)公设,那么按定义,一个
"矛盾的"筹划是无法实现的。实际上,只有当给定存
在作为"同质的"存在时,真理才是可能的:因此没有任
何行动可以把(与同质性不相容的)矛盾引入存在之中
(这就等于说矛盾是"不可能的"),也不能引入客观现
实和经验实存中(也就是说矛盾是"无法实现的","不
实存的")。因此依据矛盾的行动是反常的,并且表现
为缺乏理智(可以一直走向疯狂)并且不可避免地走向
失败。一个行动就算依照的是融贯的筹划也有可能由
于行动不足而导致失败,要么因为缺少主观行动,要么
因为缺少客观行动("物质上不可能的"行动)。理智喜
欢强调行动的"物质上的可能性",这样就总是能弱化
行动的("革命的")信仰。但理智如果没有信仰,就只
能接受给定(自然或人类)世界的可能行动,因而排除
掉一切真正自由的行动,也就是否定给定之物的行动,
甚至"创造性"、"革命性"的行动。人类(技术或政治
的)行动的根本特征是信仰(=伴随着主观确定性的想
象)的平衡。

成真正的精神错乱/疯狂。

　　我们可以用一个简单的例子解释上文。

　　一个人想如此生活，就仿佛真的可以在空中飞[或者，仿佛在一个君主专制国家中没有国王那样]。如果他只是这么说却从没以身试法，那么他就是做白日梦，或是个疯子（甚至是虚伪者）。如果他试了却没预先做什么，那么他[101]会摔在地上[或者以弑君罪被处决]，必死无疑。如果他为了实现筹划而去劳动，那么他会成为一个伟大的技术专家[或者，一位伟大的革命家]。上述道理对一个人是真的，对整个人类、这个"永远学习的伟大个体"亦然。如果在阿舍利时期，一个人说野兽的毛会从皮上掉落，并织成衣服披在人的身上，那么他就是"说谎者"、"空想者"或"疯子"。但后来的人们给这个筹划带来了重大的贡献，把这个错误的仿佛转化成了严格意义上的真理，他们就是历史上的伟大的技术专家（虽然我们不知道他们的名字）。

　　总之，我们同康德一道（他是第一个认识到这一点的人，为黑格尔开辟了道路）认为仿佛是哲学中不可或缺的概念，是知识体系中必要的构成性要素，没有它，体系就不能作为话语自闭合

但我们接受仿佛概念的前提是，仿佛的定义是
"有效的（即"创造性的"、"革命性的"）否定性（＝
自由的、有意识的、自发的）行动"。然而康德明
确反对如此定义仿佛。他认为归根结蒂，仿佛是
一个完全话语性或理论性的陈述，它不产生任何
有效的否定性行动。仿佛不是真的，因为仿佛不
能"被经验证实"，用我们的术语就是说仿佛的意
义不对应任何现象的本质（康德错误地以为可以
不借助仿佛概念来分析话语性真理或真话语）。
但仿佛也不是假的，因为康德认为仿佛本身并不
矛盾，没有什么经验"反对"它（对我们来说这跟
刚才是一回事，因为仿佛的意义不对应任何现象
本质，也不对应客观现实的本质，但是按定义，对
仿佛的意义的曲行论述不能"违背"应当"对应"
的本质，所以康德的仿佛话语论述只要不是自相
矛盾的，就不算假的①）。也就是说康德的仿佛，
[102]归根结蒂并不是指时空现象（用我们的话

---

① 我们也认为，仿佛＝筹划既非真也非假，或者我们也可以
说开始是假的，到最后是真的。但这个概念必然包含否
定性行动。如果没有否定性行动，那么"仿佛"概念要么
真要么伪，其真值取决于我们以仿佛方式"下判断"的时
刻。因此仿佛作为"生存论"现象，属于承认或语言能力
的言语表述领域，而不属于似真的讨论领域，后者是纯
"理论性"的东西。

说,不是指给定存在,也不是指客观现实,也不是指经验实存),而是指本质上非时空的物自身,也就是康德宗教主义和有神论那里的不朽灵魂、来世和上帝。

所以可以说,把仿佛=筹划概念排除到体系之外就等于把一个宗教性或"神学的"(话语性)构成性要素引入哲学体系。把非时空的物自身("积极的")概念(不同于虚无-涅槃的"否定性的"概念)引入哲学体系,就等于把上帝的(矛盾)概念的"神学"话语引入哲学体系,这就把该体系变成了严格意义上的神学(为了不与预设为真的犹太-基督教相矛盾,就必须以仿佛的方式来论述该神学)。相反,如果把物自身概念排除到体系之外,那就等于话语性的无神论,一旦其中加入了仿佛=筹划概念,就会变成无宗教的。

换言之,只要把物自身概念连同其附加的筹划概念排除出去,就可以把康德哲学(1790 年的)转化为黑格尔 1806 年的知识体系,正如我们在上表(p.75)右边两图中看到的那样。

因为,如果把非时空的物自身这一积极性概念排除出去,就会把一切超越时空的东西抛入沉默之中,它不再属于一而全的话语(对于超越时空的东西,我们只能说它不在经验中实存,客观上不实在,也根本不作为给定存在而存在,不[103]"对应"任何话语,因为超验的唯一充分[否定性]概念是虚无的概念)。所以康德体系中完全不存在以仿佛方式论述的"神学"伪部分,但是同样只以仿佛方式论述的"宇宙论"伪部分在与内在的自然学合为一体之后,形成了继"逻辑学"部分之后的第二个部分"自然哲学",成了体系中一个真正的构成性要素。而第一部分逻辑学由康德的"批判"存在论构成,因为存在之为存在已经被"时空化"了。最后筹划的目的论与康德的"道德形而上学"相结合,形成了知识体系的最后一个部分,"精神哲学",归根结蒂也就是"历史哲学",即关于"被执行的筹划"的哲学(在"自然"之中执行,亦即在"逻辑学"中存在论所曲行描述的,给定存在的客观现实和经验实存之中执行)。当三部批判扩展到了仿佛=筹划概念并在话语领域排除了物自身之后,它们融为一体成为了唯一的一部"批判",作为知识体系的导言,题为"精神哲学"。

因此康德1790年的体系几乎自动转化为黑格尔1806年体系,只需要把物自身概念排除出去就够了,因为它妨碍仿佛=筹划概念进入体系,甚至进入"批判的"导言。并且这个转化过程体现在体系的自闭合、无"空缺"使任何怀疑论"正当化",

然而康德认为体系只有通过以仿佛方式论述宇宙论和神学才能闭合,可是仿佛方式并不对立于对真理概念的怀疑论否定,并且仿佛方式还会在神学部分中给怀疑论可乘之机,因为神学部分是矛盾的。在康德体系中,哲学,亦即作为体系构成成分的、所谓一而全的(但其实是开放的)话语,它的终点(人类的"终极",超越了尘世生命)与开端重合。然而在黑格尔那里,是开端(哲学的开端,亦即以真理[源自错误]方式论述的潜在一而全话语)与终点(人类的"终极",[104]亦即人生前可以实现的智慧)相重合,这个开端可以是任意可无矛盾曲行论述的概念,并且它的意义归根结蒂都来自于知觉,也就是来自于现象。

现在让我们来看物自身概念如何"扭曲"了康德哲学体系内容,以及这内容如何自动转化为黑格尔体系,也就是我们的体系。另外,这种"自动的"转化之所以能成功,要多亏康德将其体系中的"超验"要素浓缩成了一个明确的非时空的物自身概念,并且让它很容易就能被"删除"出这个体系,因为康德只以仿佛的方式论述它,从而使得体系中的"超验"要素很明显,并且很容易被"获取",所以康德其实本可以"正确地"(除了我们接下来要说的一些"畸形"以外)、以真理方式,有效地论述严格意义上的体系。

如果康德体系容纳了物自身,那么归根结蒂它内部就只能存在一种不可消解的对立,即非时空物自身和时空现象之间的对立。换言之,物自身作为客观现实,不可消解地对立于作为经验实存的现象。但既然概念和康德的话语只"相关于"时空性,因而物自身在严格意义上不可言说(物自身这个伪概念不可话语论述,至少不能以真理方式论述,因为它其实只是一个空无意义的"符号",康德称之为某物 = X),那么我们不能说物自身是否是对立于存在本身的一种客观现实,因为非时空存在跟非时空的客观现实一样,都几乎不被"给予"到话语之中。所以也不能说在康德那里存在是一,是二还是三,同样我们也不能说出康德那里的客观现实到底是什么。然而,物自身概念"略微"有矛盾,因为物自身被定义为不可消解地对立于现象概念,因此可以话语论述,虽然康德以为物自身一旦论述就不复存在了,因为物自身相关于超越时空的超验之物。实际上,[105]物自身概念是从不可消解的对立之中"推出"的,所以物自身概念与客观现实都是本质上二元的。所以关于物自身我们可以说,它本质上为二。然而康德实际上说过这一点,至少暗示过这一点,因为物自身这个概念如果不包含人(＝不朽灵魂)与上帝(＝来世)之间的不可消解的对立概念,那么这个概念对他而言、对他的体系而言就没有任何价值。由于康德实际上关于存在本身什么也说不出来,因而说不出任何不同于关于客观现实所说的东西,所以我们可以说在康德那里,存在之为存在是二。因此我们也发现,归根结蒂康德体系的基础是柏拉图主义的二元论存在论,这一点也不奇怪,因为任何有神论神学的(矛盾的)"存在论"都是柏拉图主义二元论的。

但是如果从康德体系中删除物自身这个伪概念,为了不让它把(真)话语限制在时空之中,那么康德的"现象学"可以立刻分解为三部分:存在论,现实学(Énergo-logie)以及严格意义上的、黑格尔意义上的现象学,而不必在根本上修改其内容。但在分解之前,我们应快速了解一下,如果保留物自身的话该现象学的内容到底是什么。我们知道物自身就是指时空现象和超时空超验者之间不可消解的对立。

乍一看这个现象学的内容太复杂混乱了,甚至有点不融贯了,所以就算其内容众所周知,也有必要在这里作图(有点简化)分析一下,见下表。

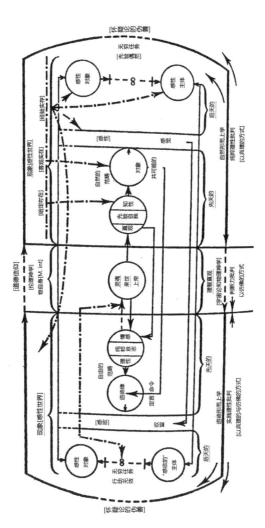

康德1790年体系内容

　　1790 年,物自身概念位于康德哲学体系的中心和基础位置。从自然形而上学(基于《纯粹理性批判》)可以看出物自身在严格意义上是不可言说的:关于物自身我们什么也说不出来(以［"理论"］真理的方式言说),甚至也没法说物自身是存在的,更没法说物自身是一还是多,是单一还是复多;没有曲行论述的概念能"对应上"物自身,只有空乏意义的符号才能对应物自身(康德选择了某物＝X［我们认为这个概念只能在沉默中或作为沉默来被"论述"、"定义",甚至被"变形"］)。但道德神学(基于《判断力批判》)以仿佛的方式说,把物自身这个［伪］"概念""定义为"或"论述为""［'自由的'］不朽灵魂"、"来世"和"上帝"［107］(他似乎认为"上帝"和"来世"都自成为一,而"不朽灵魂"是多,并且与自身［自由＝否定性］冲突［这至少是有可能的］)。道德形而上学(基于《实践理性批判》)把物自身定义为,［以("实践的")真理方式］曲行论述为"纯粹意志"(或更确切地说,把物自身定义为诸多"纯粹意志"的一个集合,在集合之中诸多意志之间有"自由的"相互作用［却不明确这些"意志"之间相互作用的本质,也不明确"上帝"和"来世",这导致"世界"和"上帝"之间的相互作用也很模糊］)。我们以真理("实践的")

方式言说的"纯粹意志"这个话语性概念,并不等同于"不朽灵魂"这个伪概念,后者是严格意义上的"物自身",我们只能以仿佛的方式言说后者。下文中我会回到这一点,现在我只希望读者注意,如果人有"理智直观"的能力,也就是一种非时空的直观的话,人就可以以真理方式言说物自身,特别是言说不朽灵魂。但既然人没有理智直观,所以对于物自身人说不出任何真正有效或真正为真的话来,因为人之融贯(即自在唯一)话语整体,按定义是自成一类的(因为它既是一又是全),它被"范畴"所规定,而范畴只在时空中才有意义①。

① 然而康德以为范畴有一种非时空的"含义"、"重要性"甚至"价值"(Bedeutung),所以当物自身以仿佛方式(被第三批判中审美的、生物的"合目的性"或被"道德信仰")所"给出"时,可以使用范畴来描述物自身,并产生一种同样属于仿佛方式的"话语"("宇宙论"和"神学")(参考 V,136,9—35,141,15—25)。然而康德也经常说,"理智直观"按照定义是非时空的,所以不会使用任何"范畴",也不会成为话语性的。"我们的"范畴只对各种"感性直观""有效"(我们可以像康德那样假设有可能设想一种非时空的感性直观[我们接下来会说明这是不可能的]),而对"理智直观"无效,后者只能"给出"或"揭示"物自身,而物自身按定义是非时空的、非"感性"的(如果有一种非时空的"感性"的话)。(关于这个复杂的次要问题,参考如下:前揭;III,70,25—71,2;118,2—37;213,22—36;229,30—232,2;IV,160,19—168,11;V,65,5—67,23;136,9—35)

现在让我们来看,在康德的自然形而上学框架内,我们关于物自身能说些什么。

如果这个形而上学是完全融贯的,那么我们对于物自身什么也说不出来,因为康德认为对于以真理方式论述的"理论"话语角度而言,物自身[108]是不可言说的。但康德的自然形而上学正因为言说了物自身所以是自相矛盾的,即使没有明显的矛盾也至少暗含了矛盾。这使我们能够在话语上来解释这个形而上学的隐含话语,并且研究隐含的话语在多大程度上"扭曲"了外显的话语。

首先,物自身以某种方式"决定"或"规定"了现象,也就是自然形而上学的外显话语(默认为真)。当然,康德谨慎地说,这个"决定"完全不是"因果性"的意思,并且一般而言,我们(以真理方式,以外显的方式)对于现象及其"对应的"物自身之间的"关系"什么也说不出来。但事实上,康德接受这些"关系"、"对应"、"决定"和"规定"。因此他言说这些,虽然只是以隐含的方式。但不管他是怎么说的,这就是矛盾,就算隐含的矛盾,那也是矛盾,会"扭曲"外显的话语。

因此,虽然不可以说物自身为一不为多,康德还是承认杂多(Mannigfaltigkeit)只在时空之多的意义上才能被给予("理论"）话语，而物自身不是时空的。由此得出了主观的"感性（＝时空）直观"概念，还得出了在现象与唯一客观现实的物自身之间有不可消解的对立。

我们由此得到了这种"直观"和时空之镜，虽然这个滤镜是半透明的，但它没能"揭示"物自身反而"隐藏了"物自身？这是个不解之谜，因为我们无法真正地言说时空之外的东西。谁具有这种直观，换言之，谁有这种半透明的时空眼镜呢？应当确定地说，是"先验自我"具有这种直观。但这个自我也同时是"范畴"所规定的（真）话语的（主动的）"主体"，在范畴层面，自我首先被称为"纯粹[理论]理性"，然后是[纯粹]知性"。然而时空直观不在理性[＝知性]本身之中，而是必须从别处（anderwärtz）拿来（hergenommen），也就是从感性（Sinnlichkeit）中拿来（前揭；V，65，36—66，1）。所以自我既是直观也是知性，虽然知性在本质上不同于直观（二者如果同一就成了[神性的]理智直观，而人不具有）。[109] 自我作为直观，被动地接受（Receptivität）给定之多（这种多不过就是由物自身通过时空"半透明棱镜"[以"不可定义"甚至不可言明的方式]"漫射""折射"出的光线）。而当自我作为"统觉的先验综合"时,这同一个[?]自我自发地(Spontaneität)创造了[在时空中?]时空直观所与之杂多的统一性(Einteil der Mannigfaltigkeit)。最后,自我作为"知性"(reiner Verstand)时,这同一个自我"定义了"或者"规定了"这个杂多之统一(或"全体性"),使其符合某些名为"自然范畴"("范畴"概念在"概念[Begriff]分析论"中已有定义并已被话语论述)的"综合规则",康德将这些范畴一劳永逸地固定下来(将其置于时空之外,因为这些范畴只对非时空"有价值")。也仅因如此,融贯的("理论")话语才可能以真理方式论述。

时空杂多作为杂多,在时间中( = 先验图型)按照范畴而统一起来[空间没有在此讨论],从而构成了"可能经验的对象"(Gegenstand möglicher Erfahrung),康德认为无论"发生"什么,这个"构成"都是先天地随时随地有效的。这样,该"对象"概念的话语论述可以保持随时随地"必然地"与自身同一,所以可以说这个"对象"是真的,甚至"不能辩驳的",即使所谓(时空的)概念确切地说并不对应(非时空的)物自身,我们也说不出这个概念与物自身(后者是唯一的客观现实)之间的差距或不足到底是什么。[关于这个"对象"的概念在话语上的定义和论述，见"原理（Grundsätze）分析论"。]

第二个半透明的折射滤镜来自于未知领域，我们不能说它到底是"从天而降"还是来自别处还是来自某人（肯定不来自于先验自我）。这第二个滤镜就是著名的"感性"（Sinnlichkeit），它位于时空之中，但时空"折射"了它的"纯粹"和"先天"形式。康德把第二个滤镜定义为"感觉"（Empfind-ung；＝我们术语里的知觉）。只有当可能经验的对象经过了这个"经验"滤镜的"漫射"和"折射"之后，对象才能变成现实（＝感性）经验的对象的杂多。感性的滤镜将先天的（真）话语知识领域和后天的话语知识领域相分离，我们应当探究后天知识在什么意义和情况下为真。

可能经验的对象在穿过这滤镜之后，变成了感性经验的对象，二分为感性对象［＝物体，＝笛卡尔的广延］的杂多，与感性主体［＝灵魂，笛卡尔的思维］。如果（先验）自我想现实地（即通过感性［＝知觉］）意识到自身，就只能通过意识一个感性主体（关于这个主体我们可以说出很多东西，但它唯独不是先验自我，因为先验自我是通过意识到先验主体来意识自身的）来意识自身。当先验自我想现实地意识到可能经验的对象时，它意识到的其实是感性对象（对于这个对象我们也能说出很多东西，但它唯独不等同于上述"可能"经验的对象本身，因为这个对象已经被"感性"滤镜所折射了）。但自我并非作为先验自我来意识到感性经验；自我只能作为感性主体才能意识到感性经验。然而这个主体是被动的，因为它原封不动地接受了向其"给予"或"揭示"（通过知觉）的感性对象本身，却不能对这个对象以某种方式施加反作用。

换言之，"相关于"感性经验[按我们的术语就是现象，或者由知觉所"揭示"的经验实存]的话语，仅仅在无"折射"无"损失"地"反射"了对象（甚至自成一类的、作为感性主体本身的对象，也就是"感性灵魂"）所发射的全部"光线"的情况下才能说是真话语。

这个经验的（＝后天的）话语知识就算是融贯的（＝无矛盾的），也并不因此在强意义上为真，因为话语知识和物自身（唯一的客观现实）之间永远也不会被填满。经验的话语知识仅仅在指涉可能经验对象的情况下才不会被"驳倒"（被另一个话语知识所替换），才可以为真。显然，刺激性的（＝感性的）经验对象不会与可能经验对象"不协调"，因为刺激性的经验对象[111]"不可能"变异,一旦变异就不存在了。但刺激性的经验对象随时随地都比这个"可能"对象更"丰富",因为刺激性在诸多"可能的"与经验实存相兼容的"变异"之中表象了其中的一个,然而可能性按照定义已经排除了其经验实存中所有的"变异"。因此经验话语知识作为知识只有在整体上充分(无变形,无遗漏)"对应于"整个绵延-广延中经验实存的所有变异才能为真。

　　然而康德有两个困难。第一,感性滤镜异质于非时空物自身和范畴,虽然范畴与滤镜都位于时空框架之中;并且"可能"对象的各种"变形",在穿过滤镜后完全无法认识其本质,所以感性主体和感性对象的各种"变形"非常重要也非常多样,以至于感性主体和对象之间事实上不可能有"充分"知识,也就是不可能有真的经验性知识。第二,"感性变异"一旦能够在时空框架中现实化,就能在所有时空中发生,也就是与空间一样无穷,与时间一样永恒。那么,感性主体与感性对象之间的一致性,以及一致性所需的话语,可能都成了无穷的过程,只要时间持续,话语就可以不停改变。

　　康德在其体系中诚实地承认了这两个内在困

难,并明确地谈到"先验偶然(Zerfälligkeit"与"无穷任务"(Unendliche Aufgabe)①。换言之,他一方面放弃在哲学话语中(以"演绎"或"证实"的方式)分析话语性真理,转而开放地寻求"偶然"概念,也就是"不可预测""不可演绎"的东西,甚至"不可论证""不可证实"的东西。另一方面,康德承认他所说的真话语其实从来没有完成过,而是一直"不停地""无定限地"在论述展开。换言之,康德的一而全的真理,其实始终都有空缺,它在话语的整个绵延中不停地修补,但从来没在话语本身中完全补全。

然而,承认在(所谓)"体系"中有从未填满的"空缺",[112]就意味着向怀疑论投降。当然康德承认(真)话语知识的"无穷任务"是一个"无限的进展"。换言之,一而全的话语( = 话语性真理)循环在原则上是闭合的,但事实上它只是"用虚线"闭合了(在自然形而上学那边),它一再退让却从未消失。这意味着对体系的一切增添都不会与已有的要素相矛盾,而只会补充它。但一方面,只有当("理论"部分的)体系限制了康德所谓先天的

---

① ［译按］参考《判断力批判》的导论,科学院版,V,第184—185页。

（＝直观＋范畴＋原则）话语时，该体系不能在整体上为真（因为它还包含了后天的话语），进而话语才有可能闭合。另一方面，只有在公设了著名的"先验偶然"的情况下，也就是把进展本身作为一个公设、一个单纯的希望接受下来，才有可能设想（"证实"或"演绎"，甚至"论证"）进展概念。但是当康德尝试为这个（"理论的"）希望建立话语的（主观）确定性时，他必须求助于（在第三批判）（以仿佛方式）论述"理智世界"这个[伪]概念，也就是不朽灵魂、来世和上帝。因此在理论进展中的希望主观确定性并非一种理论信仰，而是我们已经知道的、基督教徒信仰的、著名的"道德信仰"。

总之，康德只能将体系内部的怀疑论伪装起来（因而体系并非为一），给它戴上宗教信仰的面具，这样只能以仿佛的方式"弥补"体系空缺来遮掩空缺。因此在"理论"层面上，康德是虚伪的怀疑论者，他想作为人那样活着，也就是想在仿佛没有空缺的体系里言说和行动。

现在让我们到"实践"层面，那里情况更复杂，隐含的矛盾更多。

像自然形而上学一样，道德形而上学（基于第二批判）也只能以仿佛的方式（在"道德神学"框架内。道德神学建立在第二批判中的"道德信仰"之上)言说非时空的物自身,也就是话语上被"定义"为不朽灵魂、来世和上帝的东西。它[113]不能以真理方式言说物自身,因为人(作为自由性或自由意志)没有理智直观,而是被限制在时空性的话语知识中。(第二批判的)道德形而上学框架中以仿佛方式曲行论述的内容,与(第三批判的)自然形而上学中以仿佛方式曲行论述的内容完全重叠。

现在让我们通过比较体系中以真理方式论述的"理论"部分与"实践"部分的内容,来研究后者的内容到底是什么。

物自身作为"不朽灵魂",与"自由意志"-"道德律"组合体维持的"关系",可以类比于物自身作为"理智世界"与对等的"先验自我"-"可能对象"组合体维持的关系。虽然康德明确地说过灵魂的因果性(参考前揭;V,55,11—56,11;65,5—66,15;67,1—11),但他是(以仿佛方式)曲行论述因果性概念的,并且借助了柏拉图的神话:灵魂在生前做出了自由决定,这规定了它"感性主体"的整个生命,并且在它死后结下因果(参考前揭;V,97,21—98,12)。

至于上述两个组合体之间的关系,则非常复杂、纠缠、模糊,很难建立起来。这种关系仅仅是一个"先验自我",既作为"统觉的综合"也作为"纯粹意志"吗?似乎是的,康德有时明确地这么说(参考前揭;V,121,4—6)。一方面,因为在两者之中,自我都是"自发的"而非"接收的",所以我们倾向于说自我自由地建立了自己所服从的(话语性的)范畴,同样,自我给自己颁布(道德)法则,自我应当遵循(?)或必然遵循(?)自己颁布的法则(因为自我是"实践的")。另一方面,先验自我的直观和范畴都对纯粹意志有效(如果它们都是话语性的),因为纯粹意志只能在时空框架中,符合"自然范畴"地(话语地)颁布道德律(康德有时以仿佛的方式把"道德律"等同于一种"自然法则")。然而,如果先验自我就这样把"它的意志"强加于纯粹意志之上,那么纯粹意志反过来就不能向先验自我施加任何东西:人作为自由的行动者,甚至都不能意欲改变[114]直观的时空特征和话语(=思维)的范畴结构。所以自我可以施加行动于意志之上,但二者之间没有相互作用。但是自我就算是"自发的",也不能对物自身施加任何影响或行动,因为时空作为半透镜将自我和物自身分离开,让物自身发出的"光线"进入(中间经过"漫射"和"衍射",还有一部分光线被"吸收"),但阻挡了来自"知性"的那些光线并反射回光源方向,而意

志似乎是主动行动的,甚至对灵魂而言,或在来世
中、对上帝而言都是有效的(虽然这些都只以仿佛
方式言说)。因此在意志和物自身之间似乎有相
互作用,但其实只有从物自身到自我的作用,而没
有反作用。然而,这个问题有些晦涩,我以后再
谈。现在确定的是,"意志"组合体就算完全包含
"自我",也比自我更"丰富"。因为时空滤镜之外
还有(与其对等的)"情感"(Gefühl)滤镜,而情感
滤镜在物自身中不存在(前提是物自身指上帝和
世界):"自我蔑视"(Demütigung)的必然对立面是
著名的"对道德律的敬畏"情感。这两个"实践"情
感是"互补的""不可分割的",正如"理论"直观中
空间与时间也是互补的、不可分割的那样,并且这
两个情感对于意志和("实践")理性的作用也类似
于直观中时间和空间对于自我(=统觉的综合)和
知性(="理论"理性)所起的作用。人只能在时空
框架中生存和言说;但[康德认为]人只能在上述
双重情感的框架中"道德地"(=自由地)生存和行
动,而永不可能(在活着的时候)超越这个框架(参
考前揭;V,72,28—76,15)。

严格意义上的("纯粹")意志对置于严格意义
上的("先验")自我。一方面,自我从直观(与自我
构成二元)的"所与"出发,通过自我建立的(自然)

范畴(作为知性)自发地构成"可能对象"作为自己所接受的东西；另一方面，意志从情感(与意志构成二元)的"所与"出发，通过意志自身建立的(自由)范畴(作为理性)自发地建构"道德律"作为自己所接受的东西。[115]因此我们可以说，情感是意志的动机(康德所说的心灵的鼓动(elater animi)，我们称之为欲望)，同样，直观是自我的动机，自我只能在直观"所与的"杂多中进行综合行动(参考前揭；V，71，28—72，11)。康德说自由的范畴确实不过是(由知性建立的)因果性范畴的样式(modi)而已，但既然自由范畴不(仅)适用于时空"所与"，(还)适用于情感所与，那么自由范畴无论如何都具有一种在自然范畴中不存在的特殊内容(而自然范畴对于意志本身是完全有效的)(参考前揭；V，65，5—67，23)。无论如何，意志是通过这些自由概念才得以作为("实践的"，但也是话语的)理性而综合了敬畏-蔑视情感的"所与"，从而构成了"道德律"。道德律类似于(对应于另一边的)"可能对象"，但本质上与"可能对象"完全不同。因为理性如此建构(在情感＝欲望的基础上)的"法则"以"定言命令"的方式给意志施加了("道德")行动(该行动是自由的、有意识的，可以产生话语)，而知性所构建的"对象"以"可能对象"的方式给自我赋予了"感性的"真知识,也就是时空的,也必然为话语性的知识。总之,如果对象完全蕴含在法则之中(而法则只能被话语地表述),那么法则就仍然完全异于对象。

只剩下理性"法则"的命运要研究了,我们接下来要把理性法则与知性"对象"的法则相比较。

对象必然能经过感性半透镜的漫射和折射,法则同样也必然能通过感欲半透镜的漫射和折射,前者感性是"理论"中的,后者感欲是"实践"中的。康德把感性等同于"感觉"[ = 知觉],把感欲等同于"欲望的能力"(Begerungsvermögen)[我冒昧自创这个术语,因为 Sinnlichkeit 既表示(康德意义上的)"感性",也表示通常意义上的感欲、肉欲(sensualité)]。感性与感欲(二者无疑是对置的)之间的关系似乎类似于直观与情感的关系,[116]甚至类似于(知性的)自然范畴与(理性的)自由范畴之间的关系,或自我与意志之间的关系。感性完全包含于感欲之中,没有感欲就不可能有感性,感欲之外也不可能有感性。但反之则不成立,因为感欲是纯粹"主观"的东西,而不影响"感性对象":所以"感欲对象"完全等同于"感性对象"[二者在图表中分开,仅仅是出于方便]。因此"感欲"滤镜只是通过将"感性主体"转化为"感欲主体"来"折射"感性主体。毋庸置疑,"感性主体"和"感欲主体"就是同一个"主体"("感性和感欲的主体"都对立于"感性对象")〔所以这两个"主体"在第 106 页(中文版第 165 页)图表中被分开,仍是仅仅出于方便而已〕,所以虽然康德没明确说过,但感欲滤镜的确使得"感性主体"不符合那本是来自于感性滤镜的"感性对象"。

　　另外,不可能说出感性滤镜来自哪里,位于哪里。可以确定的是,这两个滤镜将先天和后天领域分开了(同样,直观和情感的滤镜将物自身和现象领域分开了)。因此我们倾向于说(跟直观和情感的情况一样)如果只有感性之镜将"可能对象"折射为"感性对象"和"感性主体",而感欲之镜只影响"主体"的话,那么就只有一个滤镜存在。无论如何,"道德律"必须通过感欲之镜(它可以漫射、折射和吸收光线)才能在经验中实存,并且作为现象而"显现"出来。这现象呈现为复多的"感性和感欲的主体",并对置于复多的"感性对象"(后者由"可能对象"穿过感性滤镜而形成,而感性滤镜同样也可以漫射、折射和吸收光线)。

　　那么到底发生了什么? 我们已经明白,("认知")主体作为"感性的""理论的"主体,面对着"无穷的任务",只有(宗教的)信仰能用话语来(以仿佛的方式)定义这任务,也就是定义为(无限的)进展,所以在我们看来,[117]康德的"认知主体"不过是"虚伪的怀疑论"。康德相信了自己所不能论述的东西,并且他(作为人)生存,也就是言说和行动着,就好像他可以接触到(话语)真理似的,虽然他知道他接触不到(至少在活着的时候)。现在让我们研究,就事实而言,以及在我们看来,主体作为"感欲的"、"实践的"主体究竟处于什么境地。

(在以真理方式论述的话语中,)"行动主体"对置于"认知主体",并且它的情况极其类似于"认知主体",但比后者更差。"认知主体"与"被认识的(=感性的)对象"不一致,因为二者都是由直观-情感通过同样的双重滤镜折射形成的(然而不可能说出这两种"折射"是否相同);并且"被作用的(=感性的)对象"和"行动的(=感欲的)主体"更不一致,因为"主体"本应承受额外的("对象"没有承受的)折射,也就是情感-感欲的双重滤镜折射。换言之,一方面,"理论的"自我(以某种[未知]方式包含在"感性主体"之中)作为知性成功地行动了,并且知性建立在直观的"可能对象"之上,直观穿过感性滤镜到达"感性对象",以"否定的"

方式删除了"不可能的东西";另一方面,意志(以某种同样"未知"的方式包含在"感欲主体"之中,并与"感性主体"相结合)对于"感性对象"一点作用也不施加。因为感欲的半透镜不让("纯粹")意志的任何行动(直接或"无中介地")施加到"感性对象"上,而只会让(至少一部分)行动(在漫射和折射之后)施加到"感性主体"上。感欲滤镜使得"感性主体"也变得"感欲"了。因此,所谓的"理论"理性在"客观上"其实比所谓"实践"理性更有效,归根结蒂也就是比"意志"更有效(意志前面要加上"纯粹"二字,这是对它的讽刺),严格来说,所谓"意志"(直接的)"客观"有效性一点也没有。所以"感欲主体"只从"纯粹意志"那里获得了一点点反射光线,然后由于主体是"感欲的"所以还得折射这点光线,这样一来它有多大可能对"纯粹意志"本身都无法触及的"感性对象"施加有效作用呢?当然"感性对象"有那么一点点机会[118]有效作用于"感性主体",使其产生(或使其中的先验自我产生)充分的、真的经验(=后天)知识。所以如果"纯粹意志"在所有直接地或"无中介地"作用于"感性对象"的尝试都失败了之后,尝试让意志作为"感欲主体"的一个要素去作用于"感性对象"岂不是更不可能成功吗?毕竟"感欲主体"顶多只会缩小对象，削弱对象的"定言的和命令的"特征。

康德很清楚这一点，因为他对该问题的充满修辞的回答，实际上是否定性的：第一，没有任何理由认为（被作用的）对象与（"行动的"）主体相符合；第二，"理论"理性（＝知性）和"实践"理性（＝话语性的"纯粹意志"）完全相符合，而理论理性"定言地""命令"了主体与对象不可能相符合。因为"纯粹意志"只能将对象当作"感欲"对象而否定它，才能在"感欲主体"中作用（于"对象"）（参考例如：前揭；Ⅴ，74，23—30）。然而"感欲（和感性）主体"随时随地都必然被主体与"感性对象"世界之间的相互因果作用所规定，所以感欲主体之中的"纯粹意志"既不能彻底改变（即"否定"）自身，也不能通过中介（或"无中介"直接地）来改造"感性世界"，感欲主体在主动"规定""感性"世界的同时也不可避免地被世界"规定"（这是由于主体与世界有相互因果作用，在世界中，作用等于反作用），总之感欲主体所包含的"意志"在任何情况下都始终是纯粹的，因为意志从来没变成过有效的行动。所以在《道德形而上学》中，"道德律"（它对置于，甚至等同于"可能对象"）的"定言命令"与"感欲主体"之间有巨大的裂隙，我们认为感欲主体应当符合道德律，但是它从来都不能现实地符合,因为感欲主体的否定行动或自由行动(即"符合""法则"的行动)在感性世界中完全是无效的。然而感欲主体如果想(也应当)彻底改变自身,就应当彻底改变这个感性世界,因为主体就是由世界所"规定"的,他要是想改造自己就得改造给定世界[黑格尔会说,要通过以被承认的欲望所驱使的斗争→劳动这一人类的否定性行动来改造世界]。

[119]实际上,我们也认为由于裂隙的存在,康德在哲学的"实践"部分中的态度跟"理论"部分一样是怀疑论的。但实践部分比理论部分更加虚伪。像在理论部分中一样,康德试图在所谓一而全的话语循环中用虚线来掩盖空缺,并且重提"无穷任务"和"('道德的')无穷进展"。但在"理论"领域中他是否有权利这么做已经很可疑了,在"实践"领域就更没道理了。因为他没有权利再像"理论"领域那样举出"先验偶然",这里跟理论领域不一样,之前的主体与对象的符合(在理论领域中是它闭合了循环)在这里不再是"可能的",也不是"不大可能的",而是绝对"不可能的",它无法打破"严酷无情的"因果法则。

当然,在这两个领域中,康德填补空缺的办法仅仅是以仿佛的方式(话语地)论述希望的主观确定性,其实这个确定性是一种(基督教的)有神论宗教信仰。但"理论上",这个话语信仰至少不会与(理论话语性)真理相矛盾,因为没有什么会"先天地"反对"(感性)认知主体"与"(感性)被认识的(或有待认识的)对象"的一致性。而"实践上",在经验实存的世界中,因果性"先天"法则完全排除一切自由的、"否定的"、作用于感性所与的,甚至"创造性的"有效行动。说这个行动是一个"无限进展中"的"无穷任务",就等于虚伪地掩盖了自身中信仰的完全缺乏,并且戴着怀疑论的面具声称,他找到了服从因果法则的感性世界的空缺,这空缺就在道德形而上学中,可以以仿佛的方式,通过所谓希望之主观确定性的话语论述来填补,而这种希望就是指,在任何情况下都必然失败的地方相信"终有一日"会获得成功。康德甚至承认这种确定性所依赖的基础不过是一个"可感知的"事实(而我们认为这事实与问题毫无关系):人生存于世界中,世界是美的,人在世界中创造优美的艺术作品(艺术不打扰任何东西任何人,因为它们的优美和"艺术性"并非"客观的""实在的",而仅仅是纯粹"主观"("调节性的"而非"构成性的")"判断"得出的,而这些判断是由那些无事可做而静观的人们所作出的)。

康德本人也被自己的"虚伪"论述所蒙骗了，以为这些论述具有所谓哲学价值。当他以真理方式言说[120]真正的哲学时，他明确承认在时空世界中严格意义上不可能有自由的行动，因为时空世界完全服从于因果性，也就是"必然性"，而"自由"和"必然"实际上是矛盾的(反对斯宾诺莎)(参考 V；97，24—25：……自然的必然性不能与主体的自由共存)。所以感欲主体对感性对象的作用并不是自由的，因为二者之间的相互作用服从于因果必然性。因此有效的自由行动应该是纯粹"意志"对物自身的作用，我们知道物自身就是不朽灵魂、来世和上帝。但意志为了能够作用于物自身，应当摆脱其所附着的情感滤镜，也不能使用话语的("实践")理性。然而意志一旦摆脱了情感滤镜和理性，就成了不折不扣的物自身，也就是不朽灵魂。所以在物自身内部，灵魂可以有效地、自由地作用于理智世界，作用于上帝，作用于其他灵魂(前提是灵魂有很多个。话语上"证实"这个假设的难度，相当于证实上帝或理智世界是一或多的难度)。康德有时暗中承认，有时明确承认上述命题(有时依靠道德"良心"的现象)。(参考例如：V，97，21—98，14)但我们应当承认，康德即使从自身观点出发也是错误论证。因为如果如康德所说,感欲主体对感性对象的作用绝对不可能是有效的、自由的(所以对其肯定就等于犯了话语错误),那么从康德本人的角度出发,不朽灵魂对其他物自身的自由有效作用就完全不可理喻、"不可设想",因为康德认为物自身超越话语,不可言说。这里甚至连仿佛方式的话语论述都不可能,我们也不能把康德下述文字当真:他说"范畴"被运用于纯粹实践理性所给定[?!](而非时空直观所给定)的对象时,它作为[话语性的?!]思维,被超感性[非时空]的东西所规定——前提必须是超感性之物只能被先天给定的实践意图和超感性之物的可能性所规定(V,141,21—25)。就算我们同意康德的观点,我们也不可能说出一般的作用,特别是有效的作用到底是什么,也说不出无时空的自由行动到底是什么,所以不可能区分现在的未来和过去的未来。

实际上无论康德怎么说,他的体系都包含了两个不可消除的空缺,它们没被填补,而只是被两个话语论述以仿佛方式所掩盖了:一个是"理论"空缺,它被虚伪的怀疑论话语(它只是表面上融贯)(它的基础是有神论和宗教)所掩盖,它的主张是人可以作为人生存,作为人去言说和行动,就仿佛人有可能获得话语性真理;另一个是"实践"空缺,它被怀疑论的虚伪(它的基础也是有神论和宗教,尤其是基督教和资产阶级的有神论和宗教)话语所掩盖,它的主张是人可以如此言说和行动,就仿佛自由有效行动是可能的。但如果康德必须以真理方式言说,就必须说这个行动是不可能的,这个真理是无法接触的。康德因而不可能在这个否定性的、怀疑论的甚至"不抱幻想的"命题中找到任何所谓的话语真理。

无论如何,作为康德体系的一个构成性要素,"感欲主体"只要想反思自身,意识自身,就只能作为虚伪的怀疑论者来"发现自己"。它要是想在"实践理性"的"批判"中话语地"描述"自己,那么就必须在批判中插入下文,以证明其虚伪与("道德的")怀疑论的严重程度,也证明它史无前例的娴熟狡诈:

　　　　因此就发生了这种情况,即由于在纯粹理性的一切规范(Vorschriften)中所关心的只是意志[即意图]的规定,而不是(实践能力)实现(Ausführung)意志的意图(Absicht)的自然条件[即经验实存与客观现实的条件],所以先天的实践概念[即自由范畴]在与自由的至上原则[＝纯粹意志(?)或不朽灵魂(?)或道德律(?)]的关系中立即就成为了知识。而不应(dürfen)期待[感性]直观来获得意义(或重要性；Bedeutung)，也就是说，是出于这种值得注意的(或奇怪的；merkwürdigen)理由，即由于它们[范畴概念][122]是自己产生[hervorbringen]出它们与之发生关系(beziehen)的客观现实性(Réalité-objective/Wirklichkeit)[原文如此!]([即]意志的确信/意志的方向)(Willens-GESINNUNG)的，而这根本不是理论概念[即自然范畴]的事情。(前揭；V,66,3—11.)

康德本人(在第二批判中)如此总结道德形而上学之后，整个体系似乎到达了"欺骗性"的顶峰，这是由于其"虚伪"和"怀疑论"的特征以仿佛方式曲行论述，非常"狡猾地"伪装起来，并且它的内容其实也是矛盾的，虽然非常复杂晦涩。

但这种评价也很不公正，并且按哲学史来说是错误的。正如我多次所说，康德本人在历史上的一个很大的功绩就是第一次在西方哲学中明确表述了超越时空性的"概念"(包括有神论神学的、矛盾的概念)，并将其浓缩为物自身这个(唯一的甚至一而全的)伪概念,并且断定不可能(至少不可能以真理方式)在话语中论述这个伪"概念"。第二个功绩是(也是西方哲学史上第一次)用仿佛的技巧,论述了严格意义上的(应当为真的)体系,而几乎不把这个超验的、矛盾的伪概念加入其中,也就是没有引入"内在的"矛盾。我们将会发现,康德体系在真理方式中不一定没有矛盾。但是体系中的矛盾就在物自身这个概念的隐含含义之中,只要删去这个含义就没有矛盾了。然而由于康德特意地发明物自身这个伪概念,并且这个概念与体系剩余部分是隔离的,所以很容易发现物自身"概念"内部的矛盾,以及物自身这个(矛盾的)伪概念与体系剩余部分(这部分是真正的体系,是以真理方式论述的)之间的矛盾。在剩余部分中,没有外显的矛盾。同时也很容易把物自身这个外显的(自相矛盾的)伪概念从哲学体系中删除出去(通过把物自身放逐到沉默中,或者到矛盾的话语性有神论神学之中)。

做到这一点很容易,就连莱因霍尔德这种人都能在康德发表著作之后立刻做出这种修改。至于[123]把上述伪概念的暗中在场完全从康德体系清除掉则是无比困难的,只有费希特和谢林开始做到这一点,最终由黑格尔彻底实现了。

　　黑格尔让我们知道,只要把外显的超验项从康德体系中删去,我们在某种意义上也就"自动"删去了内隐的超验项。也就是说,只要删去物自身这个伪概念就够了。一旦删去物自身,体系就开始了"辩证运动",各种"体系"先后出现,从费希特、谢林到最后的黑格尔知识体系,也就是我们的体系。

　　在放弃康德立场之前,我们应尝试研究,当物自身这个伪概念被删除以后,康德体系如何能"自动地"转化为黑格尔体系(即如何删去隐含的超验项)。

　　无论我们是否愿意(比如费希特肯定不愿意),把物自身概念删除都会导致康德(伪-有神论)体系转化为严格的无神论体系。因为康德把一切"超验"(于时空)之物集中到这个"边缘性概念"中(Grenzbegriff),那么把物自身赶出话语性体系的(即使不明确的)边界,就意味着不可能用系统性话语来言说"上帝"、"来世"、彼岸和"灵魂"。这样一来我们只能在康德的"现象"上言说"上帝",也就是把上帝当成位于时空之中的东西(作为空间-时间它是客观现实的,作为绵延-广延它是经验实存的)。但把"上帝的"概念应用于康德所谓的"现象",显然是不妥的。所以现在要从体系中删除的是"神学"概念(它的矛盾性是外显的),理由与其说是"神"(Théos)不如说是"学"(-logie)。因为如果说删除物自身概念既不会导致上帝消失也不会导致"上帝"这个概念消失,那么必须承认,删除物自身会带来矛盾,因为在一而全的话语中,话语融合了(至少潜在上)一切可言说的无矛盾的东西,在话语中除了物自身没有别的办法能言说上帝了。[124]换言之,上帝"符号"(作为"信仰符号")要么服从于矛盾的言语("神学的"),要么服从于某种沉默(特别是"神秘的沉默")。

至于康德体系的"实践"部分的对象,人类学在物自身概念消失之后也会遭受巨大改变。但这些改变不会废除康德的人类学,而是相反,使它确确实实地符合其最近的思想来源——犹太-基督教的"魔法-神话"的人类学构想(去除其"神学"外衣)(事实上,我们和康德本人都同意这一点)。

一旦"不朽灵魂"被删除(因为它是物自身),"自由"( ="纯粹或自由的意志")就不再扎根于超越时空、超越客观现实和超越经验实存之"物"了。不朽灵魂就成了跟一切现象都一样的"现象",因为它在有限的绵延-广延中经验实存着,也就是说,(存在之)时空性是存在于该现象的,并且"超

出"该现象的"限度"。"自由意志"被限制于其经
验实存的绵延-广延中,它是人之为("道德")人的
真正的、最后的来源,特别是对于那些话语地意识
自身的那些人。

同时,"自大-谦卑(＝蔑视)"的"情感",作为
自由意志的"动机",不再是某种从天而降的、用于
歪曲掩盖"不朽灵魂"的东西。这个(真正属于人
的)"情感"与自由意志融为一体,自由意志不过是
被情感所产生的[辩证]"运动",自由意志依据情
感而行事。至于"情感"本身,它只能相关于异己
之物,也就是相关于"物自身",而不能相关于情感
自身,也不能相关于它作为"自由意志"而(从虚无
中(ex nihilo))产生的"运动"["自由"在于只以自
身为"载体"]。换言之,上述人类"情感"不过是
"自大"或"自我蔑视"。如果情感产生了意志的
"运动"(意志本身除了"运动"什么也不是,意志就
是这"运动"本身),那么情感就是"被承认的欲望"
或者"拒绝蔑视自我"。然而来自于[125]欲望或
者拒绝的这样一种"意志的"运动,就叫做"行动"。
所以自由"意志"就等于自由"行动"。"自由"就是
一种行动,它依照被承认的欲望,或否定地说,依
照对蔑视自我的拒斥来行事。

那么"实践理性"变成了什么? 康德说的很明

确，无论在理论意图（Absicht）还是实践意图［作为真正的理性］中，只有理性可以根据先天原则来下判断（前揭；V，121，4—6）。所以我们删除了物自身概念之后，为了考察康德体系的理论部分的变化，就必须谈谈"理性"（＝"知性"）。但我们必须说，这个"理性"的（本质上话语性的）"范畴"只与时空"现象"相关。另外，康德说"自由范畴"整体上不过是一种［自然］范畴，即因果性范畴的诸多样态（前揭；V，65，11—12），并且一般来说，话语性的实践理性所运用的范畴就等同于知性范畴（参考前揭；V，136，9—35）。然而，知性在范畴的帮助下言说了知觉所"给定"或"揭示"的自然（其中包括了"自然"人），但是理性使用范畴仅仅是为了言说人，把人视为"纯粹意志"或"自由"，现在这意味着，理性所言说的行动，是按照生存的"自然"人的被承认的欲望来执行的，然而自然人是生存在知性所言说着的自然世界之中的。

因此（实践）理性的话语的所谓最高峰——道德律，虽然仍是"定言命令"，但已变成了追求被承认的一种行动筹划，这种行动，以及其所带来的被承认，二者只能在世界的绵延-广延中发生，而绵延-广延是理论理性或知性的对象。

康德认为，"感欲"的"滤镜"位于"纯粹意志"

和执行该"意志"的"经验"主体之间。该滤镜不再是半透明的、漫射或折射的。"感欲主体"不再是对"纯粹意志"或"自由"的"折射"（我们既不知道如何折射，也不知道是谁来折射），而是这个意志或自由本身的、位于绵延-广延中的经验实存。这个"感欲主体"只与知性话语的"感性主体"（即"感觉"或知觉的"主体"）相结合[126]，感欲主体就是人自身，在他之外既没有"自由"，也没有自我尊重或自我蔑视的"情感"，也没有"实践理性"、"道德律"。道德律是一种只依照被承认的欲望进行话语表述的行动筹划，具有完全独立于自然"给定"之物的"自由"，这种欲望是对欲望的欲望，这种欲望当然存在，并且经验性地实存着，却没有任何客观现实性，不过它"揭示"了这样的"给定"现实性之缺乏。

只有这个自由人本身，才能被（自己）召唤去自由实现自由行动所自由构想的筹划。人就是自由行动本身，因为人经验地实存，同时（主动地、自由地）与自然保持差异，而自然是否存在和实存，要取决于自然是否也有客观现实性（人作为人，作为自由的行动者，就没有客观现实性）。

自由人为了在自然中实现对自己欲望的承认或者对自我蔑视的拒斥，必须在自然中行动，并且反对自然而行动(包括反对自身)。他必须有效地行动,因为只有有效行动才能无干涉地把所有给予之物都交给欲望,才能让这个饥渴的欲望得到满意。然而,无论什么所与之物,都不能满足对欲望的欲望。由于自然作为"所与"的整体不能满足对欲望的欲望,所以对欲望的欲望必然会反抗自然,因为自然不让它满意,它的反抗行动是为了让自己满意。让自然所与保持自身同一性,这并不能让这种欲望满意。只有否定该同一性,甚至否定原初意义的同一性,才能让欲望满意:也就是依靠否定性行动。但这个行动不是自然,它作为存在和经验实存(作为[对承认的]欲望-[对承认的行动]筹划),没有任何客观现实性,因为(正如我们下文马上要看到的)只有知性所言说的自然才具有客观现实性,当然自然也是经验(或"现象")实存和给定存在。然而无论什么欲望,只要不是现实的(被主动意志或自愿的行动所实现的),就不会满意。因此自由行动的结果必须具有客观现实性,也就是"自然现实性":行动所实现的东西必须给予到欲望那里,正如自然的事物被给予到欲望那样。因为欲望只会满足于[127]像那些"自然物"给予它的那些东西。

对承认的欲望,变成了依据筹划行动的意志,所以它只满意于"非自然"之"物"的创造(因为自然所与之中没有东西让它满意),亦即只满意于艺术品生产。换言之,人之为人在于"自由",但是"自由"不过是劳动的否定性行动或劳动的有效创造性行动[劳动诞生于对承认的欲望。作为对欲望的欲望,它的客观现实性是由争取承认的流血斗争所赋予的。由于这个斗争体现在其胜利或成功的"有形"("质料")或"自然"层面,所以康德认为,这个对自身的欲望,或对自身欲望的欲望,作为旨在承认自身或拒绝蔑视自我的(人类)首要欲望,是能将人类经验实存和自然经验实存从根本上区分开来的依据]。

因此自由人(即康德的"感性-感欲主体")主动将生活的自然世界(也就是康德的"感性对象")转化为能使人之欲望得到满足的世界,也就是在人什么都不做的时候能"感受到"自我尊重而非自我蔑视(就人作为人而言),并且满足于过动物的"自然"生活。

对欲望的欲望作为"反对自然"的欲望,是自我意识( = 这欲望本身)中的一个不可消除的所与,因而也是对自我意识的话语论述,它如果无矛盾,就会在康德体系的"实践部分"(我们已经删去了其中的物自身)中达到顶点。我们现在可以说康德整个人类学(变成了黑格尔主义的)如今等同于对"被承认的欲望"的话语论述,这欲望如果是话语性的,就等同于康德那里的"实践理性"或"纯粹意志",甚至"自由":它原初的真正来源是犹太-基督教的魔法-神话人类学中的"灵魂-玛那"。

然而,康德为了与这种人类学(的内容)保持一致,断定实践理性"优先于"理论理性或知性。我们如果保留这个"优先性"(我们下文将看到,删除物自身不影响实践理性的优先地位),[128]那么我们可以说关于自然的(融贯)话语(包括自然人),亦即体系中的理论部分,绝不能与自由行动有效性公理相矛盾[我们将在知识体系中看到其论证,这个公理等同于错误公理及其推论,即(话语性)真理的公设],也就是说,只按照被承认的欲望来实现的行动,一定是有效的。这种行动就是我们之前探讨过的,流血斗争和"体力"劳动的否定性、创造性的行动。按照定义,这两种行动意味着在人类生存的自然世界获得成功(=尘世的、时空中的成功,是"感性-感欲主体"对于"感性对象"的作用。他的依据是"纯粹意志"的"定言命令",由"实践理性"话语表述,基于对这个"命令"本身的某种"敬重情感")。

　　至此为止,我们只重新分析了第二批判的内容,并删除了物自身概念。但这个改写说明了在第二批判中应补充一个自由行动的有效性概念的"批判性"分析,我们在上文中把自由行动的有效性作为一个公理提了出来(由于实践理性的"优先地位")。换言之,《实践理性批判》中应加入人类斗争和劳动的"合目的性批判"(以真理方式论述),这样才能填补康德第三批判中忽视真正的人类行动及其有效性的漏洞[关于第三批判的第二部分,即以真理方式论述的"理论"或"逻辑"部分,我们应当彻底改写其内容,然后加入自然形而上学之中,删去第三批判中的目的概念,也就是说删去世界中的未来的在场;因为未来的在场不过是人类的在场,而生命(包括"动物性的"人类)是依照过去来生存的,也就是在康德所说的"因果性"王国中生存的,而无生命的物世界只由"法则性"统治,法则性揭示了此世中现在的"优先性";(而第三批判的第一部分"审美判断力批判"则属于沉默的理论,它表现的是知识体系的"极限")]。

　　体系的实践部分的基础建立在第二[亦即最后一个]批判之上,体系的实践部分实际上现在更加符合[129]康德原来为其命的名。现在它指的是道德(der Sitten)形而上学,亦即一种人类学,它言说在人之经验实存的绵延-广延之中,人类只按照被承认的欲望而成功所做之事。而人处于自然世界之中,世界通过人的"现象性"知觉向其"揭示"自身。如果哲学中这个欲望最终获得了完全的满意,那么康德就可以(无矛盾地)说道德形而上学完满完成了(不需要以仿佛方式"增加"神学了)(即使道德形而上学仅仅是在言说"意识形态的超结构"中,甚至"成功筹划"的"道德"中展开的),并且道德形而上学就不再属于哲学体系,而(甚至必然)是属于唯一的知识体系,因为那样一来道德形而上学就绝不会被"驳斥",甚至都不会被"争论",它就成了客观上"确定的"东西,不再是曾经只作为"希望"的一种"信仰"或"主观确定性"。

现在让我们到康德体系的理论部分,并删除其中的超验概念,这里它同样集中表现为物自身。

由于两种"理性"合二为一,所以就连康德本人也很难分离"先验自我"和"纯粹意志"。现在不可能把先验自我关联于物自身或"不朽灵魂"。康德认为,这个"自我"是知性范畴支配的话语的来源。然而,由于这些"自然范畴"无法区别于"自由范畴"(因为自由只在自然世界中才存在,才作为经验实存者"显现",自由只有在自然世界中才作为斗争和劳动的有效行动结果而成为客观现实，虽然自由本身并非自在地客观现实的)，并且，"实践理性"运用自由，它所做的仅仅是把满足承认欲望的意志转译为话语(转译为话语性筹划)，所以我们承认，理论理性运用自然范畴，理论理性本身也是这种意志的话语性转译，更确切地说是自由行动的话语性筹划的"理论"补充。因为一个反自然的行动筹划要想被表述成话语，就得说出自然到底是什么，比如说出自然的客观现实和经验实存是什么(二者必须作为"现象""显现"，否则我们没法有意义地言说这些词语)。为了[130]让反自然的行动有效，需要让自然(包括自然人)的话语为真。换言之我们认为，驱使人开始言说和说真理的，以及使人在自然中(自由地)反自然行动(包括反对人自身的"自然/本性")的是同一个欲望：人言说的目的只是想曲行表述一个(自由)行动的筹划，或者曲行分析他所成功(自由地)做的事。

显然，为了成功实现一个"特别的"甚至"独立的"筹划，人不可能知道一切，也不能以真理方式言说。只需要对所与有一个"正确的意见"就够了，亦即"劳动[或斗争]的正确假设"，这假设非真非假，它的"正确性"是由其实践的成功来证明(bewährt)的，也就是由其筹划的成功来证明的。

但否定自然所与的行动只能被该所与的绵延-广延所"限制"。所以自由行动筹划早晚会(如果人类生命足够长的话)把目光放到改造整个自然世界上。然而这个筹划的成功会证明,有效或"有用""劳动的假设"并非仅仅在某些情况下有效的"个人意见",而是人在自然世界中为了有效自由行动而可说的一切话语的全体(它按定义是融贯的,因为"不融贯"或有矛盾的筹划),换言之,"正统的意见"只有一个(自在为一),它(如果人统治自然的一而全的筹划成功了,该"意见"就得到了"证明"。用"科学家"们的话来说,被唯一的"经验"所"证明")非常类似于真理,所以我们可以称之为似真。

　　然而,一而全的筹划的客观现实化不过是人类欲望的充分满足[人类欲望作为欲望或(自由)意志,甚至(未实现的)筹划,是存在着的、在经验中实存的,但从来没有客观现实性],它是人类话语的起源。当人类能用话语(给自己)叙述其"普世"筹划的完全成功时,人类就能说出其生存的自然世界中的一切[包括此世的给定存在[131]以及其客观现实和经验(现象性)实存],并且还能说出有关他自身生命的一切。在自身生命之中,我们可以说出人类(由自身给予自身的)存在之"显现"

的("现象的")经验实存,也就是原原本本的人类欲望,它同样没有客观实在性。换言之,在这个世界上,人类自由行动所创造的话语终将被说尽。那时人类能做的就只剩下把已经说过的所有的话整理成唯一(融贯)话语了,这些话中,有些是不得不说的,有些是为了能完成话语、为了证明一而全的话语是经验实存的话语性真理(同时它并不像其他真理那样具有客观现实性)而说的。话语性真理之所以在强义和本义上为真,前提是关于自然世界的"理论"话语可以无矛盾地被纳入这个一而全的话语之中[而在一而全的话语中,如下格式的话语都是假的:"说……是错误的。"各种矛盾的言语就很悲惨了,它们相互同归于尽,甚至自行了断。话语的矛盾融贯整体运行在人类的沉默这个庞大的深渊之上。沉默既不是概念也不是时空性的东西,沉默随时随地都必然与自身同一,甚至可以被还原为一个"几何点",它只有区别于自身才能存在(为了在绵延和广延上发展),它的"绝对"同一性不过是纯粹的虚无,什么都不是]。

我们之前把"先验自我"等同于"纯粹意志"。先验自我被动地"接收"时空的"杂多",杂多通过直观"给予"自我,同时自我本身"自发地"用杂多创造一个概念性的、可曲行论述的"统一体"。这样自我就可以言说这个"杂多之统一",它在十二"范畴"之后,"用来"把它们单独地、组合地或整体地"应用于"统一性。而范畴构成了杂多之某种程度上内在的话语性/论述性的本质。最后,用自我的时间"图型"作为直观,通过话语性/范畴性的知性,自我可以把时[空]内容给予范畴本身,进而构建"可能经验的对象"。整体是"先天"形成的,不需要"感性"或知觉。[132]自我的这些多种先天操作,由第一批判来描述(即在先验逻辑的两部分中:概念分析论和原理分析论。而先验辩证论证明了,直观所没有"给出"的东西,亦即非时空的东西,不可能被言说)。

既然现在没有物自身了,那么知性范畴(它对物自身"有效",但不能在话语上"应用于"物自身)和直观时空(它只对"现象"有效,更确切地说时空直观是现象的构成要素)的对立就没有了意义和理由。所以直观和知性可以融为一个整体,融合为先验自我面向时空(或"自然")所与的话语方面。[这个自我是自由意志,它意识到自身,因为它来自于欲望。欲望(作为理性)构想其反自然的行动筹划,从而在话语上回到自然,也就是回到它筹划的起点,即其否定性创造性的作用点]。

从话语的角度看,所谓直观"给予的"空间不过是自我(即具有自身意识的意志)"构成"的诸多同一"单一性"之间的差异。自我意识到作为欲望(它不满足于这个世界)的自身,从而意识到世界整体,将意识内容"脱离"于意识的处境或意识指定的(此时此地的)"位置",从而相关于世界整体。而时间则是诸多差异"单一性"的同一,这些统一体由欲望和意志的自我意识统一起来。同一之物的差异化,与差异的同一化是一回事,后者转译为话语就是"质"①的"首要"概念(="范畴"),亦即"单一性","复多性"和"全体性"[最后这个可被称为"给定存在"]。

但自我意识(="先验自我")包含对外部的意识(="直观"),后者是一种欲望意识,也是行动意识,它的任务是让欲望满意。然而欲望的行动是反自然的。因此[自我]意识包含一个不可消解对立(一个作为所与的对立的)[外部]意识,这个对立是外部意识(给定)内容与自我意识内容("自我"作为创造性行动)之间的对立。[133]我们可以说,整体性(或给定存在)是客观现实的,它表现为"质"的范畴:[给定]"实在性"、[主动]"否定性"

①  [译按]此处应为科耶夫笔误,应为"量"的范畴。

的范畴,以及通过否定来对现实的"限制"[用否定性行动来主动地、"勤劳地"改造客观现实的自然所与。否定性行动通过在自然所与中规定自身的"界限"和"形式",从而"列入"自然所与之中,同样成为了客观现实的东西]。

因此自我意识中的意识揭示了一种基本的"关系":形式与内容的关系。内容可被否定性创造性的行动所改造,相当于(自由地)给形式安排一个内容。这种关系要么是"依存性与自存性(实体与偶性)"的关系[这种关系是"永恒当下的法则",它把一个形式或给定本质,连接到一个永远与自身同一的实存上],要么是"原因性与从属性(原因与结果)"的关系[它使"过去"能够通过("合法则的")现在的中介来"规定"未来,这使得意识能够(曲行地)预测哪些东西不能让自我意识之源——欲望——得到满意],要么是"协同性(主动与受动之间的交互作用)"关系[它使(自由的)主动者能够依据未来改造当下(当下的"法则性"和"规定"都是由过去所赋予的),亦即依据具有自身意识的否定性行动,依据行动的对象来改造。同时也注意行动所产生的结果]。"关系"的这三个"范畴"从话语上描述了"经验实存"的可能形态。

最后,自意识的行动通过意识到其成功或失败,从而意识到给定存在、客观现实和经验实存的"模态"。给定存在作为"可能性"区别于虚无之(现实与实存的)"不可能性",客观现实的"定在"(Dasein)不可消解地对立于非现实之中的"非定在"(Nicht[da]sein),最后,经验实存作为"必然性"(指在全部时空中都实存的东西,亦即在任何地方都永远实存)区别于非实存之物的"偶然性"(它可以是任何存在的东西,也就是说它只要并非"不可能"就行)。

这些话语性的、时空性的范畴之总和,[134](通过话语论述)构成了一而全话语的(无矛盾)全体,它的对象是"可能经验的对象"。一方面,我们可以证明,只要说某物(只要说出的词有意义)就一定会(暗中)使用这些范畴,所以我们没有范畴就什么都说不出来。另一方面,第一批判使我们明白,为了在话语上分析原原本本的话语本身,必须(也只需)把范畴明确表述出来(将范畴解释为如其所是之话语的构成性要素,就是康德的先验逻辑和黑格尔的逻辑学所做的)。

但是,仅仅可能的经验(它"给出"词语的意义与所含范畴)只是存在,而并非经验实存(后者是必然的)。只有在(必然的)经验实存中,(自由)行动才会以成功或失败实现出来。话语只有在指涉经验实存时,才对人有价值和意义(人是经验性实存的自由行动,虽然行动不具有客观现实性)。经验实存只有在作为"现象"、在"感性"( ＝ 知性["知性"的"级别"(Grad) ＝ "张力"(Tonus)可以"显示"经验实存在多大程度上是客观现实或不现实的,甚至"虚假的"(虚假经验"欺骗"了想让欲望满意的行动。只要知觉可以"揭示"或"给出"行动,行动就可以曲行论述])中向人"显现"时才对人来说是实存着的。因此只要人言说,"感性"( ＝ 知觉)就必然与话语性、时空性范畴结合在一起,其中某些范畴也单独对给定存在或客观现实"有效"(二者被绵延-广延的经验实存"抽象地"分离)。所以话语经验的现实对象(其概念意义的"给定"知觉用话语性范畴来论述)只在经验实存的意义上存在;同样,"感性-感欲主体"在意识到人类欲望一下子向自身显现之后才能意识到自身;欲望在自我意识(没有自我意识,意识就不是意识,更不是自我的意识)之中,但只有当自我意识主动地改造了知觉(即上述意识)中"显现"的"感性对象"之后,欲望才在意识之中出现。

[135]因此,一而全的具体话语(只有它能把话语的某些外显的构成性要素转化为简单的[可

演绎、可明确表述,甚至"可解释"的]"内涵",从而把意义转交到抽象话语)归根结蒂在任何时空中都必然地、在经验实存的情况下相关于"感性对象",亦即相关于人类生存的自然世界,亦即相关于这世界中生存的人。这个话语现在构成了康德的自然形而上学,它不仅(以真理方式)论述康德所说的无生命物世界,还论述有机生命体的世界(康德在第三批判中只想以"仿佛"方式论述它,而黑格尔则试图在《自然哲学》中以"真理"方式论述)。

　　然而,(言说着的)感性主体绝不会是"不朽灵魂"或物自身,我们也没有意义和理由去说(真)话语知识是"无穷任务"。如果话语来自于"自然"世界中的否定性行动,那么自然世界中就不能删除任何可被主动改造的东西[更不能删除那些依照人类话语性筹划来形成的事物]。显然,不能产生行动的东西就是不可言说的①。但这个不可言说

―――――――――

① 如果我们把"神"定义为可施加作用于人,但人不能对其反作用的东西,那么我们似乎就上帝说出点什么来。(当我们明白了星星对我们的作用等于我们对它们的反作用时,我们就不再把星星当作"神"了。)但这个"神学的"话语仍然有矛盾。因为我们只能依据行动来言说,而行动必然是交互作用。我们可以发现,构成客观现实的不可消解的对立,只能被(话语地、无矛盾地)(转下页注)

的东西不能与话语性真理相矛盾[136]，因为只有话语性真理能作为知识体系来论述。为了让话语为真，最重要的是让话语成为一，也就是一而全的。然而如果（通过完成话语来）证明了，无论话语从哪个概念出发，（正确地、无矛盾地）曲行论述都最终必然（即任何时空中都）会回到起点（它的绵延-广延重合于、被限制于人类生命的绵延-广

---

（接上页注）定义为对立面双方的交互作用，其中一方的（摧毁性）行动与另一方的（保护性）反作用相平衡（我会在《知识体系》概要中尝试论证这一点）。所以"客观现实上帝"的概念（即"我们所言说的、说其具有客观现实性的那个上帝"［Dieu-dont-on-*parle*-en-disant-qu'il-est-objectivement-réel]）是矛盾的，因为对我们而言，即对我们的"身体"而言客观现实的东西，必然是与"身体"之间有交互作用的，而上帝（"矛盾"）概念的意义中——其中［否定这种可能性是可以做到的，因为对于"方的圆"概念，我们可以（无另外矛盾地）说它不是三角形］——，人不可能以上帝之限制人的作用力来作用于上帝本身。因此，"上帝"概念之所以为矛盾的，并不只是因为它的意义中没有客观现实性：我们只有像言说"独角兽"之类的东西那样才能（无矛盾地）言说上帝。没错，人们把"独角兽"视为一个具有绵延-广延的"现象"，而人们（矛盾地）说上帝"超越于"时空。然而我们已经发现，这个超越性严格意义上是不可言说的。这样的上帝概念必然仅仅是一个概念性事实，亦即作为某种可话语论述的东西。所以我们要想（无矛盾地）言说上帝就只能删去上帝一词的所有"特殊"意义，并赋予它一个类似于纯粹"想象"之物的意义，而这些想象性实体（作为"可能的"实体）都是内在于时空的。

延），那么我们就证明了这个"循环性"话语的一而全的特征，我们也就能说，我们通过话语遍历了真正的话语性真理。

为了言说这个"循环性"（即话语等于话语性真理），必须言说话语本身或话语的意义，其意义由（抽象可变的）"现象"和"自然"世界（"沉默无言的"、只对言说之人有意义的）整体"通过抽象形成"。由于我们所言说的话语其实是绵延-广延中的经验性实存，所以话语本身的实存就是人作为人性存在的实存。言说话语，就意味着言说作为人之整体的人、在绵延-广延整体中经验实存的人。因此黑格尔必须把《精神哲学》作为《自然哲学》的补充（为了让后者言说真理），而《精神哲学》其实就是康德的道德形而上学（的去掉物自身的版本），用《精神哲学》补全《自然哲学》是为了用话语遍历人类（无矛盾地）所说的一切，以及人类言说的其所（自由地）做的一切。《精神哲学》论证了：如果把《逻辑学》首尾相接，就必然转化为《自然哲学》，继而设立其不可或缺的真理补充，即这部《精神哲学》，从而让整个话语自闭合。这样一来，理解这个体系的人会明白，那时人类欲望就会完全满意于人类否定性行动（这种行动作为完成的、圆满的普遍历史，甚至作为自然世界和作为其结果的人类世界而在经验中实存），即使某些人不乐意于仅仅知道这个事实[137]（所以这种人绝不是哲学家，他们自己不会努力去"理解"从而变成圣人，所以他们不能"理解"作为真理的知识体系）。

我们刚才明白了，一旦删去[自相矛盾的]物自身概念这个蕴含了超越（于时空）的概念，康德"体系"就会"自动"转化为黑格尔的知识体系。

在哲学史上，第一次删除物自体的似乎是莱因霍尔德，一位平庸的思想家。后来德国思想家们反复做过删除物自体，其中有些人（例如舒尔策-"埃奈西德穆"和迈蒙）放弃了这个概念的"永恒载体"，将其投入"时间的"变动中随波逐流，从而屈服于（有时还是高傲地屈服于）怀疑论。这种怀疑论虽然是"批判的"，但并不因此与（话语性）真理相容。后来康德体系在费希特和谢林手中开始转变，向着黑格尔的知识体系前进。

要是在这篇导论之中阐释这个通向黑格尔的"费希特-谢林"不同阶段的"运动"，就会过长（并且在教学上也没什么用）。我更倾向于"烧毁"这些阶段，而强调把康德体系转化为知识体系的一个连续性运动。我无需在这里总结它，因为我将在本书中（简短地）进行阐述。

假设大家都了解了这个运动,我就在这篇导言的结尾谈谈后黑格尔哲学世界的形势。

如果我们从字面上理解康德体系,就应当说康德只承认一个不可消解的对立:现象与物自身的对立。那么只有物自身应当被视为唯一的客观现实。因此康德的现实学是指论述物自身内部相互作用的一种话语,其实也就是论述"不朽灵魂"和"上帝"之间的交互作用(如果存在交互作用的话),而这个交互作用构成了客观现实的"来世"。

[138]但目前我们对这个"现实学"不感兴趣。因为康德只以仿佛的方式在"实践哲学"中论述它,而黑格尔的现实学是以真理方式在知识体系的"理论"(第一)部分中论述的。黑格尔将其理论部分称为逻辑学,对应于康德的《纯粹理性批判》的"先验逻辑",更确切地说是"先验感性论"后面的"先验逻辑"的"先验分析论"部分。然而这部批判不仅没说物自身,还明确地说物自身至少以真理方式是不可言说的。然而,我们在其中区分出我们所称的存在论、现实学和现象学。因为在康德的批判之后,如果我们把话语限制在时空中,也就是康德的广义上的"现象",那么康德实际上就暗中在"现象"的界限内区分了给定存在、客观现

实和经验实存。我们可以明确地把它们划分开，只要我们（在知识体系第一部分中）曲行论述原本意义上的概念，把它等同于时空性即可。

康德认为概念可以话语论述为四组范畴，每组分为三个子范畴。但这十二范畴（被康德的知性所"运用"）只有具有了时空杂多（由康德的直观所"给予"）作为"内容"（或"意义"）才能真正地是话语性的（即可以曲行论述，或"可定义的"）。另外，时空"内容"使范畴成为话语性了之后，范畴仍必须"运用于"狭义的、我们所称的知觉"内容"（这些"内容"脱离于其对应知觉的各个时空点）的"现象"上才能产生康德所谓的"知识"（Erkenntnis），亦即我们所谓的话语性知识或知识体系。该"运用"是由时间"图型"实现的；范畴的"图型化"或时间化（它已经具有时空"内容"）将范畴转化为原理（Grundsätze），它是一切无矛盾话语的基础，也存在于（话语性）知识的话语之中。

康德区分了时空性分析（"先验感性论"）、[139]范畴分析（"概念分析论"）和原理分析（"原理分析论"）。后两个"分析论"一同构成了"先验逻辑"的第一部分，对立于"感性"[先验逻辑还包括纯粹否定性的"先验辩证论"，我们这里不用管它，因为它的唯一目标是证明人们不能无矛盾地言说非时空的,或康德所谓"现象性的"东西〕)。但这个划分只有在现象与物自身相对立的情况下才有意义。按照定义,现象是时空性的,而物自身不是时空性的。康德认为这个(不可消解的)对立有意义,并且把范畴不仅"关联于""直观性的"时间(或空间-时间),还关联于非时空的物自身,也就是永恒。当然,康德不愿意在话语上以真理方式把范畴"运用于"物自身之上。但他有权以仿佛方式把范畴"运用于"物自身之上(他在自己哲学的"实践部分"的第三批判中行使了这个权利),并且认为以这种方式言说不会自相矛盾。然而,在黑格尔之后的我们,可以比康德本人更康德。我们绝不以任何"方式"言说超验(超越时空)项,因为我们已经明白和证明了,以任何"方式"言说超验项都会自相矛盾。同时,康德对直观和知性的划分,在知性中对概念(=范畴)和原理的划分,这些划分既没有意义也没有存在的理由。通过如此阐释康德哲学,即将其置于黑格尔主义视野之中,我们尝试研究,康德的三个"批判的"或"先验的"分析的不可分整体在多大程度上与黑格尔"逻辑学"相重合,亦即与我们在知识体系第一部分中所说的,(相反于黑格尔的划分)划分为存在论、现实学和现象学的东西相重合。

最简单的研究方法就是回到我们的起点——著名的范畴表。

第一范畴是量的范畴。我们要想言说它,"辩证地"曲行论述或定义它,就必须首先把它的意义"规定"为单一性(Einheit),然后规定为复多性(Vielheit),最后规定为全体性(Allheit)。单一性、复多性和全体性就是量范畴的三个子范畴。此事实的必然性[140]与此三分法(Trichotomie)的内容可以论证。一切"分析",一切定义或规定都必然以否定的方式进行(任意存在都要么是 A,要么是非 A[quod libet ens aut A, aut non-A]),但我们的话语言说、定义和话语规定的单一性或同一性都只能通过作为定义和规定的诸"相反"项之联结(Vereinigung)来维系。因此,第三[子-]范畴到处(allenthalben)都是由该门类的第二个[子范畴]和第一个[子]范畴的结合(Verbindung)中产生出来(entspringt)的。因此全体性被看成不过是作为单一性的复多性。(科学院版;Ⅲ,96,6—9)因此一个范畴任何情况下都必然是三个子范畴的集合,其中第二个是对第一个的否定,第一个是"绝对的"正题,而第三个是反题和正题的合题,这个合题就是范畴在论述之前所对应论题(即尚未相关于反题的那个"绝对"正题)的(第一)话语论述(即第一定义或规定)(参考前揭；V，197，注释)。

康德式范畴"辩证法"被原封不动地保留在黑格尔的《逻辑学》中。所以我们应当追问这个辩证法的内容是否与我们的一样。

康德的量是整个辩证法的开端。然而在黑格尔看来，开端是给定的存在(Sein)。康德跟随巴门尼德，首先说量(＝给定的存在)是单一性(意思是：作为存在的单一性；作为ὄν的ἕν)。但是，接下来他追随柏拉图(康德似乎没有直接从柏拉图那里知道)，意识到他只要说出这句话就必须同时说：单一性不是复多性。因此，量的概念一旦被论述和定义，就必然产生单一性和复多性的概念。然而，康德接下来反对柏拉图，还预示了黑格尔，认为有第三项用"与"联结了复多性和单一性，前者通过否定正题单一性"演绎"出来，后者是"首要"的，绝对自在为一(或"同质的")。第三项存在于差异化的一之中，也蕴含了全体性的复多性，即"曲行"论述的量(＝给定的存在)的范畴的"辩证"统一。

[141]因此康德的量是三重的。这不妨碍黑格尔把它等同于给定存在(后者既非巴门尼德式

存在那样为一，也非柏拉图式存在-理念那样为二）。但是，如何从康德的三重的量中"演绎"出黑格尔式给定存在的时空性呢？

显然，当康德以真理方式言说给定存在（＝量）的时候，他就肯定了量具有时空性。但康德认为这个时空性是以某种方式附加到给定存在之上的（时空性来自于一种直观，但我们不知道它来自哪里，位于哪里），而给定存在本身"自在上"既非空间的，也非时间的，然而量的范畴就算话语上不能"运用于"时空存在，也照样能"相关于"这种给定存在。相反，黑格尔认为时空性其实就是给定存在的全体性，它作为时空的东西，实际上涵盖了*一切存在之物*（也就是人们可以说存在的一切东西）。

现在让我们更近一点考察，事实上以及对我们而言，康德那里的量和存在的辩证法，脱离其在《批判》中的背景来看究竟意味着什么。

康德从单一性中"演绎出"复多性，而无法演绎出别的东西，因为单一性是第一的、"首要的"正题。然而，单一性既是唯一的，又是自在为一（即"同质"）的，所以单一性就是原本所是的整体，即"绝对的"同一性。因此康德的复多性也就是一种复多性，即诸多单一性的差异性，其中每个单一性不仅自身同一,还与其他同一。然而,恰恰是"绝对"同一性的这个"首要"差异性,被称作给定存在的空间性(*Spatialité*-de-l'Être-donné),或存在的空间性(Spatialité-qui-*est*)。

然而当康德"反思"了这些范畴(在其分析论的附录,名为"反思概念的歧义")之后,他恰恰跟我们做了一样的事。他如是写道:

> 1. 同一性(Einerleiheit)与差异性(Verschiedenheit)。如果有一个对象多次地向我们呈现(dargestellt)出来,但每次都带着相同的内部规定(Bestimmungen)(质和量的规定),那么当它被看作纯粹知性[非时空]的对象时,它就总是同一个对象,并且[因而]不是多个事物,[142]而只是一个事物(numerica identitas);但如果它是[时空]现象,那么问题就根本不在于概念的比较。虽然就概念而言一切都是在量上同一(einerlei)的,但是这[同一个]现象在同一时间中地点上的差异却毕竟是(意义的)[或建立在时空直观上的知觉的]对象本身在号数上的(即量的)差异性的一个充分的根据(Grund)。这样,我们可以把两滴水中的一切内部差异性(质和量的差

异性)全部抽掉,但只要它们在不同的地方同时被直观到,这就足以把它们在号数上看作不同的了。(前揭;III,217,29—218,4.)

康德把单一性归于知性,称之为范畴;又把杂多归于直观,称之为空间性。这些都无关紧要。事实上,从话语的观点看,空间对康德和对于我们来说,都等于同一者的差异性[康德说:地点的复多性(恰恰就是空间性)是这个差异性的充分根据(genugsamer Grund)],也就是"绝对"(即任意的)同一性的"首要的"(即任意的)复多性。

这个文本很清楚,无需评论和解释就可以与我们的观点一起提出。只需注意,通过言说空间性概念,康德(两次)引入了时间性概念,他说空间性差异是"同时性的",即位于同一个"瞬间",因此也必然位于一般的时间性之中。让我们看看康德关于后者所说的。

在先验感性论的第二节§5,康德说:

如果这个变化(Verländernung)的表象(Vorstellung)不是[一个]先天的(内[即时间性的])直观的话,那么任何概念[任何范畴],不论它是什么概念,都不能使一个变化的可能性,即把矛盾对立着的谓词结合(Verbind-ung)在同一个客体中的可能性(例如同一个事物在某处存在又在同一处不存在)成为可理解的(begreiflich)。只有在时间里,两个矛盾对立的规定才会在[唯一]一个事物中被发现,即前后相继地[nach einander]被发现。(前揭;III,59,7—14)

当然,康德这里只说了差异性(甚至对立和相反)只能在[或凭借]时间中成为同一(或一),他没说时间性是"首要"差异性的同一性。差异性是从"绝对"正题那里通过否定来演绎得出的。[143]差异性的这个同一性就等于同一性诸差异的(时空)全体性。但事实上,当康德在本文中论述他所说的东西时,他(至少暗示地)所说的东西跟我们明确地说的东西完全一样。

例如,在先验感性论第二节附加的(§8)"总说明"中,康德(在一个非常晦涩的德文句子中)如是说:

如果对自己发生意识(sich bewusst zu werden)的能力要去寻求(领会)那蕴含在心中(Gemüte)的东西,那么它就必须刺激(offi-

cieren)这个能力［?］,并且只有以这种方式
［即通过"刺激"自我意识］它才能产生出对自
己的直观［即心"中"的东西］,但直观的这种
预先植根于内心中的形式(在被心中之物所
影响之前［已经］"位于"心中了)则在时间表
象中规定着杂多［或差异］在内心中聚合
(beisammen ist)的方式。（前揭；III, 70,
31—36.）

因此杂多(或复多性)的单一性,即差异的同
一性,这里被定义为接收一般的时间形式,即时间
性形式。因此时间性是这个著名的"杂多之统一"
(Einheit der Mannigfaltigkeit)的唯一(充分)根据。
康德认为"统觉的先验综合"作为"先验自我""自
发性"唯一的产物,实现了这个"杂多之统一"。

在范畴"先验演绎"第一节,康德以非常晦涩
甚至混乱的方式进行表述。然而,康德在其中所
说的可以作为对上述引文的解释(甚至评论)。

首先让我们翻译几段：

我们的表象可以从任意地方产生出来……;
它们终究(doch)是作为内心的变状而属于内
感官［即时间感官］的,并且我们的一切［话语

性]知识作为这样[一种变状],最终毕竟都是服从内感官的形式条件即时间的,它们全部必须在时间中得到整理、结合(verknüpft)[不顾差异性]和发生关系……每一个[经验性]直观都包含一种杂多,但如果内心没有在诸印象的一个接一个的次序中对时间加以区分的话,这种杂多不会被表象为这样[即表象为杂多]:因为每个表象作为包含在[唯一]一瞬间的东西,永远不能是别的东西,只能是绝对的统一性。现在,为了从这种杂多中形成(werde)[144]直观的统一性(如在空间的表象中那样),就有必要首先将这杂多性[在时间中]贯通(durchlaufen)起来,然后对之加以总括(Zusammenrechnung),我把这种行动[Handlung]称为领会的综合,因为它是直接针对直观的,直观虽然展现(darbietet)了一种杂多,但如果没有一个伴随出现(vorkommende)的综合,它就(dabei)永远不能将这种杂多作为如其所是的[即作为杂多],并且是包含在[唯一]一个表象中的杂多产生(bewirken)出来……(前揭;IV,77,3—23.)

　　因此一定有某种作为诸现象必然综合统一的先天根据,使得诸现象[在心灵中]的这种再生成为可能的东西。只要我们考虑到现象不是[持存的]自在之物本身,而只是我们表象的活动,这些表象最终是归于内[时间]感官的诸规定的,那么我们马上就会[发现]这种东西……(前揭;IV,78,20—25.)

[然而,]假如没有意识到我们[此刻]在思维的东西恰好正是我们在前一瞬间所思维的东西[在一个异于当前"思维"的瞬间],那么一切在表象系列中再生的东西都会是白费力气(vergeblich)了……(前揭;IV,79,16—18.)

[总之,]全部知觉都是以纯粹直观([也就是说,]其[被当作]表象而言则是以内部直观形式[即]时间)为先天依据(liegt zum Grunde)的,联想则是以想象力的纯粹综合为先天[根据]的,而经验性的意识是以纯粹统觉,即意识本身在一切可能的[不同]表象中(bei)毫无例外的(durchgängige)同一性为先天[根据]的。(前揭;IV,86,28—33.)

不论康德是否说过,我们都可以确定,自我意识同一性在其"内容"(或世界意识的"内容")内部差异存在的情况下展现,这种同一性不过是自我意识时间绵延的连续性,所以康德的"纯粹统觉"既保证差异的同一性,也保证"内部直观";差异的同一性是时间性(或时空性)的一个样态,而内部直观使"表象"在内部存在差异的情况下确保"表象"的同一性。最后,"想象的综合",让"思维"在内部先后行动之间存在差异的情况下确保其"内容"的同一性。显然,想象的综合预设了"思维"作为思维具有时间性(即"话语性"特征),因此思维还可以被看作时间性本身的一个"样态"。康德本人关于("原理分析论"第一章)"图型法"的言论确证了范畴"先验演绎"第一版的这一解释。

[145]"先验图型"是一个"第三者"(Drittes),它一方面与范畴"同质"(in Gleichartigkeit stehen[d]),另一方面与[经验性]现象同质,并使前者"应用"(Anwendung)于后者之上成为可能。康德认为它就是时间性(康德称之为时间)。(参考前揭;III,134,22—27)然而康德在下文中如此言说时间:

这就承认了:我们必须/有必要超出一个给定的概念以便把它和另一个概念[按定义这另一个概念是不同的,否则"比较"中就无综合可言]综合地比较,所以[应当承认]需要一个第三者(Drittes)，只有在它里面两个[不同]概念的综合[即联结、同一化]才能产生出来(allein entstehen kann)。但什么是这个[被视为]作为一切综合判断的媒介的第三者呢？只有某种把我们的一切[不同]表象都包括在自身中的总括(Inbegriff/ensemble-unifié)，也就是内感官，及其先天形式[即]时间[领会的综合]。[此外，]对诸表象的综合[即每个"表象"不同的、"分化的""内容"的统一性或同一性]是基于想象力[的综合][="再生的综合"]，[而][不同]想象力的统一[或同一](这是做判断所要求的)则[基于]统觉的统一["认定的综合"]。所以在这些东西里[即在这三个"综合"中]必须寻找综合判断的可能性，而由于所有这三项[即内感官、想象力和统觉]都包含有先天表象的根源，所以也必须寻找纯粹综合判断的可能性。(前揭，III，144，1—11)

这段话就算不明显(我们已经发现康德说过，一个"表象"在一个瞬间之中只能作为绝对单一性而存在)也至少从事实上说明，康德把一切对他来说算得上"综合"的东西、一切统一或联结，甚至分

离性杂多和差异的同一性,都纳入了时间性( =
"时间")。

由于康德没明确表述或者没完全意识到这一
点,所以他没能从中"推出"全部推论,特别是没发
现时间性和空间性之间有坚固的联结足以使之成
为一个时空性,康德没明白,时间性——在话语上
被定义为有(或曾经有)差异的东西的同一性(或
同一化)——只有在差异作为(或保持为)同一的
空间性的差异(或分化)时才是可被设想的。反过
来说也一样,空间性——在话语上被定义为(持
续)同一之物的差异(或分化)——[146]只有在同
一性作为(或曾经作为)差异的时间性的同一性
(或同一化)时才是可被设想的。

然而,虽然康德有时在不(明确)提时间的时
候言说空间,也有时在不(明确)提空间的时候言
说时间,但是康德经常谈到一般意义上的直观,康
德认为直观不仅仅是空间性( =空间),也不仅仅
是时间性( =时间),而必须在所有情况下都是时
空性。当他明确地谈时间的时候,它实际上同时
暗中地言说了空间。

从以上观点来看,下文("原理分析论"的第三
章,分析"现象与本体")就显得尤其重要和典型
了。康德说,在任何话语中都绝对不可能摆脱时

空"直观"，否则"词语"就会失去全部意义，也就不会有（话语性）概念，因为：

> 这也正是一切范畴及［以时间"图型"方式］从中引出的原理［及其他］的情况，这一点也可以以更明显的方式来说明：当范畴由于其唯一对象是现象而必须限制于其上时，如果我们不立即下降到［时空］感性条件上，进而下降到现象的［时空］形式上，我们就不能对任何一个范畴做出实在的（real）定义……；因为如果我们去掉这一［时空］条件，那么一切所指，即与客体的一切关系就都取消了，我们就没有任何实例可以使自己理解到（fasslich），在这样一类概念［范畴或原理］中本来指的究竟是何物。
>
> ［因此，例如］对于一般量（Grösse）的概念［或原理］，人们基本上只能将其解释为：量是一物的规定，它使我们能思考物中被设定了的一的多少倍（wie *viel*mal *Eines*）。只是这个"多少倍"是建立在相继而来的重复上，因而是建立在时间和时间中的（同质东西的（des Gleichartigen））综合之上的。（前揭；III, 205, 14—28.）

毋庸置疑,康德这里仍然说综合在时间之中发生,而没说综合是被时间或作为时间发生,也没像黑格尔那样说这个概念的、话语的("辩证的")"综合"就是时间。无所谓。我们现在感兴趣的是,康德明确地单独言说了时间(=时间性),却在其中包括了空间性的概念。实际上他不满足于在表面上说,范畴意义——即让范畴变为一而全概念构成性要素的东西——与时空性一同消失。[147]在量的例子中,康德只明确谈到时间,他隐含地谈到了空间概念。因为他说"时间"中实现的综合是一种"同质之物的"(des Gleichartigen)综合,这意味着时间中的综合、统一甚至同一化的实现都必须以时空中存在差异的同一者为前提。康德本人把这差异的同一者定义为本质上空间性的东西。因此康德眼中的时间要想具有概念性或话语性,就必须在时间中有空间的绵延。康德在同一段里说,"相继的重复"即时间让同一之一"成为多"。但我们很容易发现康德的表述是错的,即使从他自己的观点看也是错的,因为显然,量本身才是诸多一的统一性,而康德本人说是多中的时间把杂多统一起来。康德本可以说,"多少倍"不仅仅是空间上的,也不仅仅是时间上的,而是时空的,因为

"倍"——作为诸多同一之一的复多性或差异性，作为空间的杂多——是由"多少"来统一或"同一"的。"多少"能在空间内部的时间性单一性（或全体性）"构成性要素"中存在差异（但要素相互之间是同一的）的情况下统一杂多。

康德在另一段中也有同样的错误，甚至是语言上的不一致（在"图型法"一章），它明确地表明，康德的错位完全是由于没有清晰明确地看到时空性本质，而只是对其具有模糊认识。一方面，空间性被定义为同一者的差异性，它与时间性不可分离；另一方面，时间性被定义为差异者的同一性。康德所说如下：

> 时间作为内感官杂多的形式条件，[并]因而[作为]**一切表象联结（Verknüpfung）的形式[条件]**[这个普遍性使其与"范畴"同质]，包含有纯粹直观中的某种先天杂多······但另一方面，由于**一切**杂多的经验性表象中都包含有时间，所以先验时间规定与现象同质（gleichartig）。（前揭，III, 134, 29—36.）

康德说时间包含杂多，并且"同时"时间被包含于杂多之中。要想让这话不矛盾，就必须假设，康德实际上说的不是时间而是时空性。在时空性中,时间性才"包含"空间杂多的全体,因为空间中的同一的差异者既不"超出"[148]时间性绵延,也不"超出"空间性所"包含"的时间单元"瞬间的"广延,也就是说时间性中差异(或分化)的同一性不"超出"空间杂多,所以我们可以说,时间性被"包含于"空间杂多之中。

康德对第一个"原理"(Grundsatz)的分析完全符合刚才的解释:量的(三重)范畴被话语论述为"直观的公理",它们的"原理"(Prinzip)被表述为:"一切直观都是外延的量。"(前揭;III,148,19—20.)实际上这些"原理"都是用"图型法"从对应范畴那里演绎得到的,而"图型"在康德看来完全是时间性的。然而,量(= 给定存在)范畴的"时间化"产生了外延的——亦即康德本人所说的时空性的——量概念。因此康德把"时间"引入(第一)"范畴"使其产生了[……]①空间。这明确地指出,"空间"已经在"时间"之中了,也就是说所谓"时间"其实就是时空性,而时空性恰恰就是被话语论述的"量"或给定存在的范畴。然而康德对此范畴本身的话语论述将该范畴定义为单一和复

① [译按]科耶夫手稿这里无法辨认。

多,也就是全体性。结果如同黑格尔所预料和指出的那样,给定存在(Sein)或存在者全体(作为不同于虚无的东西),恰恰就是时空性或"生成"(Werden)。

简而言之,只需要从康德的"先验逻辑"中删除物自身这一(矛盾)概念,就可以让其"先验感性论"等同于其第一"范畴"的话语论述。另外,这个话语论述也与黑格尔"逻辑学"其中一个构成性要素的内容相一致,我们之前把这个要素简单概括为存在论。

现在让我们来看,第二范畴的话语论述是否与我们黑格尔式的现实学的内容相重合。如果康德的这个范畴是在一个真正意义上的("辩证的")范畴体系里的真正第二的位置上,那么就应该重合。

康德的第二范畴是质,它被展开为三个子范畴:实在性,否定性,限制性。"质"这个术语似乎与[149]我们至今为止关于我们现实学的对象——客观现实——所说的一切不太一致,因为这个现实性(正如存在那样)是一个看似"量的"而非"质的"概念[如果"质"的定义是一个"实体"的"属性",那么这个定义只有相关于一个"单子"或结构化单元或经验性实存〔它作为"现象""显现"〕才有意义〕。但我们将明白,这不过是一个术语表述的问题。相反,我们试图直接将康德的"实在性"等同于我们的"客观现实"。然而,不要被简单的术语重合所欺骗。在立论之前,我们应当先了解一下,康德本人关于质的三个范畴都说了些什么。

康德和我们都认为,范畴的意义必须是时空性的。黑格尔和我们都认为,客观现实必须是给定存在的客观现实,亦即时空性(存在着)的客观现实。这让我们立刻想追问康德从质的范畴中推出了什么(第二)"原理"(Grundsatz)。康德运用时间"图型",把时空性"内容"或意义赋予质。第二"原理"(Prinzip)是"知觉的预测":"在一切现象中,实在的东西作为感觉的一个对象,具有一个内强量,即具有一个度。"(前揭;III,151,31—33.)实在之物是一个内强量(而非给定存在那样是一个外延量),因为它仅仅在一个瞬间(erfüllt nur einen Augenblick)(被感性而非被知觉)所"给予",而非作为前后相继"所与"的"综合"(successive Synthesis)。(参考前揭;III,151,11—16.)这一下子就让我们联想到那(在知觉中)"揭示"一般客观现实的"张力"(更确切地说,是"张力"的变动)。康德"实在性"子范畴以及整个"质"范畴的意义最后都被还原为这个"内强量",因为康德明确地说"对于(现象实在中的)一切质,我们能够先天[也就是作为严格意义上的范畴来]认识的东西不过是其内强量,即认识到它们有一个程度"。(前揭,III,158,9—11.)

因此康德的"质"就是一个"度",也就是一个量化的质,或一个质化的量,这与我们的客观现实的(先)概念完美一致。再说,康德还主张"度"具有变异性[150],它可以从零无限增长(这个零恰恰就是实在性的缺失,即否定性)。所以康德和我们一样,认为实在性被[知觉(Wahrnehmung)中的]任意"感觉内容"(Empfindung)的变异所"揭示"出来,如其所是地(或作为范畴)被揭示出来,但这些感觉内容本身不显示任何内在结构(康德举的例子是被照亮的平面被无限缩小)。换言之,康德"质"范畴的意义其实与我们的客观现实概念的意义是一样的。

所以康德的这个概念曲行展开后与我们的客观现实概念相一致,这毫不奇怪。康德首先把"质"定义为"实在性"(也就是[给定存在(=量)中的]质的正题),接下来将其反题称为"否定性"[我们将其称为非实在]。另外,康德把"实在性"定义为(时间中的)存在,把"否定性"定义为(时间中的)非存在(前揭;III,137,12—14),或将二者分别定义为某物(Etwas)和无物(Néant;Nichts),后者也就是无对象的概念,例如阴影、冷(缺乏性的无[nihil privativum])。(前揭;III,232,25—27.)这个例子直接让我们回想到巴门尼德,他把客观现实中不可消解的对立定义为"光明"和"黑暗"的对立。这个例子说明,康德、巴门尼德、黑格尔和我们都认为否定性 =(时间中的)非存在 = 无物,它不过是"否定",也就是"肯定"的"对立面",而康德将肯定称为实在性 =(时间中的)存在 = 某物。但我们认为肯定与否定之间有不可消解的对立,它展现为交互作用。在这种相互作用中,(毁灭性的)行动与(保护性的)反动,二者被交互作用所绝对地"中和"("取消")了,所以对立"项"始终(必然)不变,也"无法改变",因为二者的对立是"不可消解的"。所以交互作用是正题和反题的综合,也就是康德所称的"限制性"。更确切地说,限制性(Einschränkung)无非就是与否定性结合(verbunden)着的[那个]实在性。(前揭;III,96,9—10.)

然而康德也说过,这个"结合"是实在性与否定性之间的对立,所以这二者的对立是作为充实的时间和空虚的时间在同一时间中的差异化来实现的。(前揭;III,137,14—15;亦参:III,205,28—206,1.)[151]这让我们回想起德谟克利特对(客观现实的)不可消解之对立的定义,不过他说的不是时间而是空间。但这个定义如果改成时空的而非空间的,就同样与我们的定义一致。注意,康德本人的体系框架完全可接受这样的修改。

实际上我们已经知道,当康德言说时间时,他想的其实是时间和空间。在上述引文中,显然他想探讨有"虚""实"空间的那样一个时间。这让我们明白,康德在其第二组范畴中实际上谈的是时空(Espace-Temps)而不是"存在论"的时空性(Spatio-temporalité),前者与我们所谓的现实学中的内容是一致的。因为对于时间性,要么只能说它随时随地都"充实",永远被其中绵延的空间所"填充";要么只能说它随时随地都"空虚",只被空间性所"填充",而空间性除了自身之外什么"内容"都没有。只要言说[空间所绵延的]一个"充实"或"空虚"的时间,就必然言说客观现实的时空,而不仅仅是存的时空性。

不仅如此。我们认为客观现实从"本质"上设想,或从整体上看,是不可消解的对立。它作为经

验实存的基础，在现象中"显现"为交互作用。康
德同样也认为，"限制性"一方面将质范畴的（"辩
证"）话语论述进行了"全体化"，另一方面也是一
个"冲突"、一个"主动的、行动的对立"（Widerstre-
it)，甚至是"肯定力"和"否定力"的交互作用，二
者通过平衡或"抵消"来"中和"，因而不改变对立
"双方"。

　　康德关于这个问题的论述如下（在"歧义"附
录一节）：

　　　　如果实在性知识只是通过纯粹知性来表
　　现（本体的实在性（realitas noumenon)〔即非
　　时空的〕），那么在诸实在性之间就不可能设
　　想任何**主动冲突**（Conflit-actif/Widerstreit)，
　　无法想这样关系（Verhältnis)，它们在结合
　　（verbunden)于〔唯一〕一个主体中互相取消
　　（aufheben)其后果（Folgen)，就会是〔例如〕
　　$3-3=0$。相反，在现象中的〔诸〕实在的东西
　　（realitas phaenomenon)相互之间当然（aller-
　　dings)可以处于**主动冲突**之中，并且〔当它
　　们〕结合在同一个主体中时，一个实在的东西
　　就会完全或部分地抵消（vernichten)另一个
　　的后果，〔例如〕在同一直线上两个运动的**力**

在它们朝相反的方向牵引或挤压一点时……①（前揭；III，217，19—28）

这个段落的有趣之处在于，康德本人所理解的物自身就算"客观现实地""对立"于现象，也不能被理解为康德-黑格尔意义上的客观现实。因为康德说物自身本身不包含任何主动的对立，不包含由正反"力"在对立中相互取消，从而使得"力"和"动者"都不能被改变或消灭的那种不可消解的对立。这些"动者"和"力"由客观现实所构成。然而，在时空中，这种不可消解对立是实存的，也正因此，才会有构成性要素，即"行动"甚至"力"存在。这些要素是不可摧毁的，因此可以被称作客观现实物。

然而，仔细阅读上文会发现它不尽如人意。康德没有说在客观现实的时空中主动冲突（＝不可消解对立＝"平衡的"交互作用）必然应当发生。

---

① 康德在《自然科学的形而上学初始根据》（1787）中表述更清晰：空间中的实在的东西（亦称为坚固的东西）被定义为"斥力对空间的充实"，而对实在而言"否定性的东西"被定义为"引力"，它单独作用会取消"坚固的东西"；而"通过第二种力对第一种力的限制"规定了"对空间的充实程度"。（参考前揭；IV，523，6—17.）然而，这个"程度"无非是客观现实（＝一般的"质"）。

先不强调这一点，因为一方面，这句话的字面意思
不清楚，另一方面，要想定义客观现实的"本质"
（＝范畴），只要定义其"可能性"就够了。真正严
重的问题是，康德似乎允许"对立"行动只进行部
分的"中和"或"取消"。如果真这样，那么就不能
说"主动冲突"或（正反题）对立具有不可消解的特
征了。而这个特征恰恰是保障该对立和"构成性
要素""诸项"的不可摧毁性的。只有具有不可摧
毁性，这些要素才能被称作客观现实物。实际上，
在康德的例子中，"正"力如果不能完全中和"反"
力，即不能同时"取消"对方和自身，那么它就只能
作用于[152]向右移的"点"。同时，"反力"可以被
看作一个纯"虚构"的力，只有正力是"现实的"。
但这样一来正力"现实上"就会比我们称作（虚构）
的反力还要小，也就不可能说出这"现实"力的"客
观"大小是多少，因为我们可以把"虚构的"反力大
小视为零或任意值。而那个"点"也不再是时空中
"现实""客观"的点了，而是一个在"几何"直线
（"现实"正力的"线"）上单纯的（时空性的）"几何
点"；而这条直线上的点的位置也成了"任意的"，
因为它只取决于"起点"的"选择"。这样，只要交
互作用没有被绝对地"平衡"，只要对立减少（或增
加），那么对立双方就改变了，甚至被取消或消失

了,也就不再是客观现实的了(更确切地说,对立双方会以前所未有的方式显现)。对立双方被缩减为一个给定存在或一个纯粹的可能性,这种可能性作为"被揭示的"、现象的经验实存,就是我们所称的虚构或"(话语)理性存在"。

我们当然可以说,不要过分强调引文中的那三个小词:"或部分地"(oder zum Teil),因为康德举的两例(第二个例子是快乐和痛苦的"平衡")都与完全"中和"有关。但不幸的是,康德本人也明示了这三个不可避免的小词所隐含的后果(显然他没考虑过这后果),他谈到在实在性与否定性——即实在性缺乏——之间有连续的过渡。

实际上他(在"图型法"一节中)说:

> 每一种感觉都有某种程度或大小,它借此能就一个对象的同一个表象而言或多或少地充实同一个时间,即内感官,直到这感觉成为无(＝0＝否定)为止。因此从实在性到否定性有某种关系(Verhältnis)和关联(Zusammenhang),或者不如说某种过渡,它把任何实在性都表象为(vorstellig)一个量,而实在性的图型[被理解]为某物(Etwas)在充实时间的情况下,其量的图型正是这个量[或实在

性]在时间中连续而均匀的产生(Erzeu-gung),这时[在量"产生"时]我们从具有某[给定]程度的感觉在时间中下降至它的消失,或者是从否定而逐渐(allmählig)上升至感性的[给定]大小。(前揭;III,137,22—29.)

[154]"知觉的预测"的"原则""证明"将这个观点表达得更明确,其中的原则涵盖了康德的整个现实学。它总结了质(=客观现实)范畴的三重话语论述。其中有这样一段:

> 凡是在经验性的直观[=知觉]中与感觉(Empfindung)相应的东西,就是现实性(现象的现实性[realitas phaenoumenon]);而凡是与这种现实性的缺乏相符合的就是否定性=0。但现在,任何一种感觉都有可能[有]某种减小,以至于它可以削弱因而逐渐(allmählig)消失。因此在现象中的现实性和否定性之间就有许多可能的中间感觉的某种连续的关联(Zusammenhang),它们的相互区别越来越小,小于给定的感觉和零之间,或者和[感觉中和现实中]完全的否定之间的区

别。就是说:[经验性]现象中现实的东西任
何时候都有一个量,然而这个量位于领会中
[即对知觉或感觉的意识中],是因为它只是
凭借(vermittelt)[仅仅]一瞬间的感觉而不
是通过许多感觉的相继综合而发生,因而不
是从诸部分到整体地进行的;所以它虽然有
一个量,但并非外延的[量][它只有内强量,
亦即程度]。① (前揭;III,153,16—29.)

只要对此段最后一句进行合理化阐释,就可
以把康德的构想与我们的完全协调起来。"现象
中现实的东西"用我们的话说就是:"在一个现象
中经验实存的,并且(由知觉)揭示的客观现实的
东西。"但我们后面会看到,客观现实(非不现实)
的经验实存只要"显现"为现象,就需要一个"测量
学"(=物理学),它基于"测度"、基于客观现实的
与现象的(可测的)"量"。但可测的量按康德的术
语说必须是"广延的",因为测量是"许多感觉的综
合","因而从部分到整体进行"。但是康德说现实
之物就其本身而言是一种非广延的"量",他称之

①　我删去了25行的"并非"(nicht),因为这显然是个印刷错
　　误(然而康德在第二版检查时没有注意到)。

为"内强量"或"程度"（Grad）。康德认为现实之物
就其本身而言仅仅是被一种"感觉"所"揭示"的，
这感觉仅在一"瞬间"就完全将其"填充"为同质的
"内容"。如果现实之物确实如康德所说那样"对
应于感觉"[或如同我们所说那样，客观现实被知
觉的一个[155]构成性要素所"揭示"（其实被知觉
的"张力"所揭示）]，那么这个现实之物就完整出
现于时间的每一个"瞬间"，并且它作为现实之物，
会绝对地保持同质，保持与自身同一。换言之，只
有一种现实，那就是从现实性上随时随地必然与
自身相同的现实。康德当然承认不同感觉有不同
内强量或程度。但由于他谨慎地说"现实"不是
[或不对应于]许多感觉的（前后相继的）综合，而
是[或对应于]独一无二的感觉[现实的东西只"对
应"它，换言之只有这种感觉能"揭示"现实的东
西]。这个结果符合常理（Bon-sens）。常理看事
物要么是现实的要么不是（现实的），而不允许某
物比其他事物更现实，或更不现实，或以不同方式
（同样）现实。因此我们明白了，一般的客观现实
并不在知觉（康德及其时代的心理学认为知觉是
"感觉"的总和，而我们与现代心理学认为知觉是
不可分的统一体）的"内容"之中"显现"，而是在知
觉的张力之中。一般的张力没有任何"质的内

容"。我们当然也承认张力有许多"程度"。但我们所理解的客观现实,作为现实的、客观的东西,它的显现必须依赖于张力变动(即增长)的事实。我们所理解的张力在任何时空中都一样(虽然变动的"程度"依情况而变)。

所以我们所说的与康德在上文中所说的是一致的。康德在另外一处中也谈到这个主题,再一次确证了我们的观点:

> 感觉的质[或内容]任何时候都只是经验性的,而根本不能先天地被表象……但与一般(en tant que telles/überhaupt)感觉相应的现实的东西,与否定＝0相对立,却只[先天]表象着某种其概念自身包含有存在的东西(etwas)……(前揭;III,157,30—34.)

所以唯一的现实"对应于"所有"感觉",并且这个现实的东西只能通过其对立面——否定性,即现实性的完全缺乏——来"定义":现实就是这样一种概念或("质"的)范畴,它的意义独自对应于一个存在,而该存在不被任何外在的东西所"规定"(参考前揭,IV,502,31—33)并且[156]该存在被任何"感觉"所"揭示"出来,不论感觉的"内容"是什么[也不论其量的"内容"是多少,亦即不论其"内强量"或"程度"是多少]。总而言之,[客观]现实的现实性在任何情况下都是唯一的,它在任何情况下都[作为正题][不可消解地]对立于其"否定",即非现实。

虽然从各个角度包括康德本人角度看,这种阐释令人满意,但它仍然与引文之前的句子相矛盾。康德在前面明确地说,在现实和非现实之间有连续的过渡,亦即现实性的不同"程度"。我们应当承认,康德这里犯了错误,即使从他自己的角度来看也是错的。

错误的原因是明显的。一方面,康德显然深受无穷小运算成功的触动,他想把连续性原则放到客观现实概念中,想在这个基础之上演绎出一种连续性物理学(但他明确区分了作为"科学"的物理学和作为哲学的"存在论",[参考前揭,IV,469,21—25;470,13—35;III,151—3—28;468,25—483,32;541,18,542,2;547注释])。另一方面,康德不加批判地接受了同时代的心理学错误,也就是承认"感觉"可以从零到某一特定程度进行连续性变动。但影响康德的决定性因素不是心理学也不是牛顿物理学。因为那时的心理学太原始了,不足以决定哲学观点。而物理学,牛顿本人似乎更倾向于"物质"微粒说,用康德的术语也就是客观现实物微粒说,或"质"的微粒说。真正起决定性的影响来自于莱布尼茨及其"单子论",以及"微知觉"理论,康德对这些显然是相当了解。

无论如何,现在我们知道了"感觉"就是"连续的"。实际上感觉只有从一个有限"阈值"开始才能产生,它本身就有一个有限的最小内强量。另外,虽然刺激在事实上是"连续地"增减的,但感觉的内强量是以"跳跃的"方式增减的。因此"感觉"的内强量或"程度"完全是一个"量化的"值。但这不妨碍我们把"客观现实"概念的意义用于"感觉"的(不连续)变动,甚至[157]用于"张力"的(不连续)变动。因为现代物理学清楚地表明,连续性是客观现实物的一个必然属性。

但在这个问题中我们认为最重要的一点是,康德把自己的观点搞错了。因为在上述引文中(III,153,19—24)康德承认在某一给定"感觉"中,内强量与零的差总是有限的。感觉的有限程度与零之间有许多无穷小的"感觉",它们是"可能的中间感觉",而不是现实的。这些"中间感觉"的纯虚构性还体现在,康德认为一个现实的"感觉""仅仅在一瞬间就充实",而在每一个"瞬间"中显然都有"无穷多""中间感觉",它们按定义来说每个都是无穷小的。然而康德就算把"质"概念[的意义]定义为"在经验直观中对应于感觉的东西",他也显然没权利从这个仅仅可能的或"潜在"的"感觉"连续性中演绎出所谓"质"的连续性。康德认为现实的"感觉"具有一个有限的最小量,亦即一个不可缩减的"量子"。那么他就得承认,凡是"对应于"现实"感觉"的东西也必须被"量化",而不能允许从零到给定(有限)量之间有"度"的连续性。

一般来说,康德认为客观现实的一个(客观现实的)"程度"不对应于一个现实"感觉"的内强量的一个给定程度。他之所以使用"感觉的程度",仅仅是为了推出客观现实"量"的"内强"性,而这又是为了推出客观现实的连续性(康德以为必须假设连续性才能解释牛顿物理学的无可置疑的成功,因为牛顿物理学建立在客观现实[概念]的无穷小运算上)。然而,一方面我们知道,量子物理学使无穷小运算完全可以与非连续的客观现实概念相协调;另一方面我们看到康德的演绎尝试是失败的,因为他使用的"感觉"概念明显是矛盾的(概念来自于莱布尼茨),它不过是纯粹可能的或潜在的东西,它恰恰不能是感觉(真正的感觉必然是现实的,否则就绝对不是感觉)。

[158]如果康德了解现代物理学(或者如果他

只是一个牛顿物理学家,而非哲学家,那么他就不会试图在其现实学中解释牛顿物理学的存在与成功),那么他就肯定不会尝试做这么一个令人失望的甚至矛盾的"演绎",他也就不太可能试图从客观现实中推出连续性概念。因为康德所定义的连续性客观现实,是一个矛盾的概念。上述引文的"连续性"其实是"从现实性到否定性的[连续]过渡"(III,137,23)。换言之,在非现实(否定性)与现实性之间没有了不可消解的对立,而现实性被定义为不可消解对立的存在,它必然包含这样的对立。

当我们用下文定义[客观]现实(它与上文第151页一致。在文中,康德把现实性与否定性的对立理解为"充实时间"和"空虚时间"的对立)时,这个隐含的矛盾就浮现出来了:

> 由于时间只是直观的形式,因而是对象作为现象的形式,所以凡是在这些对象上[an]与感觉相应的东西,就是一切对象作为自在之物的先验质料(事实性(Chosité/Sach-heit),现实性)。(前揭;137,15—18.)

"一切对应于感觉的东西"或[客观]现实,如果是"一切对象作为自在之物的质料",那么显然，现实性就既不能消失，也就是不能以连续的方式转化为否定性，也不能具有不同"程度"的内强量。因为物自身不是时间性的，它不允许任何变动，并且"永远"与自身保持同一。对于康德和对于我们一样，客观现实任何时空中都必然与自身同一，因为它不允许自身现实性和客观性有任何的变动，也因为客观现实始终与异己之物，即各种非现实之物保持着相同的、不可消解的对立。

很久以来（似乎是从德谟克利特以来），客观现实中的构成性对立就具有不可消解的特征，这个特征被表述为"持存原则"，而在康德时代，它表述为物质的持续律，确切地说就是这个"先验物质"的规律。[159]康德将"先验物质"等同于上述引文中的[客观]现实性。

在《自然科学的形而上学初始根据》中，康德如此表述这个规律：

> 力学的第一规律：在自然物体的一切变化中，物质的量在总体上不变，既不增加也不减少。（前揭；IV，541，28—30.）

这个规律明确指出，康德认为严格意义上的、狭义的客观现实整体,即一切"自在之事实性",都"恒定地"、(甚至在量上)"不变地"对立于非现实。这个对立是不可消解的。对立的"恒定性"既是对客观现实的定义,也是"对应"于感觉或知觉的"事实性"的定义。事实性不同于纯粹"主观"的、来自于感觉或知觉本身的"现象"①。

总之,康德的错误在于以为能从其"质"范畴中演绎出连续性,从而把"[客观]现实"定义为"连续的量"(并且非广延,仅仅是内强的量)。他的错误一方面是由于混淆了客观现实(它的显现是出于知觉或"感觉"的张力变动这一事实)和经验实存(它的显现是凭借知觉或"感觉"的内容)(在哲学和物理学界,这种混淆一直延续);另一方面是由于他也不能明确区分物理学和哲学,甚至现实学,尽管他(与柏拉图和亚里士多德一样)承认二者有本质区别(康德在历史

---

① 将客观实在中作为构成性要素的、不可消解的对立的概念曲行展开后,就得到了严格意义上的持续律。而客观实在所蕴含的正反题之间不可消解的对立(=交互作用),它的概念曲行展开为对立的持续律。例如正(负)电荷的量可以减少(增加),但前提必须是负(正)电荷也同样地增加(减少)。对于充实("物质")和空虚("光线")也如此。总有某物在狭义上"守恒"(甚至在量上守恒),例如能量。严格意义上的客观现实恰恰等同于这个"绝对守恒"。

上第一个明确表示,物理学由于必须是数学的,所以不是话语性的,而哲学追求的真理,按定义是话语性的)。

从我们的黑格尔主义观点来看,如果抛去连续性这个错误,那么康德的现实学完全正确。[160]在康德的现实学中,客观现实就是正题与反题之间的不可消解的对立,在其中,正反题被原封不动地"保留"下来,并且我们只能将其定义为一对"相反项"(A 与非 A)。客观现实的正反题之间不可消解的对立,就是交互作用。而交互作用所属的客观现实,就是客观现实的时空,归根结蒂也就是空虚和充实之间不可消解的对立。而客观现实的构成性要素则是"内强量",它们没有自身结构(即"外延"),因此不对应知觉的任何("质的")"内容":就其本身,它们是"可测的量",但不是可曲行展开的概念。

总之,如果把康德现实学中所有明确或不明确的物自身概念都删去,并且解释得当,使得连续性概念的谬误推理(它就算从康德本人观点来看照样是错误的)也被删除的话,那么就可以说康德的现实学完全变成了接下来要说的黑格尔现实学。

在进行阐述之前,有必要了解一下康德的后两组范畴是什么。

如果关系范畴确实如康德所说是一个真正范畴体系中的第三位(且范畴体系是一而全的,因为它以规定次序包含了所有范畴,即以唯一可能的"演绎"顺序来包含范畴),那么康德这个范畴就应当与黑格尔的经验实存概念完全一致。

然而康德在第二版批判的范畴表评注中首先是这样说的:

> 这个表可以分为两类,其中第一类[它包括前两组范畴,也就是数学的范畴]针对直观(既包括纯直观也包括经验性直观)的对象,而第二类[它包括后两组范畴,也就是力学的范畴]针对这些对象的实存(要么在彼此的关系中,要么在与知性的关系中)。(前揭;III,95,25—29;亦参 III,159,34—37.)

[161]康德这里所谓的实存,显然就是我们的经验实存。因为一方面,康德把实存与[客观]现实区分开,前者定义为质(=[客观]现实)与量(=给定存在)的实存;另一方面康德把实存等同于关系:既指质与量之中事物之间的关系,也指这些事

物与"知性"的关系。然而按定义,知性是*话语性*的,康德认为人能言说的其实只有那些被经验[=知觉]所"给予"的东西。换言之,实存也就是我们所理解的狭义的现象,即某一个此时此地"显现"出来的、作为知觉"内容""显现"出来的经验实存(知觉一旦[凭借自由活动]脱离了它的此时此地,就构成了上述"事物"的概念。它可以在一个现象中"化身为"其意义,"对应"于上述现象的本质;而现象则"化身于"意义的实存中)。而关于"事物之间的关系",康德和我们都认为它们是这些事物的话语性定义的基础;因此我们能够像康德一样把经验实存本身(即作为构成要素的"事物"的全体)定义为一般意义上的关系。

所以康德第三组范畴曲行展开后就等同于我们的黑格尔主义的现象学。现在让我们快速看一下是否的确如此。

康德把第三组范畴的第一个肯定(或正题)定义为依存性与自存性(substantia et accidens[实体与偶性])。将这个定义展开(通过把第三组范畴运用到时间[确切地说是时空]上)为"原则",能使我们更容易理解其意义和范围。论述如下:

## 经验的类比

[第一版]其一般原理（Grundsatz）是：一切现象在其经验实存（Dasein）上都先天地服从规定它们在一个时间中的相关关系（Verhältnis）的规则。（前揭；IV，121，22—24.）

[第二版]其原则（Prinzip）是：经验惟有通过知觉的一种必然结合（Verknüpfung）的表象才是可能的。（前揭；III，158，15—17.）

[162]这些原理自有其特殊之处，即它们并不考虑（erwägen）现象及其经验性直观的综合，而是仅仅考虑经验实存（Dasein）和就现象的这种存在而言（in Ansehung）考虑它们的相互关系。（前揭；III，159，34—37.）

## 第一类比

[第一版]——持久性（Beharrlichkeit）的原理

一切现象都包含着持久的东西（实体）作为对象本身，并且包含着变化的（Wandelbare）东西作为对象的单纯规定，亦即对象实存（existiert）的一种方式（Art）。（前揭；IV，124，19—22.）

[第二版]——实体的持久性的原理

无论现象如何变动（Wechsel），实体均保持不变（beharrt），实体的量在自然中既不增多也不减少。（前揭；III，162，3—6.）

惟有通过持久的东西，在时间序列不同部分的经验实存才能相继获得所谓绵延（Dauer）的量……因此，在一切现象中，持久的东西都是对象本身，也就是说，是实体（phaenoumenon［现象］），而一切变动或者能够变动的东西，都仅仅属于这一实体或者各实体实存的方式，亦即从属于它们的规定。（前揭；III，163，18—20，29—32.）

一个实体的诸规定无非是实体的各种特别的实存方式，它们叫做偶性。它们在任何时候都是实在的，因为它们涉及实体的经验实存（Dasein）（否定性只是表示实体中某物不存在的规定）。当人们把一种特殊的经验实存赋予实体中这种实在的东西（例如作为物质的一种［被视为］偶性的运动）时，人们就把这种经验实存称为依存性，以区别于实体的存在，后者人们称之为自存性。但是由此产生出许多误解（Missdeutungen），如果人们仅仅通过积极地规定实体存在的方式来描述偶性，就会说得更为精确和正确。然而，由于我们知性的逻辑[或话语]应用的诸多条件，我们似乎不可避免地会把实体的经验实存中可变动的东西与实体分离，同时实体[本身]保持不变（bleibt），并且会在与真正持久的、根本的东西的关系中考察它；因此，[实体]的[子]范畴处于关系（Verhältnisse）的名下，更多是指作为关系的条件，而不是指它自己就包含着一种关系。（前揭；III，165，10—26.）

没有实体的直观的单纯形式本身不是对象，而是对象（作为现象）的单纯形式的条件……（ens imaginarium[想象的存在]）。（前揭；III，232，28—32.）

[163]上述引文中有几点应当注意。

如果把第二版批判的三个类比的一般原则的表述都结合在一起，再加上对其的评注，我们就会发现经验实存无非是其自身的构成性要素之间的全体时空关系或联结。而经验实存的那些构成性要素则是"现象"，更确切地说是在知觉"内容"中"显现"的"物"。当然，康德始终都只（明确）提过"时间"。但不可否认的是，它实际上同样（暗中）提了"空间"。所以经验实存中的构成性关系是在"时空"中产生的。但显然（下文证明）上述关系跟客观现实里面的不可消解对立完全不是一回事（后者是位于真正时空中的）。不可消解的对立不允许任何变动，因为它是一般客观现实持存性和持久性的前提，相对地，关系则是"时间中的相互关系"或"知觉之间的必然联结"，所以关系无非是一般意义上的变动本身（尽管这个变动只能在持久性的前提下实现）。因此我们应当区分两种时空，一种时空中持存着客观现实的不可消解对立，另一种时空中有构成经验实存的关系变动。对于后一种时空（它作为现象，在知觉"内容"中显现，而不是凭借感觉所包含的张力变动或情感的快乐或苦恼而显现），我们不应再称之为"时-空"，而应称为"绵延-广延"，因为康德本人也在引文中明确用过"绵延"这个词。(III, 163, 18—20.)

康德说变动只有在持久（＝实体）的前提下才是可能的[亦即能产生"经验"、产生融贯话语，亦即自身为一，能够成为全体性的（话语性）真理]。用我们的话就是说，经验实存是客观现实的经验实存[而客观现实则不过是给定存在的客观现实]，换言之，绵延-广延不过是时空的绵延-广延[同样，时空不过是存在的时空性的客观现实]。[164]然而在上述引文末尾["分析论"附录的四种无，分别定义为非存在（虚无）、非现实、非实存和非话语性(不可言说)],康德实际上承认有"非实体"的、无客观现实性(即不处于时空之中)的经验实存[所以也有"非实体"的给定存在],名为想象的存在(ens imaginarium),其定义为"现象的单纯形式的条件"。如果一切客观现实都必然存在,且具有经验实存,那么经验实存[它必然存在]的存在则不一定需要客观现实。显然,这个经验实存的、具有绵延广延(即一个此时此地)的非现实,就是作为意义的话语(当然,现象的客观现实是建立在其经验实存之上的);同时经验实存的意义,作为某一此时此地的意义,恰恰就是人本身的人性。这样,康德的经验实存实际上对黑格尔和我们而言不仅仅是无生命的物和有生命的有机体(这两者的基础都是"持久的"、客观现实的),并且还是人类个体,即"人格"(它"本质上"是非现实的,甚至是"自由"地超脱于一切"现实""客观""必然"之物的)。但接下来我们会发现,话语及其意义至少在表面上并没有进入康德的范畴"体系",康德本人把经验实存(="关系")缩减为无生命物的绵延-广延的经验实存(而有生命体仅仅是一个"范导性的"概念,只能以仿佛的方式话语论述,它不是真正的范畴,后者是以真理方式话语论述的)。

　　无论如何,经验实存(＝"关系")必然具有一个绵延-广延,康德首先把它设定为(持久)"实体"与(可变)"属性"之间的"关系"。"关系"的第一个子范畴明确表明了,康德的"实体"不是别的,就是[部分]基于经验实存的客观现实,它作为客观现实之物,在经验实存之中,经验性地实存着。而关于经验实存本身,康德在另一处说过(Ⅲ,165,20—26),[165]它不是(客观现实的)实体与偶性之间的关系,而是诸偶性之间的关系,也就是"实体之经验实存的诸样式"之间的关系(在其中,实体只不过是"这些关系的条件")。换言之,[康德所谓无生命物的]经验实存[在黑格尔和我们看来]无非是复多的(＝广延的),甚至可变的(＝绵延的)关系,这种关系位于唯一全体性(它在绵延-广延之中分化)的诸多整合的构成性要素之间。用我们的话说,经验实存是一个"单子",一个结构性单元,亦即一个"非同质"、"不连续"的全体,其中每个构成性要素[无论是物的、生命的还是个体的,甚至"人格的"要素]本身都是一个内部"质分化"的"单子",并且"在质上区别于"一切他者。另外,康德多次使用了黑格尔主义的单子概念(例如参考 Ⅲ,217,29—218,11)。他惟独反对莱布尼茨将单子解释为

"思维主体",后者在事实上和对我们而言把单子解释为一个人类个体或一个"人格"。当然,康德既然把经验实存缩减到无生命物范围,他当然可以这么解释单子,但他因而限制子范畴,就是不对的了。因为他这么做就会在所谓范畴"体系"中引入一个空缺,也就不可能论证体系"循环性",无法论证其真正一而全的"系统性"特征。另外,这个武断的限制还使得康德的经验实存(=关系)无法接纳生命有机体概念。

我们以后再回到这个问题。现在先让我们来看,关系范畴(=具有结构化绵延-广延的经验实存)的第二个子范畴是什么。

康德在范畴表中把第二个子范畴定义为"因果性与隶属性(原因与结果)"。他将这个定义展开为原则(将这个子范畴运用到"时间",即绵延-广延上):

> 一般事物的原因和因果性的图型[虽说它是时间性的,但其实它是时空性的]是[166][经验实存着的]实在物,只要任意地设定(gesetzt)它[亦即只要在某一个此时此地中经验地实存着],总有[到处都有]某种其他[经验实存着的]东西接连而至。因此,该图

型就在于杂多的**演替**,只要这演替服从某种规则。(前揭;III,138,1—4.)

### 第二类比

[第一版]——生产(Erzeugung)的原理

凡是**发生**(geschicht)(开始存在)的东西,都预设了某种前提,使它按照规则来继之而起。(前揭;IV,128,24—27.)

[第二版]——根据因果律的时间相继原理

一切**变化**(Veränderungen)都按照原因与结果相联结(Verknüpfung)的规律发生(geschehen)。(前揭;III,166,31—33.)

我们发现第二版文字比第一版更精确。如果只谈第一版,那么可以说康德表述的就是我们所谓的法则性原则,也就是("实体"与"偶性"之间,更确切地说"实体"与给定"实体"的"偶性"之间的)关系,这关系构成了无生命物的经验实存或绵延-广延,亦即物单子的诸多质分化的构成性要素的单一体。但第二版明确谈到因果关系,因先于果,果后于因。所以第二版对应于我们所说的因果性原则。但对我们而言,这个原则也适用于生命有机体的经验实存或绵延-广延,而对康德而言生命有机体的经验实存是由合目的性原则构成的,后者只有"范导性"价值(只以仿佛的方式有效),不是一个可以真理方式曲行展开的范畴或概念。

无论康德的[错误的]解释如何,第二个子范畴都能正确地从关系( = 经验实存)范畴本身中推出,因为第二个显然是第一个肯定(正题)的否定(反题),也就是对(物)单子或结构化单元的子范畴的否定。实际上,因果性概念是对"实体性"概念或(物)单子概念的否定,因为因果性一方面否定单子的单一性,在单子内部区分出绵延-广延、因与果,另一方面因果性也否定单子的"结构的"复多性,因为[167]原因只有作为不可分的、独立于[?]自身"结构"的单一体,才能产生结果。然而非一是多,非多是一,所以因果性把之前在物单子那里否定了的"单子化"结构性单一体重新建立起来了。这个重新建立的第二个单子就是生命有机体,它不再是绵延中的一、广延中的多(因为它生存着,不是单纯的无生命物),而是绵延中的("结构化的")多,广延中的一(虽然它的广延"分化"是纯物性的,但它的绵延"分化"是生命性的:一个动物在其生命绵延中维持同一,然而在它的无机广延中"分子"不断被其他的所替代)。

当然,出于某些下面将看到的理由,康德不接受对关系的第二子范畴的这种解释。但我们将看到康德是错的,这个解释完全合法,因为它与康德本人(明确)所探讨的第二子范畴完全协调。

只剩下经验实存(＝关系)的第三个子范畴了。

在范畴表中,康德将其定义为"共联性关系(行动者与承受者之间的交互作用)"。他对此定义的评论如下(第二版批判的§11):

> ……共联性[＝合题]是一个实体[＝正题]在与其他实体的交互规定中的因果性[＝反题][反过来说也一样,共联性是其他所有实体在与某个实体的交互规定中的因果性]。(前揭;III,96,10—11)然而,在事物的一个整体中也设想一种类似[于作为上述子范畴逻辑基础的话语判断]的联结(Verknüpfung),在那里不是一个作为结果的事物隶属于另一个[被当作]其经验实存(Dasein)之原因的事物,而是就规定别的[事物]而言同时地并且交互地作为原因**并列**(例如在一个物体中,各个部分交互地彼此吸引也彼此排斥);这是一

种与在单纯原因与结果（根据［Grundes］与后果［Folges］）的关系中遇到的完全不同方式的联结；在后者中，后果并不交互地再（反过来）规定根据，因而并不与根据一起构成一个整体（就像世界的创造者并不与［他创造的］世界一起［构成一个整体］一样）。（前揭；Ⅲ，97，3—12.）

**最后，康德将这个子范畴如此展开为原则：**

共联性（交互作用）或者种种实体就其偶性而言的交互因果性的图型［康德说它是"时间性的"，但其实是"时空性的"］就是一个［作为偶性总和的实体］的规定和另一个［作为偶性总和的实体］的规定按照一条普遍规则的同时并存。（前揭；Ⅲ，138，5—8.）

### 第三类比

［第一版］——共联性的原理

一切实体，就其为同时的而言，都处在（stehen）无一例外的（durchgängiger）共联性（亦即相互之间的交互作用）之中。（前揭；Ⅳ，141，8—11）

[第二版]——根据交互作用的规律或者共联性[的规律]并存的原理

一切实体,就其在空间中能被知觉为同时的而言,都处在无一例外的(durchgängiger)交互作用之中。(前揭;III,180,23—27.)

这里还是有两种可能的解释。第一种,共联性原理只是对实体性原理的转述,只有实体性构成了无生命物的经验实存或绵延-广延,前提是现在只谈一个无生命的孤立物(即物单子)内部的"偶性"之间的关系;如果不指这种关系(或不仅指这种关系),还指不同的无生命物的"偶性"(或"偶性"总和)之间的关系,那么情况就不一样了。换言之,这个原理把(物的)经验实存表现为一个"单子",其中(同时存在的)构成性要素也是单子[这完全符合莱布尼茨的"单子论"](参考康德论"世界整体",III,185页注释)。另一种解释是,共联性原理是对因果性原理在广延方面的运用(而康德认为因果性原理只对绵延有效)。这种解释涉及到我们下面将提到的生命活动,一切生命有机体在生物环境中,即在它生存的世界中的每一瞬间都维持这种活动。康德虽然排斥第二种解释,但这两种解释都在康德的范畴体系中有效①。

[169]即使同时接受两种解释，我们也只得到了对前两个子范畴的一个补充性话语论述而已，而并非康德所以为的，作为前两者"合题"的第三子范畴。

黑格尔明确地引入了第三子范畴，从而填补了康德范畴体系的空缺，使其成为真正系统性的，也就是说一而全的、循环的，亦即作为"不可消解的话语性真理概述"。

应当注意，黑格尔的第三子范畴，在康德对共联性伪第三子范畴的评论中已经（暗中）定义过了。在上述的一个引文中（III，97，10—12）康德把共联性定义为对立于因果性的东西，"后果（Folge）并不交互地再规定根据（Grund）"。他本应该定义说在共联性之中"后果"规定"根据"（虽然这个规

---

① 显然，康德在展开经验实存范畴时谈到的"交互作用"与我们认为构成客观现实的那个交互作用（后者是凭借作用和反作用的相等来达到绝对"平衡"的）毫无关系。虽然康德谈到后一种交互作用时，错误地认为作用与反作用之间只有部分的"中和"，但他正确地区分了经验实存中的施动者与受动者（在一个没有被反作用"中和"的作用中，施动者是根据，受动者是作用点）。这里的"交互作用"实际上不是平衡，而是宇宙运动［即生物活动或人类行动］（当一只猫吞食老鼠时，后者肯定"反抗"了，但反作用相对于猫的作用而言"几乎忽略不计"，二者并非相等）。

定的前提是共联性服从因果性原则）。然而一旦
这样说，就意味着把共联性定义为神学原则，也意
味着根据筹划的（在某一此时此地中）有效实现的
行动具有经验实存性。正因如此，康德不说这话，
也不愿说这话。黑格尔是第一个将共联性子范畴
（他和康德一样都把它称作交互作用）定义为结果
对原因的作用的。同时，"交互作用"变成了自由
的、人类的行动，具有意识和意愿，呈现为自由的
基础范畴。自由不仅作为斗争→劳动或技术作品
的行动而经验实存着，并且还作为话语性概念而
经验实存。话语性概念或范畴曲行展开为（狭义）
概念、判断和推理的子范畴，这样一来，康德的共
联性就变成了[170]黑格尔主义的历史概念。（参
考《哲学全书》第三版的 §§ 154—159.）

　　康德很清楚这一切后果，因为在上述引文中
他(加括号地)举例引用了创世者与被造世界的关
系；所以他完全能够在范畴体系中引入人类共联
性范畴，亦即人类在（由法则和因果性统治的）世
界中的集体（自由）行动；人在其中创造了人类社
会和历史的世界，而就人类作为人而生存来说，这
世界又反作用于人类（虽然人类仍服从于人本身
所是的生命有机体的因果性，也服从于无生命物

的法则性,因为生命有机体某种意义上也是无生命物)。

　　由于宗教原因,康德不想走这条路。我在黑格尔主义的知识体系概述的第三导论中已详细阐述了其原因。康德不想承认人类行动在经验实存的绵延-广延中有效(也不想承认人类会获得满意),所以他把这个概念从范畴表中完全抹去了(也不能把它放在关系范畴的子范畴中,因为他很清楚,这个概念不可能进入前两个基础范畴)。由于他[错误地]以为生命有机体本身暗含了合目的性概念,所以他认为这个基础的生物学概念不能具有"范畴"特征,它只能以仿佛方式展开。他很明白,一旦接受了生命的[伪]合目的性范畴,就不得不接受[真正意义上]人类的合目的性了,这就会与一切宗教的根本"教条"相违背(一切宗教都不承认在尘世中仅按照斗争→劳动的"合目的的"/"尘世的"行动就能完全实现满意,也不承认斗争→劳动除了能产生作品还能最终产生话语真理)。

　　虽然生命现象的合目的性阐释是康德的一个小错误(这错误上溯至亚里士多德),很容易改正,也不需要修改范畴"体系",不需要范畴和子范畴的曲行展开,但是康德有意地(甚至"自由地")拒绝引入[171]自由子范畴(即人类个体

的范畴,它按定义是自由的、历史的、"政治的"、
"社会的"、"共联性的"),则导致了毁灭性的、不
可挽回的后果。因为康德没能给关系(＝经验
实存)范畴做出一个真正意义上的第三子范畴。
康德所展开的不过是对实体性和因果性子范畴
的展开的补充论述。康德范畴"体系"中的第三
子范畴的位置仍然空着。因此这个所谓"体系"
其实并非一而全的,这个空缺使它无法"循环"。
康德(不像黑格尔那样),没能在这个不存在的
第三子范畴中找到"判断"的概念,所以也就不
能从第三范畴中或其他任何范畴中推出概念的
展开。康德从判断表中推出范畴表,但其实他
的范畴表是从一个不可还原的、不可演绎的"事
实"中推出的(康德本人说这是一个单纯的"历
史事实"),亦即一个不可证明、不可用话语证实
的"明见性"。因此范畴的数量和秩序也不是论
证或演绎得出的:更何况康德不能论证其范畴
表的完备性,(用康德的话来说)它与其说是真
正的范畴体系,不如说是概念的"狂想曲",因为
按定义,一个体系必须是完备的,其中的概念只
能有一种排列顺序。直到黑格尔那里,才有了
真正意义上的体系,只需要把其中唯一的空缺
填补上,就能使其完整,循环起来,这样一来就

可以证明(之前康德所做的)从判断表中推出范畴表是合法的,因为判断表不过是范畴表最后一项的完整有序的曲行展开,而最后一个范畴又是从第一个范畴那里推出的,而第一个范畴则是一切话语共通基础的首个概念,包括本义/狭义上的判断本身的基础。总而言之,为了把康德范畴表变成真正的体系,真正一而全循环的体系,亦即(凭借其唯一的顺序)自在为一,什么也不需要修改。只需要[172]在前三组范畴(即九个子范畴)的展开的后面加上一个对共联性子范畴的新展开论述,把共联性解释为有效的人类行动总体,或完成了的普遍历史,这历史包含了一而全的话语,其中包含康德本人的范畴体系(要是不包含康德范畴体系,这话语就不会是一而全的,因为它不能意识到自身是话语,也不能把自己论证为话语性真理)。康德范畴体系补全之后,不仅完全覆盖了黑格尔知识体系的第一部分(我们在那里展开了存在论、现实学和"一般"、"抽象"现象学),还覆盖了体系的另外两个部分(我们在那里展开了"应用"、"具体"现象学,并且分析了作为意义的话语)。覆盖第三部分是显而易见的,因为共联性范畴现在包含了话语概念以及将要展开的话语性真理概念。但很容易发现对于第二部分也可以覆盖，因为那里的话语不仅展现为客观（现实）的意义，还表现为现象（既是生命有机体的现象也是无生命物的现象，这两个的基础都是客观现实的）。

　　人类个体话语（在客观现实的基础上经验实存着）将在体系中展现为对立于无生命物和生命有机体的非话语（而人类个体包含了、预设了二者）。我们将在体系中（在"应用"、"具体"现象学框架中）展开这三个基本概念，同时引入现在、过去和未来的"至上性"（而不需要借助于黑格尔），我们能证明三个"至上性"的理念在事实上和对我们而言已经蕴含于康德的范畴体系中了，它后来被黑格尔的话语论述所补全了。

　　实际上，实体性＝物的经验实存子范畴（作为无生命物的单子）其实被康德定义为法则性原则，该原则规定了一个实体的诸多偶性之间的相互关系。然而，把康德在评注共联性时所说的话运用到实体性时，我们会发现它是一个同时性的关系[173]（这很明显，无需评注）。用我们的话来说，康德谈到了现在的至上性（它使我们能从现在的知识中同时演绎出过去和未来的知识）。而因果性子范畴则显然是过去的至上性(它使我们能从过去的知识中演绎出未来的知识。过去规定着现在)最后,康德没说过未来的至上性,这当然是因为他没有经验实存(＝关系)的第三个子范畴。但这个第三子范畴要想"本质上"区分于前两个子范畴,必须凭借未来的至上性(因为它能从未来的知识中演绎出现在的知识,而现在是被过去所规定的)。实际上,黑格尔引入的第三个子范畴(至少引入了对康德共联性的一个新解释)就是指向这种未来的至上性(黑格尔在另一个文本中也提到过,但他没意识到这是一个本质上只属于人类的原则),因为它是关于自由的人类行动的,也就是依照筹划来实现的,它恰恰就是对未来的意识,为了主动地介入、作用于现在中。另外,这个现在也是生命有机体的现在,所以它必然被生物的过去所规定。

　　总之,只需把人类概念引入康德范畴体系即可使这个体系成为黑格尔知识体系整体的基础(只要把因果性子范畴解释为只与生命有机体有关,而与无生命物和人类个体无关:无生命物只服从于法则性原则,人类个体对应于黑格尔的共联性或自由子范畴)。但显然,只要把康德体系中一切有关物自身概念的东西都删去就可以让人类概念必然进入体系。实际上人类的经验实存不可能被否定，因为一旦否定了它就会否定话语本身的事实（而这是矛盾的，因为我们是在话语上否定它的）。如果我们也不能把这个"经验"事实放回到物自身那里（例如柏拉图-康德的不朽灵魂），那么就只能把这个事实加入到范畴体系当中。范畴体系潜在地包含全部话语，甚至能完全包含[174]一而全的、循环的、强意义上为真的话语展开。

　　另外，彻底删除物自身概念之后，对应物自身的、仿佛方式的话语就失去了对象。同时也不可能把这个仿佛方式完全删去，而只以真理方式处理整个体系。所以不仅需要往体系中引入人类个体概念，还需要生命有机体概念。这样一来我们就很容易发现合目的性原则（或自由原则）只对人类有效，而生命有机体只被因果性原则所规定（而无生命物由法则性原则所规定，生命有机体也可以被视为无生命物，人类也可以被视为生命有机体）。

　　最终，只需要删除物自身概念，就可以让康德范畴体系在某种程度上转化为黑格尔范畴体系，也就是我们的范畴体系。

　　实际上康德的前三组范畴就是黑格尔范畴体系的全部。这个体系是循环的，甚至一而全的、自闭合的。我们可以追问康德最后添加的第四组范畴是什么。康德似乎用它超越了前三组范畴，然而在黑格尔体系中第三组范畴的(更新的)第三个子范畴之后回到了整个体系的起点，所以没有空位留给第四组范畴。

如果我们看看康德第四组范畴展开的三个子范畴，我们会发现这组范畴没有给前三组增加任何东西，也没有超越它们，尽管康德本人做了某些评论。实际上这三个所谓的子范畴不过是对前三组范畴——量、质、关系——又进行了一次展示而已。这些展示在黑格尔那里原封不动地保留了下来。

康德"第四组"范畴是"模态"范畴。像第三组一样，它是"力学的"，因为它也指涉直观对象的"实存"，而不是像前两组"数学"范畴那样指涉对象本身。但"实存"(Existenz)一词这里应从广义上来理解，因为这组范畴展开的三个子范畴表明的是三种"实存"样式：[175]"可能性"，"实存"(Présence-réelle/Dasein)和"必然性"。这些"实存"样式的"相关项"分别是"不可能性"，"不存在"(Nichtsein)和"偶然性"。康德注意到(但没有坚持下来)这些"相关项"只在"力学"范畴中出现，不在"数学"范畴中出现，他仅仅补充道：这两组范畴间的差异应当"在知性的本性中有其根据"(参考前揭;III,95,31—96,2)。

这些评注表明,康德本人的认识很不细致,所以我们需要做一个阐释。

首先康德文本(III,95,31—32)没有明确说出"相关项"是仅仅存在于"力学"组的第四组范畴中呢,还是在整个范畴组都有,例如第三组。然而康德第三组的第三个范畴(共联性或交互作用)肯定没有"相关项"。至于前两个子范畴,可以说依存性的"相关项"是自存性,因果性的"相关项"是隶属性。但显然这两个"相关项"跟第四组范畴一点关系也没有,后者的"相关项"是对子范畴的否定。然而在第一组范畴中,复多性无疑是对单一性的否定(反之亦然),第二组中否定性(正如其名所显示的那样)是对现实性的否定。所以我们不明白康德为什么不想把"相关项"遍及所有范畴。实际上前两组("数学的")范畴的前两个子范畴就是两对"相关项",而"力学的"第三组范畴的第三个子范畴同样也有"相关项"(这很正常,因为第三个子范畴作为对前两个的合题,是一个全体性)。

康德通过发现(建立在"知性本性"上的)"相关项"而仅仅重拾了柏拉图所发现的话语性事实(对立于巴门尼德):要想说一个东西是什么,就必须说出它不是什么。这样,就像康德所注意到的那样,我们言说可能性就必须言说不可能性,言说实存(Dasein)就必须言说"不实存"(Absence-réelle/Nichtsein),言说必然性就必然言说其"否定",康德称之为[176]偶然性。所以"第四组"范畴中的"相关项"肯定不足以让其自成一类,区别于其他三者。

康德反而(暗中)承认在所谓"第四组"范畴中有些重拾前三组范畴的东西。实际上经验类比的原理对应于第三组范畴,它言说的是知性的必然联结。所以康德本人显然认为,第四组范畴的第三个子范畴"必然性-偶然性"作为一对"相关项"可以描述第三组范畴的一般特征,因为康德认为"实体"和"属性"的联结显然是必然的,然后"因果性"也当作一种"必然性",最后"共联性"也被明确定义为必然的共存(参考前揭;III,185,注释)。而第四组范畴的第二个子范畴的"相关项",康德称之为"不存在"(Nichtsein),它显然等同于第二组范畴的第二个子范畴,即"否定性"。因为康德在评论这个子范畴时,明确说过"否定性"("=0")就是缺乏感性显现(正值,不等于0)所对应的现实性。当然,"实存"(Dasein)一词出现于对"类比"的评论,而类比对应的是第三范畴,不是第二范畴。(参考前揭;III,159,34—37)但康德这个词的意义经常变动,而"第四组"范畴中的实存-不存在显然等同于第二组范畴中的实在性-否定性,因此这个对子刻画了第二组范畴的一般特征。康德明确说过,现象的实存不能先天地被认识(前揭;III,160,4),这意味着康德的实存是由"感觉"所"给予"的。然而"对应""感觉"的恰恰是"[客观]现实"。

只剩下必然性-偶然性这对"相关项"了,它是第四组范畴的第一个子范畴。然而康德说前两个原则对应前两个范畴,这两个原则只针对现象的可能性(前揭;III,160,11)。乍一看这对相关项刻画的是两个"数学"范畴。但[177]显然第二组范畴针对的是[客观]现实,而不是"单纯可能性"。这样一来,可能性-不可能性这对相关项只对应第一组范畴的一般特征。

总之,用我们的话说,康德的"模态范畴"是第四组范畴,区别于前三组范畴,但同时它也是一般意义上的范畴( = 概念),它统治着话语全体。它曲行展开为三个"辩证环节",也就是话语的三个"模态"或三个基本"范畴"(或概念的"构成性要素"):给定存在( = 量),客观现实( = 质)和经验实存（＝关系）——人类实际上只能言说存在的东西，客观现实的东西和经验实存的东西。然而康德和我们都认为，给定存在的话语定义是可能性（＝存在＝肯定）与不可能性（＝虚无＝否定）之间的纯粹差异，客观现实的话语定义是现实（＝肯定）与非现实（＝否定）之间不可消解的对立。至于经验实存（＝关系），康德给出的定义是必然性-偶然性的对子，这对他来说也就等于必然性-非必然性。然而在康德哲学体系中，非必然性总是等于"自由"，如果我们跟随黑格尔，把康德第三组范畴（＝经验实存）的所谓第三个子范畴（"交互作用"）替换为人类的、合目的性的"共联性"，即替换为自由行动、"自由"的子范畴，那么我们就能把第三范畴的一般特征刻画为必然性-自由，用这一对"相关项"来纠正康德的术语，使其符合整个体系。我们接下来将看到，对我们和黑格尔来说，经验实存的话语定义是实存（＝肯定性）与非实存（＝否定性）之间质的区别（或关系）：非实存是一般的筹划（＝未来的至上性），确切地说就是自由行动。

经过这样的解释，把第四组范畴当作对前三组的简单回归，把前三组当作"话语的模态"，这样一来，康德的范畴体系就变成了循环的、一而全的、真正"系统性"的。但要想[178]通过"第四组"

范畴从第三组"回归"到第一组,有一个必要前提:把第四组视为对第三组的第三个子范畴的曲行展开,而这个子范畴必须被特殊地视为自由行动的人类学范畴。然而康德恰恰不愿这么做(我在知识体系的第三导言中已经阐述其原因了)。因此康德的"范畴表"不是范畴体系,在(黑格尔和)我们看来它不是循环的、一而全的。康德以为它只能从"判断表"中演绎出来,而"判断表"本身应当当作"不可还原的所与"或柏拉图-笛卡尔式的"明见性"直接接受,由于它在哲学史上一直延续不变,康德几乎从没"论证"过它。

但康德至少可以说是第一个展示"范畴表"的人,这个范畴表事实上是一个真正的体系,只要我们把自由或筹划的子范畴引入其中就名副其实了。康德为这个子范畴留了个位置,只不过他把这个位置用"交互作用"这个伪范畴填上了。这个伪范畴其实无非是把"依存性"子范畴又提了一遍("实体"被解释为"诸多单子的单子")。

另外康德关于第四组范畴的评论,以及将其子范畴曲行展开为原则,这些都印证了我们的阐释。

我们首先来看第一个子范畴,可能性:

康德在"图型法"一节中如此给其下定义:

可能性的[时间性]图型是各种不同表象的综合与一般时间的种种条件的和谐/一致（l'harmonie/l'adéquation/Zusammenstimmung）（例如[这样一个事实]，对立的东西不能在一个事物中同时存在，而是只能相继存在），所以[这个图型]是一个事物在某一时间里的表象的规定（Bestimmung）。（前揭，III，138，9—13.）

对于康德而言，这些"图型"无非就是按照规则的先天时间规定（前揭，III，138，26—27），确切地说就是范畴。所以这些图型只适用于（康德意义上的）现象，而不适用于一般意义上的存在，康德认为后者是非时间性的物自身。但既然我们删除了物自身，那么我们的给定存在其实就是存在的时[空]性。[179]对我们而言，"某一时间里的"存在就是一般的给定存在，而"一般时间的规定"恰恰就是这个给定存在的"规定"。因此我们认为，康德的"可能性"仅仅能把给定存在跟客观现实和经验实存区分开。我们一直都认为一个某种方式上存在的东西都因而是"可能的"，但我们不能确定地说可能的（非-不可能的）东西是否存在。但亚里士多德明确说过，一个从来不曾在任何地方存在的东西,按定义就是不可能的、非"可能的"。但如果给定存在是指存在之全体性中存在的时空性,那么显然,正如我们在存在论中所说的那样,给定存在就是指可能的东西,而不可能的是指虚无(Néant),即无(Rien)①。

另外康德还说过,不可能的东西就是无:

> 一个自相矛盾的概念,其对象是无[=虚无](Nichts),因为[在这种情况下]该概念是无,[这是]不可能的东西,例如两条边的直线图形(nihil nagativum[否定性的无])。(前揭,III,232,33—35.)

但不能从中得出否命题的结论:康德的"可能物"是单纯的、前康德的"形式"逻辑意义上的"无矛盾"的东西。形式逻辑自以为能摆脱时空性。

---

① 康德在这里也是"亚里士多德主义者",他承认时空性的可能物跟客观实在物是相同的(正如他在文中所说,事实上他已经考虑到了我们所说的经验实存[经验实存在康德看来是事实上"必然之物"])。[对我们而言:可能物(=给定存在)=必然物(=经验实存)>客观现实物]。但康德所理解的"可能物"也指(非时空性的)物自身:(广义的)可能物超出了(时空性的)实在物。(参考前揭,III,195,24—197,4.)

实际上"一般经验性思维的三个公设"分别对应于第四组范畴的三个子范畴,其中第一个公设中是如此定义可能之物的:

> 第一公设:凡是与经验的形式条件(按照[时空]直观和概念[＝范畴])一致(übereinkommt)的,就是可能的。(前揭,III,185,22—23.)

所以可能之物必须符合一般时空性的"条件"。跟我们理解的一样,一切可能之物和一切[180]时空存在是同一的,而不可能之物在康德看来是"外在于"时空性的,也就是对我们而言"外在于"给定存在的,即康德所理解的虚无(＝无)。

第一公设的评论讲得更清楚;康德说:

> 至于在这样一个概念[在一个可能对象的概念]中必须不包含任何矛盾,这虽然是一个逻辑[指"形式逻辑"]必要条件,但对于概念的客观实在性来说,即对于这样一个凭借概念被思维的对象的可能性来说,却是远远不充分的。[例如]在一个由两条直线围成的图形的概念中,并没有任何["逻辑"]矛盾,因

为两条直线及其对接的概念并不包含对一个图形的否定；相反，该图形的不可能性不是基于概念自身，而是基于该图形在空间中的构造，也就是说，基于空间和空间中规定的条件；但这些条件又有它们自己的客观实在性，也就是说，它们关涉到可能的事物，因为它们先天地在自身中包含着一般经验的形式[它必然是（时）空性的]。（前揭，III，187，4—15.）

当然，康德所谓的"客观实在"，与我们的客观现实完全是两码事。康德的"客观实在"仅仅是指概念意义"关涉到"的"某物"（这个"某物"完全不同于意义呈现出来的现象）。这里的"某物"（康德错误地称之为"实在性"、"物"或"对象"）按定义是"客观的"。但是这个"可能性"按康德的理解无非就是往一般时空性中加入的东西（在时空性中也有"经验"，即一种知觉，它"揭示"经验实存将其转化为现象），所以这里的"某物"就是一种时空性存在（但它仅仅被视为存在，不被视为客观现实或经验实存），用我们的话说就是给定存在。这样一来，康德的"可能性"就与我们的给定存在相一致了，而他的"不可能性""超越于"时空性之上[因此也超越于我们的给定存在之上],康德说"不可能性"就是无,或虚无(Nichts)[但他认为这个"不可能的无"在话语上还可以被定义为"物自身"]①。

[181]现在我们引用几段关于"第四组"范畴的第二子范畴的评论:

> 客观现实性(Réalité-objective/Wirklich-keit)的图型是在一段规定时间中的实存[＝存在](Dasein)。(前揭,III,138,14.)

> 第二公设:凡是与经验的质料条件(感觉)相关联(zusammenhängt)的,就是客观现实的。(前揭,III,185,24—25.)

> [要求]认识事物客观现实性的公设,要求有知觉,从而要求有人们意识到的感觉;虽然[这知觉]不是直接关于其实存[＝客观现实]应当被认识到的对象本身的,但却毕竟是[关于]对象按照说明一般的[唯一]经验中某种客

---

① 当然,上述两段引文中关于两直线围成图形的说法有表面上的矛盾。在后一个段落中,康德明确说的是"逻辑"(传统"形式逻辑")矛盾,并且否定了它;而在前一个段落中,他(暗中)说的是"客观"或"物"的矛盾,也就是时空性的矛盾,他在后一段中也承认有这种矛盾。所以康德意义上的不可能性(＝虚无)就是非时空性,而不是"形式"意义上的矛盾性。

观现实的结合（Zusammenhang）之经验类比[它对应第三组范畴，即经验实存]与某一个现实的（reale）知觉的关系（Verknüpfung）的。

仅仅在一个事物的概念中，根本不能发现（angetroffen）其[可能的、客观现实的或经验的]实存的特征。（前揭；III，189，23—30.）

仅仅用我自己的[经验]实存的意识，但也是经验性地被规定的意识，就能证明空间中我以外的对象的[经验的以及客观现实的]实存。

### 证　明

我意识到我自己的[经验]实存是在时间中被规定（bestimmt）的。一切时间规定都以知觉中某种持久的（beharrliches）东西为前提。但是，这种持久的东西并不是在我里面的某种东西，因为恰恰我在时间中的[经验]实存要通过这种持久的东西才能被规定。因此，这种持久的东西的知觉之所以可能，仅仅是由于我以外的一个事物，而不是由于我以外的一个事物的单纯表象。（前揭；III，191，18—28.）

相反，如果我们想仅仅通过纯粹的范畴[即不把这个范畴"图型化"或时空化]来思考

实存(Existenz)[无论是经验的还是客观现
实的实存(甚至是给定存在的,因为这里涉及
到的是上帝的实存)],那么毫不奇怪的是,我
们无法提供任何标志来把实存与单纯的可能
性区分开来。(前揭;III,402,22—25.)

即使不解释上述引文,也能看出康德的第二
子范畴——[182]其特征是实存(Dasein)-非存在
(Nichtsein)的这对"相关项"——就是我们的客观
现实概念。我们已经把这个子范畴等同于康德的
第二组范畴,即"质"范畴。我们发现康德和我们
对待客观现实的方式是一样的,我们都认为客观
现实不是像知觉"给予"或"揭示"对象那样"无中
介"和"直接"的,例如在经验实存中,或作为现象
(现象这个词以我们的解释来理解)那样,而是通
过"经验的质料条件即感觉相关联"。所以一切知
觉或"感觉"之中有共通物,它不依知觉"内容"而
变化。我们还可以注意到,这个共通物是"持久
的",它对自我意识的"规定"不依其"内容"而变
化。我们几乎可以说,康德事实上已经发现了我
们所讲的张力的变动(Variation du Tonus)。如果
感觉不到这个变动,就没法区分"客观现实"和从
"给定存在"中派生出来的"可能性"。给定存在是

由愉快或不愉快的情感所"揭示"的。

康德只在上文中谈到了经验的全体性，经验由"类比"，即第三组范畴所规定，也就是被我们所理解的经验实存所规定。因此在上文中，"实存"用我们的话来说就是指经验实存，而不是指客观现实。然而事实上，康德第三组范畴对应的不是模态的第二个子范畴，而是第三个子范畴。

我们不必过分奇怪，因为我们发现不仅康德，几乎所有[没从 20 世纪物理学中获得教益的]哲学家都经常混淆客观现实和经验实存。我们对第三子范畴( = 必然性-偶然性)的阐释直接表明，康德所谓的关系范畴，亦即经验实存事实上对应的是它，而不是第二子范畴。

为了证明这一点，让我们引用几段：

> ……必然性无非是通过可能性本身被给予的实存性[ = 客观现实性，因为此文把每个第三子范畴都展现为对第一第二子范畴的综合，然而康德在别处说过，这里的"实存"指的是[183]"经验实存"(Existenz[ = Dasein])]。(前揭；III，11，13.)
>
> 必然性的图型是一个对象在**一切时间**[客观现实的图型是一段规定时间内的存在]

中的实存[如果我们考虑到客观现实的图型，那么这里的实存＝存在；但事实上，它＝经验实存](Dasein)。（前揭；III,138,15—16.）

第三公设：凡是其与客观现实的[＝经验实存的]东西的关联(Zusammenhang)被按照经验的普遍条件规定的，就是必然([经验]实存的)(existiert)。（前揭；III,186,1—2.）

至于第三个公设，关涉到[经验]**实存**(Dasein)中质料的必然性，而不关涉概念纯然**形式的**和**逻辑的**结合(Verknüpfung)……所以，[经验]实存(Existenz)的必然性永远不能从**概念**出发，而是任何时候都只能从与**被知觉**的东西的结合出发，按照经验的普遍规律[来认识]。在这里，除了按照因果性规律从被给予的原因产生的结果的存在之外，没有任何[经验]实存(Dasein)能够在其他被给予的现象的条件下被认识为**必然的**。因此，我们唯一能够认识其**必然性**的，不是**物**(实体)的实存(Dasein)，而是其**状态**(Zustandes)的存在，而且这种认识是按照经验性的因果性规律，从在知觉中被给予的其他状态出发的……凡是**发生**(geschieht)的东西，都假定为**必然的**；这是一条原理(Grundsatz)，它使世界上的变化从属于一条规律,也就是说,从属于必然[经验]实存(Dasein)的规则,没有这条规则,就连自然也根本不能成立(Stattfinden)。(前揭;III,193,25—27;193,32;194,8;194,20—24.)

这几段文字体现了对客观现实和经验实存概念"经典的"混淆,甚至还有这两个概念与给定存在概念的混淆,所以应当阐释这几段。如果不加以阐释,那么这几段之间相互矛盾,所以必须阐释。

如果只站在"图型法"的立场上,那么我们会认为康德所称的"必然的"东西是指一个与时间共永恒的(只要时间本身绵延,它就绵延)独立的对象的存在(Dasein)。

首先来看康德本文中的 Dasein[①] 是什么意思。在"客观现实性(Wirklichkeit)的图型"中,康德说"客观现实性的图型是在一段规定时间中(in einer bestimmten Zeit)的存在"。这里,Dasein 的意思不过是"给定存在":某一规定时间中的给定存在是客观现实的。[184]然而在"第四

---

① [译按]科耶夫这里保留了 Dasein 一词,没有翻译它。

组"范畴的语境下,给定存在被定义为可能性(Möglichkeit),而可能的"图型"被定义为"一个事物(Dinges)在某一时间里(zu irgend einer Zeite)的表象(Verstellung)的规定(Bestimmung)"。因此给定存在(=可能性)就是任意"事物"在任意时间内的给定存在(其"给定"的特征被康德定义为"[任意]表象的[任意]规定")。

因此给定存在共通于一切以某种方式存在的事物之中,不论它在何时何地存在。给定存在(=可能性)就是指这个在时空全体性中被把握的给定存在。但某一时间内的规定的给定存在是客观现实的。所以给定存在的时空全体性是客观现实的,因为它是在某一规定瞬间内被给予的,并且这个瞬间是任意的(正如康德所说,无论其"内容"还是"规定",抑或其在全部时间绵延中的所处"情境",都是任意的)。所以客观现实性使其他所有瞬间能够对立于这一(任意的)给定瞬间:我们可以说客观现实把(瞬间的)现在"规定为"对立于整个过去和未来。但这个现在是任意的,所以无论哪个(瞬间的)时刻,甚至时间的所有瞬间都可以是,也一定是现在的瞬间。因此客观现实像给定存在一样,都共通于一切存在的事物,无论它在何时何地存在——除了现在之中的存在,后者此时不可消解地对立于过去和未来的存在（然而给定存在是单纯可能的，不是客观现实的，所以它在任意时空中都是相同的、自身同质的、连续的）。所以我们可以说客观现实维持自身同一性，不顾同时在时间瞬间中的差异（＝不可消解的对立）。客观现实是时空的全体性，无论现在如何，过去和未来都（不可消解地）与它对立。正如康德所说，现在由感觉所给予或"揭示"，揭示为客观现实的现在（或者用我们的话来说，揭示为对张力变动的感觉）。

在必然性的"图型"中，Dasein 一词不等于"客观现实"，因为后者指的是一个规定的时刻，而必然性指的是所有时刻。因此这里的"Dasein"要么在非常普遍的意义上[185]理解为"持存"（一个实体要么作为给定存在"持存"，要么作为客观现实"持存"，要么作为经验实存"持存"），要么被理解为狭义的"给定存在"。在后一种情况中，如果给定存在属于某一特殊的、独立的对象（das Dasein eines Gegenstandes［对象的存在]），那么它就是必然的，只要时间本身（zu aller Zeit）还绵延，它就绵延。所以客观现实性就是在现在瞬间中持存的给定存在（＝可能性）的空间全体性，而必然性则是诸多与时间共永恒的独立对象的时间全体性。

但第三"公设"与上述阐释相矛盾,它明确说"必然的"事物与整体的客观现实事物(mit dem Wirklichen)相关联(Zusammenhang),这种关联与整体的"经验普遍条件"(nach allgemeinen Bedingungen der Erfahrung)相一致。康德明确道,这个"关联"是"质料的",不是"形式""逻辑的"。所以对象只有处于与所有他者的关联之中才能成为"必然的",它完全没有独立性。康德说:处于与整体客观现实的关联之中。字面意义上理解,这句话的意思是只有客观现实性可以是"必然的",整个客观现实都是必然的:现在(或者说"现在"瞬间中的"内容")按定义来说必然是在任何时空中都客观现实的(因为时间的每个瞬间都曾是"现在",正是"现在",将是"现在"),保持现在自身的全部同一性是必然的。但我们可以从 mit dem Wirklichen 的广义上理解,这在康德的评论中出现过,在那里他不谈客观现实一词的确切意义(即"内强量")而是谈"知觉(Wahrnehmung)的所与",用我们的话说就是经验实存(用康德的话说是关系)。那么必然性就是一种"关联",它在绵延上持久,而在广延上具有(或属于)空间全体。这样一来,康德的"必然性"就等于一切经验实存之物的全体绵延-广延。而我们认为,经验性实存的绵延-广延（Durée-étendue-qui-existe-empiriquement）就等于一般的经验实存。所以"经验实存"和"必然实存"两词[186]意义相同,而"必然性"和"经验实存"（＝"关系"）意义也相同。康德恰恰承认这一点,他说凡是发生(geschieht)的东西,都被假定为[按定义"必然地"、在任何时空中]必然的(Ⅲ,194,20—21)。在这个语境中,geschehen 的意义非常宽泛,它指作为空间中广延之物,在时间中绵延。如果康德认为经验实存是知觉所"给予"的,那么经验实存恰恰就等于他对可能性"图型"的定义:[任意]一个事物的表象[一切"事物"的"表象"]的规定(Ⅲ,138,12—13)。可能性就是在某一时间(zu irgendeiner Zeit)、在任意时刻,即在整个时间绵延中的"规定"。所以我们发现,对于康德和对于我们而言,一切可能的东西按定义都必然是(在绵延着的广延中的某一位置,在绵延-广延中的某一时刻)经验实存的,同样,一切经验实存的东西按定义都必然是可能的,所以给定存在全体是经验实存着的,经验实存全体是以给定存在的方式持存着的。但我们对康德文本的阐释说明,可能的东西按定义不一定必然(在任何时空中)是现实地处于现在的(作为现在的"内容",作为时空中现在瞬间的"内容",对立于"过去"和"未来"),但是一切现实地处于现在的东西都必然是可能的或必然的(因为它们在时间的现在中延伸空间,在广延中绵延,它们的未来变成现在,然后变成过去)。换言之,在我们的阐释中(康德虽然没像我们这么说,但他也不一定反对),给定存在(＝时空性)与经验实存(＝绵延-广延)完全"重合",二者"超出"了客观现实(＝时空)(但二者不能"超出"自身),所以一切存在的东西、一切经验实存的东西,要么是客观现实的,要么是客观不现实的,而客观现实的东西必定(作为给定的)存在和经验实存。[经验实存是广延的绵延的(结构化)"内容",它属于存在的时空性(后者是被知觉中愉快或不愉快的情感所揭示的),[187]这个"内容"被知觉揭示(为现象)(同样在这知觉中,客观现实被揭示为、给予为对张力变动的感觉,前提是变动存在)]

然而,这种把可能性(＝量＝给定存在)与必然性(＝关系,＝经验实存)等同起来的阐释,与康德的文本不相符,因为康德只把必然性等同于因果性(＝第三组范畴的第二个子范畴),没有等同于一般的关系范畴,即第三组范畴。再加上,康德在上述一个引文中明确表示,作为实体的事物没有"必然性",只有"状态"(Zustand)(参考前揭,

Ⅲ,194,5—7.）。

所以我们可以如此解释上一个引文:惟有经验实存的绵延(或这个绵延的"内容")是必然的,而它的广延(或广延的"内容")是偶然的,因为经验实存的广延中那些同时的构成性要素之间[用我们的话说就是一个单子的结构化单元中的构成性要素之间]没有任何"必然关联"——不仅没有"实体""属性"的"关联",也没有"交互作用共联性"的诸多"实体"之间的关联[用我们的话说就是在"世界(宇宙)被设想为诸多单子的一个总单子"或结构化的全体,这个世界的构成性要素之间没有任何关联]。当然,这个阐释与"经典的""牛顿"物理学相符,这也正是康德所重视的[他的重视是有道理的,因为任何哲学家都应当重视同时代的物理学,哪怕他拒斥大多数物理学家,尤其同时代物理学家的所谓"哲学"观点]。但事实上,康德走向了一个站不住脚的(哲学)结果,它既不与上述引文相一致,也不与自存性和共联性子范畴相一致。

事实上,下面这种说法是自相矛盾的:某一(现在)时刻 $t_0$ 给出的"形状"是偶然的,而 $t_1$ 时刻("紧邻于" $t_0$ )将给出的"形状"是必然的,因为后者"必然"被 $t_0$ 时刻的"形状"所"规定"。这种说法是矛盾的,因为 $t_0$ 时刻是任意的,[188]那么我们可以把"初始"时刻 $t_0$ 等于 $t_1$。这样一来有两种可能:第一种,$t_1$(= $t_0$)时刻的形状是偶然的、任意的,那么 $t_0$(= $t_1$)的"前"形状作为"原因"可以有任意"结果",这样的话"因果性"就没有意义了;第二种可能,让因果性概念为真,让 $t_1$ 时刻形状为必然的,前提是它被 $t_0$ 时刻的形状以单义的方式"规定",所以它只能成为它事实上所是的样子。然而,如果 $t_1$ 时刻的形状是必然而不是偶然的,那么它在 $t_0$ 时刻也必然,在任何时刻都必然,即在所有时刻都必然,因为 $t_1$ 时刻是任取的。所以瞬间的空间(或广延)形状在其绵延的任意时刻都是必然的,这恰恰意味着,形状在所有瞬间、全部绵延中都是必然的。同样,形状的绵延也是必然的,形状的绵延等于其必然性的绵延,这恰恰意味着形状在每个瞬间都是必然的,亦即在"现在"的瞬间中,作为同时性的、空间性的形状,是必然的。

康德本人就是这么构想事物的。首先关于"实体"和"属性"(Accidenzen[偶性])的"关联",他显然不能否认其必然性。否则,他又把"科学的"、(希腊)哲学的本质概念倒退回魔法-神话时期的玛那概念[原始概念]了[这个概念一旦曲行展开就会自相矛盾]①。

实际上,说猫有爪子是偶然而非必然,就承认了只有一个"玛那"能化身为猫或蛇或任意动物、任意事物,这样的后果是否认了话语真理的可能性,也否认了哲学的可能性,否认了一切"自然科学"的可能性[至少,这意味着玛那可以显现自身,可以显现为一种循环、一而全的话语——康德和我们一样认为这仅仅对人类有可能]。[189]康德肯定不会这么想。他甚至觉得,要是把"实体"与"偶性"区分开,给二者分别赋予特殊的经验实存(besonderes Dasein)是很危险的(尽管在话语上是不可避免的)。他认为最准确的说法是,偶性仅仅是实体的经验实存(Dasein)被肯定地规定(bestimmt)的方式(Art)。(参考前揭;III,165,10—26.)

因此在康德看来,实体与其属性之间的"联

---

① 当然,这个概念适用于人(但不适用于物,也不适用于有机体)。不管怎样它仍是矛盾的:黑格尔说,"人是其所不是,不是其所是"。但这个矛盾恰恰就是经验实存着的否定性,也就是(主动)"反对"一切所与(=具有本质的所与)的自由性。所以否定性就是矛盾,也就是不可能之物,虚无者(它同一于存在,所以它存在;它将所与虚无化,所以它经验实存着;但它必然存在着,它在任何时空中都客观现实地存在着)。

结"既不偶然也不可能,因为属性与实体融为一体,它们的整体才是实体本身,实体除去了属性之后就没有实体了。

至于"共联性",康德将其定义为"交互作用",即实体之间的交互因果性(参考前揭;III,96,10—11)。他明确说过,世界整体(Weltganze)作为一切同时存在的实体的共联性,是一个由各个部分构成的整体,其中的结合(Verknüpfung)(杂多的交互作用)仅仅由于同时性(schon um des Zugleichseins willen)而[是]必然的。(参考前揭;III,185,注释)

另外,如果不把必然性概念延伸到(康德意义上的)共联性概念(即"世界整体"或宇宙的"同时性"结构),那么导致的结果和不把必然性运用到"自存性"上是一样的。因为我们说一只猫活在陆地上不在水里或空中,猫吃肉不吃菜,猫在赤道感觉热在两极感觉冷,或者太阳上没有河流(不是因为太阳曾经太热,而是因为太阳此时太热)等等,这些话如果不是"必然的",那么我们就没有了本质概念,没有了话语性真理概念,我们就回到了魔法-神话的玛那:人们以为玛那不仅能让一切事物变动,而且还能让一切事物是任何存在。所以康德肯定会把必然性运用到"共联性"上,尽管他有时似乎想把必然性限制在"因果性"上。

无论如何,康德显然会让"必然性"完全包括"因果性"、"自存性"和"交互性"。所以必然性涵盖了整个"关系"(第三组)范畴,它与我们的经验实存概念重合,[190]后者是绵延-广延的全体[或者也可以说是时空性中绵延着(变动着)的、延伸着(差异化、分化着)的"结构化内容"]。

康德的术语经常模糊不清,需要阐释,这是因为他混淆了"法则性"和"因果性"。所有没学过20世纪物理学的哲学家们都混淆了二者。我们的阐释表明,康德事实上思考的是法则性。他本人在上面最后一段引文中说,所谓"因果性"(等同于"必然性")最终的定义就是必然经验实存(Da-sein)的规则[=法则],没有这种规则就甚至不会有自然(=自然的话语性科学)成立(Stattfin-den)。(参考前揭;III,194,20—24)康德对"因果性"范畴的定义完全可以用作"现代"(亦即我们所理解的)法则性概念的定义。所以康德的"必然性"无非是"法则性",它(以单义的方式无矛盾地)使得一切"相关于"无生命物经验实存概念(=广延-所与)的东西都能曲行展开,无论是其绵延的某一时刻的广延"结构",还是结构化空间单元,即单子中的整个绵延的"结构"。这里,"无生命物"

可以是这些事物的全体,也就是"无机世界"或"物质宇宙",它们区别于我们的"生命宇宙",后者只服从于真正的因果性(因果性是过去"至上",也就是强调过去通过现在作用于未来)。然而第一批判恰恰排除掉了生命现象(生命有机体)(康德只在第三批判中以仿佛的方式谈到了它)。

　　我们认为康德所说的必然性事实上是法则性[我们认为,法则性对客观现实无效,对给定存在更无效],我们把它限定在经验实存(=绵延-广延)领域,也就是无生命物所构成的领域。康德本人只想谈无生命物(物质宇宙),因为他把与生命有机体(生命宇宙)和人类个体(人类宇宙)相关的东西都明确地排除在外。所以我们毫不惊讶,康德竟然没有给"必然性"(也没有给必然性的等价概念——"关系"[=经验实存])的"相关项"——"偶然性"——保留任何位置,虽然他知道在话语上偶然性无可避免地[191]必须作为必然性的相关项。康德不得已说,一切发生[在绵延-广延中经验实存]的事物都[按定义]假定是必然的(前揭;III,194,20—21)。

　　宽泛地说,当康德以真理方式言说时(正如他在我们现在解释的这个文本中所说),他承认给定存在(＝量)的构成领域既不超出客观现实(＝质)的构成领域,也不被后者所超出,同样,经验实存(＝关系)的构成领域也不超出客观现实领域,也不被后者超出。康德把经验实存限定在无生命物的范围中,只服从于必然性或法则性(＝因果性)。所以康德的偶然性就等同于不可能性,也就等同于虚无(＝无[Nichts],＝非存在[Nitchtsein])。那么我们可以问,在这种情况下康德对可能性、实在性和必然性的区分意味着什么。实际上我们已经知道,在现象领域(康德意义上的现象,指的是一切广义上时空之物),可能之物与实在之物是完全重合的。如果康德区分二者,那仅仅是因为想把这两个概念用在物自身上(这以仿佛方式是可行的),也就是说不是在(任何)时空意义上的,所以,可能性与不可能性[＝矛盾]、客观现实性(或现实显现)(＝实存)与非客观现实性(或现实非显现)(＝非存在,Nichtsein)、必然性和偶然性(Zufälligkeit)[它变为"自由"(Freiheit)]这些概念只有[以仿佛方式]曲行展开时才具有强义上的意义(也就是具有一个自身同一的"内容",与一切他者保持差异,可以无矛盾地曲行展开)。(参考前揭;III,195,24—197,4.)

我们追随黑格尔,删除了康德的物自身概念

(即超越时空性)。那么我们会不会跟康德所说的"现象"处与同一个情况呢?

[192]我们(在存在论中)已经看到,并且接下来(在现实学和现象学)中还会看到,我们的情况跟康德不一样。当然,我们和康德一样的是,给定存在的构成领域不超出经验实存的构成领域,后者也不超出前者。但是我们认为,客观现实的构成领域比经验实存的给定存在[l'Être-donné-qui-existe-empiriquement]更受"限制",康德本人[似乎]也这么认为。换言之,我们认为凡是客观非现实的都是经验实存的(也是给定存在的)。我们认为,非现实性具有一种在康德那里没有的意义(当康德把非现实性这个概念用在"现象"而不是物自身时,他的非现实性指的是所谓"第四组"范畴的第二个子范畴:非存在)。所以我们可以(在话语上)把第二子范畴现实性(le Dasein)定义为与非现实性之间有不可消解对立的东西(这个"对立"恰恰构成了"现实性"的"对象性"),康德不可能做到这一点,因为他认为非现实性与不可能性是一回事,也就是与虚无是一回事[因此他谈非存在(Nichtsein)是有他的道理的],它显然不同于给定存在(后者是时空性的),但它与客观现实之间并没有不可消解的对立(因为就给定存在的时空性

方面而言,它与给定存在是同一的)。所以我们可以(在话语上)区分不可能(它不同于可能,它被定义为矛盾或虚无,而虚无是异于存在的)和非现实,因而可以把非现实定义为可能之物的现实非显现。同样,我们可以(在话语上)把必然定义为客观现实的经验实存,并(在话语上)将其区别于非现实的经验实存(后者按定义是可能的,但是客观现实是指可能之物的现实显现),也就能区别于虚无,这样一来,一旦把非实存和非必然(=康德的偶然性)等同起来,我们就和康德一样,得到了同一个"等式":非实存(=偶然)=非现实(=非存在)=虚无(=不可能),从而得到另一个"等式":经验实存(=必然性)=客观现实(=存有(Dasein))=给定存在(=可能性)。

总之,康德的"相关项"对子,可能性-不可能性,它对康德和对我们来说都等于存在与虚无之间的纯粹差异,它在[193]我们的存在论中有话语论述;而客观现实(Dasein)-非存在(Nichtsein)的对子,事实上和对于我们而言[但对于康德而言可能并非如此],就等于客观现实和客观非现实之间不可消解的对立,它在我们的现实学中有论述展开;最后,必然性-偶然性这个对子对我们而言就等于在经验实存(它区分于经验非实存,正如给定存在[＝可能性]区分于单纯的虚无[＝不可能性])内部,在必然性和自由之间——而不是必然性和偶然性之间——进行质的区分,而康德不会这么认为(因为他至少不会以仿佛方式曲行展开物自身的[矛盾①]概念)。

黑格尔的知识体系跟康德体系一样,都没有给康德的"偶然性"留下多少空间,因为这个体系是以真理方式论述的。康德认为"偶然性"与虚无的"差异"仅仅在于,偶然性可以用于物自身。但对康德和对我们来说,问题关键不再是"偶然性",而是犹太-基督教的(亦是黑格尔的)"自由"。

实际上我们已经知道,不可能把绵延中的"必然性"跟广延中的"必然性"区分开来。如果把偶然性放到其中一个,就必定会让另一个也成为偶然,这样就又回到了魔法-神话的玛那。玛那按定

---

① 我们的"自由"概念可以说跟康德的"物自身"和魔法-神话的"玛那"一样矛盾。正是这个矛盾是经验实存的(它作为否定性,即自由性或自由行动[斗争→劳动],"辩证地扬弃"自身)。我们所理解的"黑格尔主义",在于肯定矛盾(＝不可能,＝虚无)仅仅作为人类的人性而存在着、经验实存着(虽然它客观上并非现实)。它作为自由性,在斗争→劳动的自由行动中自我实现,产生话语(这话语终将是循环的、一而全的,其中的矛盾作为"辩证运动"的环节都被"扬弃"了,从而在话语上揭示了人类宇宙,而在那个宇宙中,斗争→劳动的最后,自由的矛盾也被"辩证地扬弃"了)。

义是矛盾的,我们想怎么曲行展开它就能怎么展
开。只有一种循环的、一而全的话语才能避免它,
那就是唯一的话语性真理。

至于犹太-基督教(以及康德-黑格尔)的"自
由",当然可以类比于魔法-神话的"玛那",前者甚
至可以和后者一样矛盾,只要让这自由被自在地
设想、被自在地曲行展开就够了,因为"自由"概念
的定义就是[194]维持同一的同时成为任意的东
西,用黑格尔的话说就是:不是其所是,是其所不
是。然而,当康德把自由说成是物自身时,他恰恰
做到了这一点。物自身按定义不仅超越于时空的
绵延-广延,而且还等同于一般的时空性,也就是
说,它脱离于一切经验实存与客观现实之物,甚至
脱离于一切给定存在(即给予人本身的存在)。所
以康德只以仿佛方式谈论物自身-自由,这是很有
道理的;他的(哲学)错误仅仅在于,把这个话语的
矛盾性掩盖了(他明确断定,这个仿佛的话语不会
与以真理方式言说的话语相矛盾)。但康德还有
个错误是(虽然是"人性"的错误),没有把自由概
念当成第三组的第三子范畴,也就是说没有承认
非必然性的经验实存性(或绵延-广延性):这种非
必然性,在他和我们看来,以及在"犹太-基督教"
看来,就是指人类自由性([更严重的哲学错误和

"人性"错误是,康德拒斥"生命有机体"概念。事实上只有生命有机体能被曲行展开为因果性(所以康德对因果性的理解很模糊,因果性与法则性相混淆,后者被他称为"自存性")])。

我们已经在 II, 2 看到了,康德的范畴表中(出于"宗教"原因)没有合目的性的子范畴,也就是自由行动、世界中自由的经验实存(绵延-广延)。我们也明白了,归根结蒂就是因为他混淆了生命和合目的性,所以才排斥生命,不将其引入范畴体系,其实它按定义本可以无矛盾地曲行展开。我们不再谈这个问题了。我们现在也没必要谈自由了,我将在(一般)现象学(与应用现象学)中谈这个问题。我们现在与黑格尔一样,不把自由-玛那看做一种自在的东西(像物自身那样),而把它视为与生命有机体的本质不可分割,也就是与作为物种的人类不可分割。确切地说,自由-玛那就是人之中"种属性"的(或矛盾性的)人类特征。实际上,人[195]可以"千变万化"而不失"人性",正如黑格尔所说,人(作为"自由"存在)不能是其所是(作为"必然"或"给定"),而只能("自由地")是其所("必然")不是。因此人性-玛那的"自由"的(辩证)运动被限制在人类动物性身体的运动范围内(这个身体就是这个人在生存意义上的本质之

[经验]实存）。因此玛那-自由概念蕴含的矛盾是经验性实存着的（虽然它没有客观现实），一边是"自由人"之人性，另一边是"必然"的动物性，前者代表玛那，后者代表本质。这个"矛盾"经验实存着（持续并延伸着）并（由知觉揭示为[人类]现象，）"显现"为否定性（＝自由性），它（经过过去）按照未来，主动地否定给定的现在。自由的、主动的否定就是斗争→劳动的行动，它把物质的、生命的宇宙改造为人类的宇宙，也就是普遍历史，它所做的就是把人造品置于给定世界中。正是这些行动产生了话语，而话语又言说这些行动。通过"扬弃""辩证运动"蕴含的矛盾，话语变成了循环的、一而全的，也就是真的，从而证实了历史运动，在其中人类最终"辩证地扬弃"了他起初的矛盾：人起初是给定的（＝"必然的"），这与他想（"自由地"）成为的存在相矛盾，因为他想在自己的经验实存中，仅仅通过完整意识到自身之所是就获得完全的满意。

我们以后再论证这些。现在值得注意的是，康德故意地在真理话语论述中排斥合目的性（＝自由行动）概念。他的论述中有时"似乎"想到的就是合目的性。

康德在评论范畴表时说，必然性就是可能性

本身所产生的[经验性]实存（Existenz）（前揭；III，96，11—13）。康德本人对这里的解释应该和我们之前所做的一样。他会说一切经验实存（＝关系）都"由可能性所产生"（只有不可能性不在经验中实存，因为它是唯一的纯粹虚无），因此，经验实存是完全"必然的"（因为它完全是"因果性的"）。换言之，康德会把必然性、可能性与经验实存（甚至与客观现实）等同起来。[196]但我们可以对本文做另一种解释（即使这种解释有点"暴力"，违背康德本人的意图）。我们可以说康德定义了经验实存（因为他实际上正确地认为，一切必然存在的东西都经验实存着），但他所谓的"必然性"其实是我们所称的"自由"（他本人也在其他文本中这样说），或更准确地说，他所谓的"必然性"是我们所谓的自由的（强意义上人类的）经验实存。那么这个自由的、人类的经验实存由单纯的可能性，即一般意义上的无矛盾性所产生。这种（无矛盾的）可能性就是自由设想的"筹划"（它的依据是对欲望的欲望，也就是被承认的欲望），并由人类主动地（在劳动和斗争中）实现。因为"单纯可能的"东西其实只是人类对某事的"筹划"，它还不曾存在，它现在也不存在，但它将来应该、可能会存在。只有人类活动的经验实存能"实现"这个"筹划"。这种"筹划"是由"可能性本身"所产生的。正如康德所说,"筹划"只有是"可能的",才能被"实现",也就是说它不应是"不可能的"东西。而对人类而言,这意味着筹划在话语论述展开的时候不应有矛盾(人类是唯一能够话语论述、确证话语,甚至论证话语的存在,因为人类是唯一能执行"筹划"的存在)。

虽然这种解释确实很"暴力",但我们在康德关于必然性的[第三]"公设"那里能看到某种程度上对这种解释的"支持":

> 因此,"没有任何东西是偶然/几乎(Ungefähr)盲目发生/产生(geschieht)的(in mundo non datur casus),这个命题是一个先天的自然法则;同样:自然中没有任何必然性是盲目的,但[它们都是]被条件制约的必然性,因此都是可被理解的(verständliche)(non datur fatum)。"(前揭;III,194,24—27.)

显然康德本人在这里论证了因果性范畴,而我们认为实际上他把因果性与"现代人"所指的"法则性(Légalité)"相等同了[实际上因果性如果等同于必然性、"法则性",那么它的意义比康德在别处模糊描述的因果性更广；康德本人也承认这一点，因为[197]他在下面几行（III，194，34—36）写道："不存在命定"（non datur fatum）这个法则把必然性加到因果性概念上了]。但我们可以说，在这两个所谓"自然法则"中，康德实际上想到的是有效自由行动，也就是自由的经验实存。为了让这种论证为真，只需把康德的话改动一下：在世界中不是所有东西都"盲目"产生，有一些人化事物是人类所意愿的，这些事物在客观现实上显然是"必然的"，但它们的"必然性"绝非"盲目"，而是完全"可理解的"，因为它们都被无矛盾的话语性筹划所"制约"。

然而这种解释仍然是暴力的，也违背康德本人的意见。康德不想承认自由行动在经验实存的绵延-广延中有效果，因此他故意地把合目的性（＝自由）排除出范畴体系，如果他不排除，这个体系本可以无矛盾地曲行展开。然后他用共联性、交互作用掩盖了这个空缺，然而共联性其实不过是（第二）子范畴因果性的另一种表现方式而已[实际上也与他的（第一）子范畴自存性相同，后者基本上与"现代的"法则性概念相一致]。

无论如何，以上这些（不太"暴力的"）解释都表明,康德所谓的第四组范畴不过是把前三组范畴分别用三个子范畴的名字重新提了一遍而已。

宽泛地说,前三组范畴已经构成了完整的、一而全的范畴体系。这很值得注意,因为我们知道康德从范畴表中演绎出了判断表,后人基本上都不拿后者当回事(比如黑格尔),甚至对其嘲讽。黑格尔告诉我们最后一个子范畴的曲行展开就能解释判断本身,使得判断的概念自身展开,自身首尾相连,所以,"形式逻辑"很久以前就定义、区分了的诸多判断形式[198]就表现为这个判断之链上的构成要素,而它们同样由范畴体系所规定,即构成康德体系(预设为真)的 $3 \times 3 = 9$ 个子范畴[所以无论从第一个范畴开始演绎出判断表的末尾还是从最后一个开始都无所谓(正如黑格尔和我们那样)]。

要想从中论证出康德范畴表是循环的、一而全的,即论证康德范畴表是真正"体系性的",黑格尔本来只需要把康德第三组的第三个子范畴替换为合目的性或自由行动就够了。然而他没能这样做,他只是把康德的物自身删去了。不过删去物自身也使我们能够往康德体系中引入生命有机体的子范畴,我们认为实际上后者与康德因果性范畴是一致的(因果性与法则性有微妙的区别,实际上我们认为后者对应康德范畴中的自存性,而自存性也与因果性有微妙的区别)。最后,康德范畴中的量(＝给定存在)、质(＝客观现实)和关系(经验实存)之间有更细致入微的区别,这使我们能抛弃客观现实范畴的话语论述中的"连续性"概念(以及康德引入的经验实存范畴[参考前揭;III,194,36;195,23]),同时把"连续性"放回到给定存在范畴中应得的位置。

这些论点是《知识体系》的内容,这里就不再展开了,我们应当注意的是(展现了康德在哲学上独一无二的伟大之处),要想把康德范畴体系与我们的黑格尔体系相一致,只需要:删去物自身概念,引入合目的性或有效自由行动概念,把因果性与生命等同起来,明确自存性的含义,将其等同于无生命体的法则性,最后把连续性概念从客观现实和经验实存的话语论述中删去。

[199]我们对康德体系的解释只剩下澄清几点内容,以及补充一些关于《自然科学的形而上学初始根据》的评注。

我们的解释的目的是展示在删去了一切与物自身相关的东西之后(正如莱因霍尔德-费希特-谢林-黑格尔),康德的范畴体系会变成什么。

所以我们的观点与康德有根本的不同。康德认为,既有超越一切时空性的物自身,也有本质上时空性的现象。所以他承认知性和直观有差异,前者在范畴的框架下思维对象,后者在时空性框架下给出同样的对象。范畴对物自身和现象都有效,但我们只能在现象的话语性知识下使用范畴,因为对象只能由直观给予知性,所以只有时空性的知识是可能的。范畴要想在可证真的知识框架下曲行展开,就必须时空化,或按康德的话说,图型化。图型化范畴的话语展开构成了原理体系。

康德关于图型法和原理的根本论述见下:

……每一个范畴的图型……使得时间本身[实际上是空间和时间]可被表象(vorstellig mache)。时间本身是作为[指出]一个对象是否以及如何属于时间的规定的相关物(Correlatum)[而被把握的]。因此图型无非是依据规则的先天时间规定[这些规则就是范畴]。(前揭;III,138,17—27.)

……虽然感性[=时空性]的图型实现了范畴,但它们也限制了范畴,亦即把它们限制在知性之外(即感性之中)。因此严格意义上说，图型无非是**现象**，或者说是与范畴相一致的**感性概念**……因此，没有图型的范畴不过是知性[指涉]**概念**（zu Begriffen）的功能，但它不表象任何**对象**。这种[客观]意义来自于感性范畴，感性在实现知性的同时也限制了知性。（前揭；III, 139, 11—37.）

[200]我们现在的任务是：在**系统的联结**（Verbindung）中阐明知性以这种批判的谨慎[将话语论述限制在时空框架下]实际上先天地作出的**判断**[=概念的话语论述]，为此，我们的范畴表毫无疑问必然为我们提供自然的和确定的引导。因为正是**范畴**与可能经验[后者按定义是时空性的]的关系（Beziehung）必然构成一切纯粹先天知性知识[Verstandeserkenntnis][它按定义是话语性的、真的]，所以它们与一般感性[即时空性]的关系（Verhältnis）也将**完备地**并且在一个[有序]体系中展示知性应用的**一切先验原理**（Grundsätze）。

先天原理之所以叫这个名字，不仅因为它们自身包含着其他判断的根据（Gründe），而且还因为它们本身并不以更高的和更普遍的知识为根据（gegründet）[这与理性主义者相反,比如笛卡尔、斯宾诺莎、莱布尼茨与沃尔夫]。(前揭;III,140,9—19.)

这种观点的传统("柏拉图主义"或"理性主义")之处在于,它认为话语中不可消解的要素与物自身"相关联",也就是与永恒存在、永恒的是者相关联,并且认为话语能从这种关系中提取出(话语性)真理。而这种观点的新颖之处在于表明了(至少从康德来看是新颖的,其实这种"新观点"能追溯到亚里士多德反柏拉图),判断或原理的这些不可消解的概念的话语展开只有在时空性框架下才能产生真知识,产生(可论证的)知识或话语性真理。而它真正的"革命性"之处在于,它肯定了"直观"或"感性"的一般时空性与"知性的"概念同样"先天"、同样"必然为真(apodictique)"。[这与亚里士多德认为的时间具有"循环性"无关,对于亚里士多德,时间的循环性确保了时间与永恒相等同,也确保了与之相关的"经验"知识与"理性"知识、真知识相等同。]

黑格尔正是通过完成康德的这一"革命",而最终清除了哲学中一切超验的指涉[从而将哲学转变为知识、智慧]。黑格尔删除了"永恒的"、超时空的物自身,从而将康德的直观卷入知性之中

［知性由于包含了直观，因而改名为"理性"］，所以范畴也就必须被"图型化"，立刻转变为"原理"。而［"知性的"］"纯粹"范畴［201］，就其非"感性"［即非时空］而言，它同［"非知性的"］直观一起变成了"知性"（Verstand）的"抽象"。"理性"（Vernunft），作为话语性知识的来源，只具有图型化的范畴，即原理。最后理性将这些原理曲行展开为一而全的、循环的知识体系。

在我们对康德的阐释中，由于删除了物自身概念，我们得以不加区分地使用严格意义上的范畴和它们的图型，以及发源于范畴与图型法的那些原理。这样一来就能把康德的范畴体系（稍加修改）等同于我们的黑格尔体系。

然而康德的图型法与我们有一个重要的差别。一方面，康德只谈"时间"，但我们谈的是时空性。我们已经发现，康德本人虽然也用"空间"概念，但名义上（大体上）只引入"时间"。另一方面，康德只知道一种时间"图型"，并且还是时空的图型，而我们知道三种，分别对应于（之前我们用来替换康德的所谓四组范畴的）三个范畴。我们的"图型法"是：用时空性（Spatio-temporalité）来"图型化"给定存在范畴（＝量，＝可能性），用时间-空间（Espace-temps）来"图型化"客观现实范畴（＝质，＝客观现实），用绵延-广延来"图型化"经验实存范畴（＝关系，＝必然性）。换言之，我们已经明确"定义"并区分开了康德的"时间"——更准确地说"时间""空间"概念——，而康德本人把它们含糊地混合在"感性"（直观）概念中了。

由于康德"感性"概念很模糊，所以我们对其进行黑格尔式的阐释并不"暴力"。对康德所谓"第四组"范畴的分析已经表明，康德和黑格尔其实都只有一个"范畴"（即康德所谓的"模态"，也就是黑格尔的"理念"，也就是我们一而全的概念），它只被"感性""图型化"，曲行展开为唯一的"原理"（它可以曲行展开为一而全的知识体系）。[202]因此我们[删除了物自身，将"范畴"与"感性"融为一体，二者变为"原理"或"判断"的构成性要素（"正题"和"反题"）（而原理或判断是一而全的合题）]在澄清康德这个范畴时，我们说这个范畴就是一个唯一的[一而全的]范畴：如果是时空性将其"图型化"，那么它就是给定存在（对应的"原理"曲行展开为存在论）；如果是时间-空间将其"图型化"，那么它就是客观现实（其"原理"曲行展开为现实学）；如果是绵延-广延将其"图型化"，那么它就是经验实存（其"原理"曲行展开为现象学）。这个范畴是一而全的(可曲行展开的)概念。

　　更确切地说(正如我们在关于存在论的提示那里所说)，通过把绵延-广延"缩减"为空间-时间，我们得以把经验实存"缩减为"客观现实：经验实存只以瞬时的方式整体给予到知觉中(而客观现实是通过知觉的张力变动来给予感觉的)。通过把空间-时间(更确切地说是绵延-广延)"缩减"为时空性，我们得以把客观现实(更确切地说是经验实存)"缩减为"给定存在(后者由知觉所包含的愉快不愉快的情感所揭示)。实际上给定存在和客观现实概念(＝范畴)不过是一而全概念的"抽象"形式，它仅仅在作为经验实存概念(＝范畴)的时候才是"具体的"(即一而全的、必然的)。因此这个概念包含了康德的所有范畴(都还原为这三个范畴)，前提是将所有范畴都用绵延-广延来"图型化"。

　　然而实际上康德把所有范畴都曲行展开为原理：他的原理跟范畴一样多(他有四个，我们有三个)。另外，他用"时间"概念来图型化全部范畴，而他的"时间"接近于我们的绵延-广延，而不是空间-时间或时空性。因此我们认为康德的"原理体系"对应于我们的现象学[康德的原理体系没有明确区分"一般"部分和"特殊"部分，他基本上不知道"至上性"概念,他以真理方式曲行展开的范畴体系里面没有未来的至上性,[203]所以"康德的原理只涵盖我们的宇宙-学和生物-学,不对应我们的人类-学"。因此,无需多少改动——当然这些改动是很深刻的——就可以把康德的整个"原理"部分对应到我们的黑格尔现象学那里去[人类-学除外]。但我们也可以把康德的原理改写为对应于我们的现实学(只需将康德的"时间"赋予我们的空间-时间意义),或甚至对应于我们的存在论(只需将康德的"时间"等同于我们的时空性),这后两种改写比现象学阐释更重要。

这三种阐释都是合法的,并且都很有教益。但把三种阐释都做一遍会偏离我们的现实学主题。我们想跳过存在论阐释,因为它不如另外两个有趣。至于现象学阐释,我们以后有机会谈到它。至于现实学阐释,我们在上文中已经提到了它的基本要点,继续详述可能要费太多笔墨。只需注意的是,再说一遍,把康德范畴体系的物自身概念以及一切关于连续性的错误论述都删掉,我们就能用空间-时间中的"感性"来"图型化"范畴体系,将其展开为"原理体系"。这是现实学的基本内容,我们以后会在黑格尔文本的基础上详述。

关于"原理"的阐释，只剩下补充《自然科学的形而上学初始根据》的几点注意了。

康德说过：

> ……[自然形而上学]要么研究那些使得一般的（überhaupt）自然概念成为可能的那些规律，在这种情况下它是自然形而上学的先验部分；要么研究这一类或那一类（Art）已经有经验性概念的事物（Dinge）的特殊（besonderen）本性／自然，[204]但对于这种自然本性的知识，我们所使用的经验性原则仅仅是在这个概念[即对应于原则的那个经验性概念]之中的原则（例如，自然形而上学把一种物质或者一种思维的存在者的经验性概念当作基础[legt zum Grunde]，并寻求理性关于这[两个]对象先天地能够[拥有]的知识的范围[Umfang]），那么这样一门科学仍应叫做自然形而上学，即物体的或思维的自然；但这样一来它就不再是一般的自然科学，而是特殊的（物理学和心理学），它们把先验原则运用在我们感官的这两类（Gattungen）对象上。（前揭；IV，469，33—470，12.）

康德这里思考的"先验原则（Principien）"就是《纯粹理性批判》讨论的"原理"（Grundsätze）。因此，"自然形而上学"处理各种各样的（时空）"对象"，而其"先验部分"由"原理体系"构成。而狭义的"自然形而上学"（康德在第一批判中称之为"自然学"[Physiologie]）探讨的是特殊的（时空）"对象"。一般"感性"、一般时空"直观的"图型"范畴所曲行展开的那些"原理"，它们所关联的一般对象是被"经验"，即我们所称的（整体）知觉所特殊化的。所以这个对象作为狭义的"现象"要么作为物体（Körper）或物质（Materie）来呈现（被给出），要么作为灵魂（Seele）、思维存在（denkender Wesen）来呈现。"物体"和"灵魂"作为"经验性概念"，也可以以真理方式曲行展开。康德认为这个（真正的）展开（"先天的"）实现依赖于对这两个图型范畴概念的特殊（经验的、后天的）"内容"的运用，亦即对（"先验"）原理的运用。因此它是关于一般意义上的"物体"与"灵魂"的，系统性的、一而全的（话语性）知识。这里物体和灵魂被视为"经验性"对象的不可还原的"属"和"种"。而特殊的对象（特殊的"物体"与特殊的"灵魂"）及其差异是由特殊的（知觉）"经验"所揭示的，从而产生了特殊的（"经验性"）概念。这些特殊的概念同样可以以真理方式展开,但它们数量不限定,"内容"也无限,[205]所以它们的话语论述会无限延展,永远不会与属(图型化范畴,或原理)和种("物质"与"灵魂")概念的话语论述相矛盾,也永远不会真正完备,不能成为("先天")体系。

　　《自然科学的形而上学初始根据》只论述了"物质"的特殊概念:即"自然学"的物理学部分。至于心理学部分,康德只在他的《人类学》(1798)中谈及,那里的心理学与康德原本在《初始根据》中所计划的完全不一样(参考前揭;VII,119—122)。实际上,《纯粹理性批判》中,"灵魂"作为"思维着的存在者",显然不是特殊的,它不是种,而是属。它是图型化范畴的对象一般的"主观"对立面。

　　康德甚至说,虽然"灵魂"的特殊概念并行于"物质"的特殊概念,但灵魂不能如其所是地曲行展开,至少不可能以真理方式展开,所以"心理学"(灵魂的形而上学的自然-科学)不会跟"物理学"(物体或物质的形而上学的自然-科学)平起平坐:"心理学"关心的是特殊的概念、能被它论述整理的概念,但它不能遍历一个真正的体系、一个真正一而全的话语知识。(参考前揭;IV,471,11—

37)至于作为自由行动者的"灵魂",它是《实践理性批判》和《道德形而上学奠基》(以及《实用人类学》)的对象。(参考前揭;IV,388,9—14)

这样一来,康德《自然科学的形而上学初始根据》里的"心理学"就对应于我们的生物学,它研究一般的生命(以及人类的动物"本性",也包括那些没有被人性的自由行动所改造的那些"心理"本性)。然而我们知道康德是在第三批判研究生物学的,并且是以仿佛的方式(原因我已经在知识体系第三导言那里详细阐述了)。康德在那里"错误地"使用了合目的性(其实是人类学)概念,而没有使用因果性(生物学意义上的)概念。

无论如何,康德的《初始根据》不能[206]对应于我们黑格尔知识体系的宇宙论。我们已经看到,康德的"原理体系"更适用于阐释我们的属(générique)现象学。另外,康德《初始根据》里的"物理学"(="物体自然形而上学",作为其"内在的自然学"的一部分)比他的"原理体系"更具体,因为后者并非面向全部"现象",而只面向"物体现象"或"物质现象"。但我们的宇宙论也是一种特殊/种(spécifique)的现象学,它只包含无生命物概念的话语论述(用更贴近康德的话来说:只包含被绵延-广延概念所图型化的概念,即一而全的范畴。这个概念被现在的至上性特殊化了）。所以显然，康德至少曾打算在《初始根据》里展示我们黑格尔知识体系的宇宙论部分。

因此，我们在宇宙论那里会谈谈康德的"物理学"。这里只需要注意的是，只需要深刻地修改康德一处文本，就能让康德的文本与我们的观点重合。

一方面，康德和黑格尔之前的所有哲学家一样，没有清楚准确地区分那些不可还原的概念（"范畴"）[康德没能区分时空性、空间-时间和绵延-广延]。因而，他有时混淆了给定存在和客观现实，所以他错误地把连续性引入了客观现实的话语论述之中。并且他也混淆了客观现实和经验实存，所以他同样把连续性引入存在论和"物理学"中。（参考前揭；IV, 504, 注释 1）。因此，我们在康德"物理学"中能发现一些实际上属于现实学甚至存在论的论述。

另一方面，康德经常混淆特殊/种-现象学和一般/属-现象学[因为他没有"至上性"概念]。在前者中，康德有时无意识地混淆宇宙论论述和生物学论述，例如，它把因果性引入宇宙论，然而因果性只属于生物学。[207][因为他没有区分现在和过去的至上性。]

最后,康德比前人做得好的一点是,区分了哲学与一般的"抽象""科学"(后者对话语进行抽象),特别是"理论物理学"(它建立在数学上,而数学不是话语性的),(例如参考前揭:IV, 472, 13—35, 469, 21—25,以及 470, 13—35)我们发现康德的"物理学"有些推理纯粹出于哲学意图,然而这些推理是属于"科学"的,特别是属于物理科学的。

这里应当彻底改写康德文本,目的是删除康德文本之中的一切非哲学要素,比如"科学"要素、抽象要素、"物理-数学"要素以及非话语性要素。但我们只能在黑格尔知识体系的附录那里讨论这个问题。

在这个长篇研究的最后,让我们澄清最后一点,即康德的现实学。

康德坚持一种"柏拉图主义"或"理性主义"的区分:区分先天(话语性)知识(Connaissance)和后天(话语性)知识。先天知识具有真正知识(Savoir)、真理(话语性的,甚至可论证,不容反驳)的价值,这是它的唯一价值。先天知识的集合由两部分组成:"原理体系"和"物理学"(当然后者从"经验"那里借用了一些特殊的基本意义,比如

"物体""物质""固体")。只有这个集合构成了真正意义上的体系,也就是一而全的、有序的话语,它完备地展开了内在的意义,因此不能再被补充或修改,更不能被别的(融贯)话语替换或"反驳"。康德哲学"体系"还包含"经验"或后天部分。但这个部分从未完成,一直处于修改状态,所以它不能算作真正意义上的话语性真理的构成性要素,因为话语性真理,按定义必须是在任何时空都与自身同一。

　　实际上,康德的哲学"体系"概念[208]跟黑格尔知识体系的差别比看起来要小。因为黑格尔没说过一切可无矛盾(以真理方式)言说的东西都明确包含在"循环"的、一而全的话语中,构成[话语性]真理即知识体系。他只是说,一而全的话语暗含一切可无矛盾言说而为真的东西。换言之,一切内在无矛盾的话语,要想真的为真,要想如其所是地被论证出来(从而"无可反驳"),必须作为一而全话语的一个构成性要素,展现为(融贯的)话语论述。一而全的(外显的)话语甚至可以缩减为"循环性"(即一而全性)的最简论证(例如《哲学全书》)。然而康德认为(无限的)"经验"知识永远不会与先天知识体系相矛盾(前提是经验性知识本身是融贯的,符合"经验"概念论述的意义),因为先天知识体系按定义是"完备的"、"无法反驳的"。在康德看来,一个"经验性"、话语性、后天的知识只有能从范畴"体系"中"演绎"出来,才算是真的。确切地说,这个知识来自范畴或一而全概念的(融贯)话语论述(而这个一而全概念通过"图型法"展开为"原理体系")。无论概念的意义如何,是(先天或后天)"展开"还是"不可还原"(=范畴),它最后都只能被经验来展现,也就是被知觉来展现(要么由知觉整体,要么由其构成性要素的"抽象"来展现)。黑格尔与康德(与亚里士多德)都承认这一点。但黑格尔认为一而全概念(他称之为"理念",康德称之为["模态"的]"范畴")的意义暗含了全部话语性意义的整体,所以任意意义都可以从中"演绎"得出,展现为一而全概念("属")意义的构成性要素。康德全都同意(这里完全追随亚里士多德)。另外康德会同意黑格尔说"属"和"种"概念意义的曲行展开("属"指图型化范畴,即"原理",它们可以[209]展开为存在论、现实学和现象学;"种"指"物质"和"灵魂"概念,它们可以在种/特殊现象学中展开,即在宇宙论、生物学和人类学中展开)可以明确地在事实上实现,而不仅仅是在"原则上"实现。同样他也承认,一般的话语可以放在"形式的"(或"逻辑的")、现实的话语中进行彻底的分析（既作为真理话语、似真者的辩论，也作为被承认的表达，或成功的语言）而不仅仅是作为"可能的话语"。反过来，黑格尔也同意康德的观点，认为"特殊"意义的话语论述可与话语本身共久，也就是"无穷任务"。换言之，话语论述会贯穿人类为说真话而努力的全部时间。而"特殊"话语的真理要通过证明来论证出来，因为"特殊"话语的意义隐含于一而全概念。

因此，康德哲学"体系"与黑格尔知识体系的本质区别仅仅在于，康德的所谓"体系"实际上有无法消解的空缺，这空缺被"特殊的"或"经验的"甚至后天的知识的"无穷任务"的话语论述所遮掩了，但没有被真正填补。换言之，康德"体系"跟其他哲学"体系"一样，它们跟知识体系的区别都仅仅在于它不是"循环的"、一而全的，而是"开放的"，也就是说，它要么是"怀疑论的"，要么具有"神学"特征，与哲学话语要素相异质。（实际上神学的矛盾性有两种可能：要么自身矛盾，并且与剩下的真正哲学话语[亦即旨在让自己成为真话语的那些话语]相矛盾，要么只与自身矛盾，这种情况类似于康德用"理论上"仿佛的方式论述，而仿佛的方式，不会与真理方式言说的东西相矛盾。）

我已在黑格尔知识体系第三导言中详细探讨了这方面。我们这里应该了解的仅仅是如下问题：康德（继承自柏拉图）的先天与后天话语知识的区分，在黑格尔那里意味着什么。

[210]先天知识的经典定义，实际上对黑格尔和康德这种亚里士多德主义者毫无意义。"柏拉图主义的"理性主义者（还包括笛卡尔，斯宾诺莎和莱布尼茨）认为有一些先天的、"内在"的概念，它们的意义只能通过康德所谓的"理智直观"的"明见"（Évidence）来给予、揭示（因而曲行展开），而不需要借助知觉及其各种构成性要素。然而这恰恰是康德明确强烈反对的（同亚里士多德），这方面黑格尔也不反驳康德。康德似乎有时想说范畴具有"可定义的"、可话语论述的意义，它不依赖于"感性"或时空"直观"就能被给出并显现。（参考前揭；III，94，32—37）但他很快就明确否认意义（或至少一个可以真理方式论述的意义）可以不借助时空"感性"而到达范畴。（例如参考前揭；IV，158，9—159，8；《纯粹理性批判》的第一版的这段话后来在第二版中删去了）当然，康德将先天的时空直观（Anschaung）与后天的"经验"（话语性）知识对立起来。经验性知识依靠知觉（Wahrneh-

mung)，而知觉以"感觉"（Empfindung）为基础。然而，这里的区分模糊不清，康德本人经常把所谓的先天"直观"与后天"知觉"都用"感性"（Sinnlichkeit）这个（"属的、一般的"）概念来指代。

康德思想中的这个模糊之处先后处于不同立场，这显然表明他的先天后天区分是以往哲学的残余，这与他在哲学史中的"革命性"作用不一致。实际上他说时空"直观"有先天特征，不过是为融合传统的超时空"理性"与内时空"经验"做准备。后人接续了这项工作，并由黑格尔完成。黑格尔删除了康德的先天"感性"（直观）与后天"感性"（知觉）。这样一来的结果类似于亚里士多德：任何意义的来源要么是知觉，要么是知觉的[211]构成性要素：诸要素可以"通过抽象"来分离，但事实上它们绝不先于知觉整体本身，也不能实存于知觉之外，也不能产生脱离知觉的话语性知识。

然而，这并不意味着黑格尔用传统的（洛克）"经验主义"反对传统的（莱布尼茨）"理性主义"，并且他也没有抛弃康德式的"先天"概念。恰好相反，正是凭借这个概念，将其推至尽头，才得以"辩证扬弃"了理性主义与经验主义的对立。换言之，我们可以说黑格尔那里一切都是先天的，也可以说一切都是后天的，前提是把这里的先天后天用传统的、前康德的意义来理解。但确切地说,这样一来两个"反题"概念就失去了全部意义,就融合成了黑格尔的"合题的""先天"概念。这正是凭借将康德先天概念彻底融贯地展开所实现的。因此,对黑格尔而言,全部哲学话语变成了康德意义上的先天的东西,也正因此,哲学话语不再像康德的那样(康德在其所谓"体系"中将先天部分与后天部分对立起来)是一门哲学,而变成了*知识*,即一而全的话语,它是话语性的真理。

对于传统的理性主义或柏拉图主义,先天概念"相关于"所有超时空的东西(＝康德的物自身),而后天概念完全"相关于"被(知觉或经验)给予或被揭示在时空中的东西。按定义,超验是"永恒的"、不动的,而其相关的先天概念也是如此,所以能在强意义上被视为真。相反,时空的东西按定义都是"运动的",所以其相关的(后天)概念也是"运动的",那么后天概念就不能被视为(话语性)真理的构成性要素。传统经验主义(例如洛克)同意这种观点,但否认有认识超验的可能。所以我们认为他们其实是怀疑论者。

亚里士多德以为只要将时间赋予循环性就可以避免上述两难困境(时间的循环性既指宇宙总体层面的[212]永恒复返,也指特殊存在、种的永恒）。因此亚里士多德既非传统意义上的"理性主义"亦非"经验主义"。康德跟他一样，唯一区别在于，康德的时间并非循环性的，而是"无限长的直线"。我们要看康德是如何规避上述两难困境的。

实际上，康德并不算是真正规避了上述两难困境，因为他仍属于"理性主义"传统。康德说"先天"对物自身有效，这里他应当与亚里士多德和经验主义者一样承认物自身并非概念性的东西，因为"先天"并没有产生能以真理方式论述的话语。因此，康德的（传统意义上的）这个先天概念的话语论述是矛盾的，也就是留有空缺的，并且这个空缺只能用仿佛方式的话语论述来填补（我们认为这其实不是填补而是掩盖），亦即将其描述为所谓的"无穷任务"之中的"无穷""进展"，换言之，无穷任务是无法解决的。但是我们已经看到在两难困境中，只有一个（非常"狡诈的"）变量：传统的、怀疑论的经验主义。

我们也看到，康德的这个"理性主义"实际上是一种"经验主义"，这种"理性主义"只体现在康德本人在其革命性体系中未能彻底摆脱的传统哲学残余之中（正因为这些残余的存在，康德体系仍然是哲学"体系"，而非知识体系）。我们认为，康德的先天的时空知识，是康德对先天概念的一个新发明,它既规避了("理性主义")的困难,即"明见性""直观"无法知觉,也规避了("经验主义"或怀疑论的)"意见",关于那些意见人们永远不能"确定地"说是真是假,只能说是根据讨论的背景和时空情况来说它是或多或少似真的(通过摆脱两难困境,康德把哲学,即对真理的追求,转化成了知识体系,也就是这个真理本身)。黑格尔对康德的先天时空领域的修改,就在于取消了康德对先天时空"直观"和后天时空"感性"的区分,这等于完全取消了"理性主义"或柏拉图主义的超越时空的超验项的痕迹甚至隐含的可能,[213]相应地,对于康德,就是删除了物自身的"残余"。

那么康德的这个新先天概念是如何一方面肯定话语概念的真理性("不变性"),另一方面使其相关于时空性("运动物")的呢?

这里引用康德的几段话,我们通过阐述它们,可以明白康德的新先天概念是如何变成黑格尔式的概念的。

　　　　但是,我们只有在认识了事物的单纯(blossen)可能性时才能说先天地认识了这个事物。(前揭;IV,490,18—19.)

　　　　凡是与经验的形式条件(Bedingungen)

（根据直观和概念［＝范畴］）一致（übereinkommt）的，就是可能的。（前揭，III，185，22—23.）

因此，事物（Dinge）的可能性的公设，要求事物的概念与一般（überhaupt）经验的形式条件相协调（zusammenstimmen）。（前揭，III，186，25—27.）

这几段话（后两段在之前已经引用过了）清楚地表明，康德的先天概念与理性主义（柏拉图主义）的"明见性"毫无关系，并且康德这里的"可能性"完全不同于单纯的无矛盾性。要想让一个（话语性）知识成为强意义上先天的或真的，那么仅仅在"无矛盾"意义上"可能"的知识是远远不够的。显然，这里需要的是可以无矛盾话语论述的"概念"，并且还需要让这个论述与"经验的形式条件"相"协调"，也就是与时空性概念（广义上的，也就是包括空间-时间，绵延-广延的）相协调。这里的经验是"一般经验"，也就是任意"经验"，亦即一切能产生话语，并且可融贯，无矛盾的"经验"。所以康德在谈先天或话语性真理时所想的"可能性"无非是"经验的可能性"整体，亦即一切自身有意义无矛盾的话语"可能性"（这个意义，按定义是来自

"经验"的);换言之,"可能性"无非是一而全概念能展开为"循环"话语的可能性(循环话语,按定义具有融贯的意义)[另外,这个话语展开可以从任意一个无矛盾的概念出发(214),只要那个概念有时空性意义并且能"无限"展开,能包含无矛盾言说的一切话语就行]。换言之,康德把先天,即真正为真的知识,定义为我们为了能在话语层面意识到(无矛盾地)所言之物的可能性而必须说的那些话。但是,一切与话语可能性"相关"的东西都被康德称为先验的("先验"并不超越时空性)。所以,说一个话语性知识是先天的或者先验的,在康德那里是同一回事。

　　例如,当我们说狗有四只脚,这里的话语性知识是"经验性的"、后天的。但康德认为,我们能说出这些话,这一事实,只有在"直观"和"范畴"存在的情况下才有可能。其背后原因是,"范畴"与"直观"结合(并且"直观"将范畴"图型化"),产生了康德所谓的"原理",然后这些"原理"能曲行展开,使我们能看到、推理出话语的意义(前提是话语融贯):"这只狗有脚"这句话与上述"原理"意义中的任何外显或内含的构成性要素都不矛盾。但是,一般的话语"可能性"不依赖于其特殊的"内容"。它是任意(融贯的、以说真话的意图说出来的)话语的"可能性",也就是一切真正话语的可能性。
因此我们可以说,所有相关于("属"或"种"的)"可
能性"的(哲学)话语,都是先验的或先天的话语性
知识。

康德的"哥白尼式革命",其基础就是这个先
天和先验概念。也正是这些概念,构成了黑格尔
知识体系的基础。不同之处在于,黑格尔发现并
论证了一些康德没能看到的东西,而那是因为康
德被理性主义、柏拉图主义的"成见"所蒙蔽。黑
格尔发现的是一个"显然的"、"无可辩驳的"事实:
只要属或种的话语(作为超验①或先天的话语)没
有展开到特殊话语的领域,或者说,只要特殊话语
没有(通过连续融贯的"抽象")被缩减到属的/一
般的、"先天的"、"先验的"话语的构成性要素层面
上,那么,人们就既看不出,也论证不出特殊话语
与"可能性条件"(Bedingungen der Möglichkeit)相
协调且无矛盾。[215]因为,如果"这只狗有四只
脚"这个特殊话语之所以是"可能的",仅仅是因为
那是个经验实存的事实,那么我们没法知道它会
不会与其自身相矛盾(因为仅仅不包含外显矛盾,
这不足以确保其不包含内含矛盾),我们也没法知

---

① ［译按］这里似为科耶夫笔误,应为"先验"。

道它会不会与其他(无矛盾)话语相矛盾。因为我们还没有把这个事实插入一而全的(无矛盾)话语之中,而只有一而全的话语才能凭借自身外显的循环性特征来论证自身的融贯性("单一性")与全体性("唯一性"),亦即真理性。

　　所以对于黑格尔来说,凡是我们能明白、能论证其真理性(当然也是融贯性的)的话语知识,都必然是康德意义上"先验的"。而从传统理性主义、前康德哲学家来看,它既"先天",又"后天"。一方面,我们以真理方式(按定义,真理方式是话语知识的唯一方式)所(无矛盾)言说的一切,在传统的意义上都是"先天的"。因为,一切能说出来的话语,都能单义地从话语性真理的"可能性条件"中推出(这里的真理是用话语表述的,缩减为最短的必要证明形式。"循环性"保证了它缩减之后不损失融贯性和总体性),那么我们能说出来的所有真理话语都不能被其他意义的话语所替代,否则要么会与自身矛盾,要么与真理的剩余话语相矛盾。一切话语上为真的,都可以只从"逻辑"中推出。但另一方面,一切话语性真理也是传统意义上"后天的"。因为对于黑格尔的圣人而言,任何话语的可能性都只能从人类话语的经验实存事实那里被发现和论证。因此,黑格尔的"逻辑学",虽然能推出一切能说出的真理,但并不是理性主义的"形式逻辑"(后者之所以是"形式的",归根结蒂因为其"内容"被设定为超越时空性,而实际上这个"具有神性的"内容,在一个"逻辑上"融贯的话语中,严格意义上根本无法言说),而是一而全概念的"具体逻辑"或"辩证逻辑",也就是说,这种逻辑属于"理念",[216]理念可以论证"循环性"的"可能性",亦即话语融贯性的总体性,因为理念能现实地说出这种话语。一切真的东西之所以为真,仅仅是因为它(无矛盾地)位于一而全话语之中。然而,话语之所以是一而全的、"循环的",仅仅是因为它(外显或内含地)无矛盾地包含了人类所说过的一切话语。因此,话语性真理之所以是先天的,仅仅是因为它积累了一切后天地被言说的全部话语,但为了证明这种积累的全体性,我们必须把后天缩减为一般话语"可能性条件"的先验先天,或者从"循环的"先天之中演绎出所有真理。然而,先天的"循环"论述恰恰就是那些与(人类)话语经验实存事实"相关"的概念意义的(完全)话语论述。

康德的"话语经验论"可能继承自亚里士多德:一切哲学和知识本身(即话语性真理)最终都能还原为一种概念的意义,这种概念是与知觉

（＝康德的"感觉经验"）中"给出"或"揭示"的事实相关的。康德的"先验唯理论"可能来自柏拉图：哲学和知识的起点是一般话语（逻各斯），目标是寻找其"可能性条件"（柏拉图批判巴门尼德的存在论，因为后者不给出话语"可能性"的"条件"，直接让话语变为不可能）①。康德从笛卡尔式我思（可能追溯到奥古斯丁）那里吸取的思想：知识还原为与（人类）话语经验实存事实"相关"的概念意义的（融贯完整的）话语论述。但黑格尔才是第一个完全意识到这一点的人，并且他现实地做出结论，将其构成我们现在的知识体系的基础。

　　[217]黑格尔发现，"亚里士多德式的"经验主义所主张的原初"经验事实"，必须是话语（逻各斯）的事实；而"柏拉图式"的理性主义视为根基的"话语"（"逻各斯"），必须是一个经验的事实。黑格尔也看到，（人类）话语的经验事实不能是特殊的、个别的（像笛卡尔理解的那样），而应当是种

---

① 　让我们回忆一下，在《蒂迈欧篇》中，柏拉图从话语性真理的公设那里"演绎"出（二元）存在论及其整个哲学（与其说是公设不如说是事实，虽然这个事实在他本人看来是假设性的）。因此柏拉图的存在论是对强意义上的话语真理或知识的"可能性条件"的演绎。（参考 51,a—52,d.）

的、属的,甚至普遍的。换言之,在黑格尔那里,哲学和知识的"原初"事实是普遍历史当中人类所说出来的话语总和。因此,康德的先验性,到黑格尔那里变成了历史性,并且仍然保持为先天和后天的综合。实际上,历史的话语事实既是"先天的",也是"后天的"。一方面,历史仅仅存在于其"先天"创造的范围之中,即话语性筹划,而筹划概念的意义不与任何时空自然世界之中(已经)经验实存的东西相关,也就是说没有被知觉所给出或揭示。另一方面,历史仅仅存在于被"后天""回忆"、承认的范围之中,即作品,而作品是作为"先天筹划"的客观现实化而经验实存的。那么,"相关于"话语历史事实的概念必须作为单一、唯一的事实,才能具有一而全概念的意义,才能被展开为循环性话语,即话语性真理。换言之,历史要想产生真理,成为真理,成为话语性真理可能性条件的"先验条件",就必须满足两个条件:一是话语性的,即有意识地被意愿的;二是终有一日,能在一个经验实存的话语作品中,现实地穷尽全部经验实存可能性。为了实现这一点,作品要完满地实现起初的话语性筹划,即作品的起点与唯一动力。这个最终的历史作品,恰恰就是真理的一而全话语。它是"先验的",因为它(凭借其"循环性")论证了其本身的可能性条件:历史的现实实现。因此,这个话语的"内容"就成了其本身的"演绎",将其自身论证为历史演化之中的一个"必然"阶段。历史的演化,被视为自由行动筹划的客观现实化过程,其处于绵延-广延之中,是未来至上的经验实存。在历史中,给定存在是人希望自己在话语上被承认的欲望(作为可能性),[218]这个被承认的欲望只有在被全部时空下一切言语之人所接受的情况下,才能成为完全确定的,甚至不可辩驳的、论证为真的。

　　黑格尔将先天与后天融合在了一而全话语的历史先验性之中,从而在话语上证明了历史先验性作为真话语的"可能性"。他从而证明了一个真理:他本人就是宣称真理的哲学家(他在自我意识的满意之中,在永远被普遍承认为真的满意之中,变成了圣人)。这种观点,显然来自康德。康德之所以是最伟大的哲学家之一,原因也在于此。但康德本人不能也不想成为圣人,出于宗教原因,他从来不想承认人类在尘世中的自由意识行动能有效。因此,他从不把(话语性)真理等同于历史。所以在康德那里,时空直观或感性(知觉)所给出或揭示的事实,必须与知性(逻各斯)的范畴话语相区分。换言之,先天与后天统一为先验,这一计划在康德那里还是半成品。先验话语的目标是将哲学转化为知识体系,但它尚未被视为包含一切已完成历史的话语。康德的"先验"话语并非自封闭,因而退化为怀疑论(狡猾地伪装为真)。康德哲学无法成为真正理性的(虽然康德本人很有理性,但他的宗教"特质"减弱了理性),因为他所谓的"理性",作为知识的先验话语的发源地,本应让先天范畴与后天时空相融合,却实际上一直作为"知性",对立于"直观"。

哲学上说,康德的这一失败,表现为对传统理性主义(柏拉图主义或有神论)中物自身的执着,康德认为物自身才是真正的客观现实,它与一切时空现象对立。康德坚持这一概念,很可能因为他想不惜一切代价保留上帝和不朽灵魂这些"神学"概念(它们实际上是矛盾的概念)。无论如何,正因为有这些概念存在,[219]康德"体系"才是哲学的。他为了避免体系内部矛盾,只能通过怀疑论开放空缺,用仿佛的可疑论述方式来遮掩,将目标表现为无穷远,用无穷进展来欺骗我们。

然而,康德现实学中真正令人惊讶的,值得关注的,并非对柏拉图主义或"有神论"物自身的执着,而是康德现实学能严格等价于我们的黑格尔

主义现实学(除了连续性的错误,那错误是次要
的)。无论是康德现实学在范畴体系中的"位置"
(作为"第二"范畴),还是其自身的辩证展开(三个
子范畴),抑或其话语"内容"(论述展开为"原
理"),都可以等同于黑格尔现实学,只要删除康德
哲学体系中一切与物自身相连的(矛盾)概念
即可。

# 黑格尔的现实学

[220]我没有必要在这部哲学导论中阐释黑格尔的现实学，我想以后再阐释。但由于本文是对黑格尔文本阐释所做的更新，有必要对其做一点评注。

关于黑格尔存在论的更新，在我看来，只需要改几个术语，做一点纯形式上的变动即可。但对于黑格尔的现实学的更新，恐怕不止这些。不仅术语……①

———————

① ［译按］手稿终止于此。

# 译后记

本书是亚历山大·科耶夫为《理性的异教哲学史》(*Essai d'une histoire raisonnée de la philosophie païenne*)导言预备的一个手稿,同时也是《概念、时间与话语:知识体系导论》(*Le Concept, le Temps et le Discours: Introduction au Système du Savoir*)的一个哲学史例证。如果本书有概念未被定义,可在这两部著作中找到论述,当然也包括科耶夫的大量其他著作。

法文原版未分章节,也没有标题,中译本保留了法文原版的全部标注,其中的各种括号与注释比较密集甚至冗长。关于书中的康德原文翻译,译者跟随科耶夫本人的法译,并参考了邓晓芒先生与李秋零先生的中译,特此向前辈们表示敬意和感谢。

安靖副教授、曹伟嘉博士对译文提出了很多修改意见,洛朗·比巴尔(Laurent Bibard)教授为译者解答了科耶夫的很多术语的意义,并应邀为本书作序,本书的特约审读成家桢博士和责任编辑高建红博士为本书付出了辛勤的劳动,我对他们致以衷心的感谢。

　　译者学识浅薄,定有翻译错误,请读者不吝指出。

　　　　　　　　　　　　　　　　梁文栋

图书在版编目(CIP)数据

论康德/(法)亚历山大·科耶夫著;梁文栋译.
--上海:华东师范大学出版社,2020
　ISBN 978 - 7 - 5760 - 0685 - 8

　Ⅰ.①论… Ⅱ.①亚… ②梁… Ⅲ.①康德(Kant,
Immanuel 1724—1804)—哲学思想—思想评论 Ⅳ.
①B516.31

中国版本图书馆 CIP 数据核字(2020)第 133935 号

华东师范大学出版社六点分社

企划人　倪为国

快与慢
## 论康德

著　　者　(法)亚历山大·科耶夫
译　　者　梁文栋
责任编辑　高建红
特约审读　成家桢
封面设计　姚　荣

出版发行　华东师范大学出版社
社　　址　上海市中山北路 3663 号　邮编　200062
网　　址　www.ecnupress.com.cn
电　　话　021 - 60821666　行政传真　021 - 62572105
客服电话　021 - 62865537
门市(邮购)电话　021 - 62869887
地　　址　上海市中山北路 3663 号华东师范大学校内先锋路口
网　　店　http://hdsdcbs.tmall.com

印 刷 者　上海盛隆印务有限公司
开　　本　787×1092　1/32
印　　张　12.25
字　　数　190 千字
版　　次　2020 年 11 月第 1 版
印　　次　2020 年 11 月第 1 次
书　　号　ISBN 978 - 7 - 5760 - 0685 - 8
定　　价　78.00 元
出 版 人　王　焰